SAOTHAR MHÁIRTÍN UÍ CHADHAIN

Léachtaí Cholm Cille XXXVII

in eagar ag

MÁIRE NÍ ANNRACHÁIN

AN SAGART
MAIGH NUAD
2007

CLÁR

ISSN 0791 8658
ISBN 1 903896 36 3 (crua)
1 903896 35 5 (bog)

Foilsíodh le tacaíocht airgid ó Bhord na Leabhar Gaeilge

Bord na Leabhar Gaeilge

An Cinnire Laighneach a chlóigh

FOCAL ÓN EAGARTHÓIR

Duine de scríbhneoirí móra na Gaeilge ó thús ama é Máirtín Ó Cadhain. Ba scríbhneoir den chéad scoth é ar scála náisiúnta agus ar scála domhanda. Bhí sé de phribhléid againn in Ollscoil na hÉireann Má Nuad fáilte a fhearadh roimh mhuintir Uí Chadhain agus roimh chuile dhuine a d'fhreastail ar Léachtaí Cholm Cille 2006, a eagraíodh mar chloch acadúil ar charn an Chadhnaigh, céad bliain tar éis a bhreithe.

Tuilleann a shaothar, a smaointe agus a shaol dianstaidéar acadúil, agus níor mhór don staidéar sin a bheith leanúnach. Tá an moladh agus an ceiliúradh tuillte aige, agus an criticeas. Chuir sé go mór le féiniúlacht lucht Gaeilge agus, dá dtuigfí i gceart é, le féiniúlacht mhuintir na hÉireann. Thug sé dúshlán na féiniúlachta chomh maith céanna. Cuireanna a shaothar dúshlán samhlaíoch agus polaitiúil romhainn i gcónaí.

San eagrán seo de Leáchtaí Cholm Cille, beartaíodh díriú go príomha ar théacsanna litríochta an Chadhnaigh, agus síneadh amach uathu sin chuig na comhthéacsanna a mhúnlaigh na scéalta agus a chuir acmhainní ar fáil dó. Tá aistí anseo ar na scéalta féin ag Cathal Ó Háinle, Gearóid Denvir, Tadhg Ó Dúshláine agus Máire Ní Annracháin. Tá bunsraith na teanga, an Ghaeilge mar a fuair agus mar a bhfuair an Cadhnach í, á plé ag Feargal Ó Béarra. Tugann Ríonach uí Ógáin léargas ar thoibreacha an bhéaloidis, toibreacha ar tharraing an Cadhnach astu agus ar chuir sé leo. Tá toradh a mhachnaimh agus toradh a shaothair aistriúcháin mínithe ag Jan Erik Rekdal, a d'aistrigh *Cré na Cille* go hIoruais, in alt a chuireann saothar an Chadhnaigh san áit is dual dó .i. istigh le litríocht an domhain mhóir. Ta anailís chuimsitheach déanta ag Gearóid Ó Tuathaigh ar smaointe agus bhearta polaitiúla an Chadhnaigh, agus iad nasctha lena shaol pearsanta féin.

I gcás cuid de na scoláirí seo, tá toradh an athmhachnaimh le feiceáil, agus iad ag filleadh ar shaothar ar thug siad faoi i gcéaduair breis agus scór bliain ó shin. Bhí fáil ar shaothar litríochta an Chadhnaigh an tráth sin, murab ionann agus an lá inniu. Is mór an náire nach bhfuil leabhair uile an Chadhnaigh i gcló agus ar fail ar phraghas réasúnta. Ní maith an teist ar Éirinn go bhfuil saothar canónda chomh bunúsach sin gan a bheith ar fáil, sa gcaoi is go bhfuil glúin i ndiaidh glúine de mhic léinn na tíre ag fágáil na hollscoile gan deis cheart acu cóipeanna den ollsaothar seo a bheith acu.

Ár mbuíochas leis na scríbhneoirí, le gach duine a chabhraigh leis an gcomhdháil agus leis an bhfoilsiú, go háirithe le Gearóidín Uí Ruadháin as Ollscoil na hÉireann Má Nuad agus le Stan Hickey as an gCinnire Laighneach. Ár mbuíochas freisin le príomhurra na comhdhála, Foras na Gaeilge, a thug tacaíocht fhial.

MÁIRE NÍ ANNRACHÁIN
Eagarthóir

Ó CADHAIN, AN RÍ SÉAMAS II, JOYCE AGUS MOLLY BLOOM

Cathal Ó Háinle

Ba é Máirtín Ó Cadhain príomhscríbhneoir cruthaitheach Ghaeilge an fichiú céad, ní amháin i ngeall ar an méid a scríobh sé ach i ngeall ar chumhacht a shamhlaíochta agus ar théagar agus ar bheocht a fhriotail. Fearacht aon fhíorscríbhneora chruthaithigh, ba é tallann na cruthaíochta a d'ordaigh don Chadhnach dul i mbun na scéalaíochta sa Ghaeilge; ach anuas air sin bhí sé á dhearbhú aige lena shaothar a thábhachtaí dó a bhí sé go mairfeadh an Ghaeilge, agus dá réir sin ba ghníomh cothabhála teanga a bhí ina shaothar. Tá corr-ráiteas follasach ina shaothar cruthaitheach i dtaobh dhán na teanga, mar shampla, an gearrscéal leathfháthchiallach 'Úr agus Críon' a foilsíodh sa bhliain 1967,[1] ina bhfreagraíonn an mhí-úsáid a thugtar do sheanchurach atá caite i dtraipisí don ionsaí atá á dhéanamh ag an mBéarla agus ag Béarlóirí ar Ghaeilge na Gaeltachta. Agus an leas cumasach a bhain sé as an nGaeilge ina shaothar, is léir, dar liom, nach é tréine a phearsantachta féin amháin ba chionsiocair leis ach chomh maith léi sin a mhian phaiseanta a chur síos i dtaifead a shaothair chruthaithigh ráiteas chomh hiomlán agus ab fhéidir leis i dtaobh acmhainní abhalmhór na Gaeilge a fuair sé mar oidhreacht óna mhuintir. Bhí a fhios go dianmhaith aige féin go raibh rabharta fhriotal a shaothair ag teacht salach scaití ar a n-éileodh an dea-phrós,[2] ach is cosúil gur den riachtanas dó é an gníomh ómóis sin a dhéanamh. Go deimhin, seachas a thallann cruthaitheach, ba iad na fórsaí a thiomáin é chun gnímh le linn a shaoil, a imní faoina phobal féin, muintir bhochtaithe an Iarthair, agus a dhúthrachtaí a bhí sé i dtaobh a bhfeabhsaithe shóisialta agus i dtaobh chothú agus neartú a dteanga arb í a theanga féin í. An imní agus an dúthracht sin i dtaobh nithe a bhain go dlúth le huige a shaoil féin, creidim go raibh siad mar dhlúth faoi inneach a phoblachtánachais agus a shóisialachais. 'Tá a fhios agam,' a dúirt sé, 'céard a thug san I.R.A. mé féin. Ba chall troid le mo mhuintir, boicht na tuaithe, a fhuascailt.'[3]

Faoin am a raibh an Cadhnach sna fichidí deireanacha, bhí sé ina bhall d'eagraíocht a bhí ag déanamh agóide ar son fheabhsú chúinsí sóisialta na Gaeltachta,[4] agus lean sé air ar feadh a shaoil ina dhiaidh sin ag troid ar son na cúise sin agus ar son tacaíochta don Ghaeilge sa Ghaeltacht agus ar fud na hÉireann agus d'ionsaigh sé go géar naimhde na gcúiseanna sin. Níos deireanaí ina shaol, mhaígh an Cadhnach go raibh sé 'marfach – dúnmharfach b'fhéidir – i gceachtar den dá theanga oifigiúil.'[5] Gan dabht ar bith b'iad na hairm b'éifeachtaí a bhí aige an fhonóid, an ghangaid, an t-achasán, an aithis agus an leadhbairt, agus ní raibh scrupall riamh air iad a bheartú go míthrócaireach nuair a facthas dó gur ar son na córa a bhí sé ag troid. D'ionsaigh sé na naimhde le fonn, pé acu arbh iad rialtas na huaire, na páirtithe polaitíochta, na heaglaisí, na hinstitiúidí acadúla, polaiteoirí nó daoine aonair eile iad a mheas sé a bhí i gcoinne na Gaeilge, nó arbh iad na heagraíochtaí Gaeilge iad a mheas sé a bheith míéifeachtach nó ag déanamh síléige ina gcuid oibre ar son na Gaeilge. D'ionsaigh sé daoine agus dreamanna ó bhéal, agus rinne sé ionsaithe pinn freisin sna scórtha litreacha chuig na páipéir, in aistí agus i bpaimfléid.[6] Tá an paisean seo intuigthe má chuimhnímid ar a éadóchasaí a bhí sé faoin nGaeilge sa bhliain 1969, tráth a ndúirt sé:

> Is raimhre dhorcha aríst í spéir na Gaeilge… Is deacair do dhuine a dhícheall a dhéanamh i dteanga arb é a cosúlacht go mbeidh sí básaithe roimhe féin, má fhaigheann sé cupla bliain eile saoil. Fonn troda go fíochmhar ar a son a ghineas an t-éadóchas sin ann. Ní go maith dhó mar scríbhneoir atá an t-éadóchas ná an troid …[7]

Sa bhliain 1953 cuireadh Gael-Linn ar bun le dul ag plé le fiontair ghnó a shaothródh maoin a d'fhéadfaí a úsáid le cuidiú leis an nGaeilge a chur chun cinn. Ní nach ionadh thuig an Cadhnach gur scéim fhiúntach ab ea í sin agus thug sé tacaíocht di: bhí sé ar dhuine de chaomhnóirí Ghael-Linn ar feadh roinnt blianta i ndiaidh a bunaithe agus scór bliain ina dhiaidh sin dúirt sé go raibh a bunaitheoirí 'nua-aosach, gan marafáisc na ró-thraidisiúntacht, ná tuairimí agus claonta réamhdhéanta in a gcois faoi chrios orthu'.[8] Ach ní raibh a lán blianta caite faoin am ar bhris ar a fhoighne nuair a shonraigh sé, mar a mheas sé, uaillmhian dhotheoranta stiúrthóirí Ghael-Linn agus a gclaon-adh meas a thuilleamh dóibh féin trí aithris a dhéanamh ar nósanna na n-uasal.

Faoin am seo bhí sé aitheanta go raibh an Cadhnach ina scríbh-neoir cruthaitheach ríthábhachtach, go háirithe i ngeall ar an úrscéal, *Cré na Cille* (1949), agus ar na bailiúcháin gearrscéalta a bhí foilsithe aige.[9] Ach bhain sé sásamh ar leith as an ngráin a bhí ag mórán Gaeilgeoirí ar a shaothar, mar gur dhéistineach leo an ghairbhe teanga is an ghairsiúlacht a bhí mar ghnéithe den dealraitheacht lenar réalaigh sé an saol.[10] Tá leibhéil brí in *Cré na Cille* seachas léiriú a thabhairt ar phobal Gaeltachta, ach is cinnte go bhfuil an t-úrscéal préamhaithe go domhain i saol phobal tuaithe den chineál sin agus go léiríonn an Cadhnach go hiomlán fírinneach é. Ba shaol é sin a raibh taithí mhór aige air agus a réalaigh sé i gcuid mhór de na gearrscéalta a scríobh sé freisin. Foilsíodh *Cré na Cille* de chéaduair mar shraithscéal sa pháipéar nuachta *The Irish Press/ Scéala Éireann* sa bhliain 1949, agus lá dá raibh an Cadhnach ar bhus i mBaile Átha Cliath chuala sé fear agus cailín óg ag plé litríocht na Gaeilge. Mar a deir sé go searúsach in *Páipéir Bhána agus Páipéir Bhreaca* (lgh. 12-13): '[M]ar is iondúil le Gaeil agus len a gcuid ban nó a gcuid leannán, i mBéarla a bhí a gcomhrá. "What do you think of this story serialised in the *Irish Press*?" adúirt an cailín. "This O Cadhain fellow," adúirt [an fear]. "A right galoot if ever there was one. A Joycean smutmonger." Ba chuma leis an gCadhnach faoin masla ó dhuine a raibh an cineál meoin Victeoiriaigh aige nach raibh ach drochmheas aige féin air agus rinne sé spior spear den chaint á rá go magúil: '[B]hí gáilleog eile de chomhairle mo leasa faighte agam i n-aisce.' Ina measc siúd nár thaitin *Cré na Cille* leo bhí, dar leis an gCadhnach, 'na Super-Ego-Chinsirí Freudach a bhfuil sé ag cinnt orthu a gcuid coinbhliochta múisiamach féin a réiteach'.[11] Anuas air sin, nuair a thug sé tuairisc ar an masla úd i gcló sa bhliain 1969 bhí sé in ann a thuairisciú freisin gur go cíocrach a léigh muintir a phobail féin i gCois Fharraige an t-úrscéal nuair a foilsíodh i bhfoirm leabhair é; agus go raibh sé de shásamh aige an t-aitheantas poiblí is breá le scríbhneoir a fháil nuair a chuala sé á rá faoi féin lá mórchluiche i bPáirc an Chrócaigh: '[T]here goes Cré na Cille.'[12] B'eol dó freisin go raibh léirmheastóirí macánta, dála Dhaithí Uí Uaithne, Ollamh na Gaeilge i gColáiste na Tríonóide, tar éis an leabhar a phlé agus a mholadh.[13] Go deimhin, agus é ag scríobh i ndiaidh bhás an Chadhnaigh, d'iompaigh Ó hUaithne an masla Seoigheach bunoscionn agus d'fhógair: 'Ó Cadhain's Cois Fharraige takes its place with Joyce's Dublin, and *Cré na Cille* is the only book by an Irishman which is worthy of comparison with *Ulysses*.'[14]

Nuair a foilsíodh *Cré na Cille* mar leabhar rinne an Cadhnach ábhar cliste magaidh den mhasla trína chur isteach i dtéacs an leabhair féin. Tá roinnt pearsan in *Cré na Cille* nach baill den phobal áitiúil iad. Duine acu seo is ea an té a dtugtar 'an Scríbhneoir' air. Tá sé seo an-mhórálach as a shaothar cruthaitheach féin agus is breá leis a bheith ag pápaireacht faoi chúrsaí liteartha, ach cuirtear in iúl do léitheoir an leabhair nach bhfuil i saothar sin an Scríbhneora ach ráiméis. Nuair a chuireann sé isteach ar bhallraíocht i gclub cultúrtha ('an Rótaraí') atá le bunú ag Nóra Sheáinín, deir sise go bhfuil intinn 'an-libearálach' aici ach go gcaithfear gan an chuibhiúlacht a shárú agus tugann sí an t-eiteach dó toisc go bhfuil a shaothar 'Joysúil' agus gur 'Gaileota Joysúil' é féin (*Cré na Cille*, lch. 239). Tá sé ráite agam in áit eile gur cosúil 'gur theastaigh ón gCadhnach, trí bhíthin na nithe a dúradh faoi féin ("Gaileota Joysúil") a thagairt don Scríbhneoir, ceap magaidh a dhéanamh de féin trína thabhairt le tuiscint gurb é féin an Scríbhneoir (nó ar a laghad gur scríbhneoir den chineál sin é) agus nach raibh ann féin, mar dhea, ach "bolgán béice" mar a dúirt duine de phearsana na cille faoin Scríbhneoir (*Cré na Cille*, lch. 32).'[15] Cleas sain-Chadhnach is ea é seo agus feicfimid arís é ina shaothar fada próis, *Barbed Wire*. Ach sílim go bhféadfaí a áitiú freisin gur theastaigh ón gCadhnach a thabhairt le fios leis an tagairt do Joyce in *Cré na Cille* go raibh a shaothar féin i ndáiríre inchomórtais le saothar Joyce ar shlí éigin, go raibh sé bródúil as sin agus go raibh sé ag iarraidh an ghaoth a bhaint de lucht a cháinte trína fhógairt gurbh amhlaidh a bhí. Fillfidh mé air sin níos deireanaí.

Bhí drochmheas ag an gCadhnach, ní amháin ar an gcúng-aigeantacht Victeoiriach, ach ar gach cineál fimínteachta, agus go háirithe ar fhimínteacht i dtaobh na Gaeilge agus an chultúir Ghaelaigh, mar atá luaite agam cheana, agus thug sé ó thalamh é do na fimínigh gach seans dá bhfuair sé. Ach faoi 1962 bhí fiuchadh feirge déanta ann den drochmheas agus bheartaigh sé an fhearg seo a ligean amach in aiste fhada aoire a foilsíodh ar eagrán Mhárta na bliana sin de *Comhar*.[16] 'Do na fíréin', an teideal a bhí uirthi, mar dhia gur thréadlitir easpaig a bhí inti. Rinne sé coilichín paor agus ceap magaidh de na daoine agus na heagrais ar chóir dóibh a bheith ag saothrú leis an nGaeilge a chosaint, agus nach raibh, nó a raibh lagmheas aige ar a n-iarr-achtaí. Is faoi Ghael-Linn agus faoi uaillmhian a stiúrthóirí, agus a cathaoirligh, Dónall Ó Móráin, go háirithe a thug sé an fogha ba shearúsaí ar fad. Siúd is nár chuir sé a ainm leis an aiste nuair a foilsíodh í, ba léir do chách gurb é Ó Cadhain a húdar: ní bheadh sé de dhánacht i nduine ar bith eile ionsaí mar sin a dhéanamh, agus chomh maith leis sin ba í stíl Uí Chadhain stíl na haiste. Thóg an aiste raic uafásach, agus ainneoin go raibh fógra ag gabháil léi á fhógairt gurbh iad tuairimí an údair amháin iad na tuairimí a nochtadh san aiste agus nárbh iad tuairimí an Chomhchaidrimh a d'fhoilsigh an iris iad, in eagrán na chéad mhíosa eile foilsíodh ráiteas ón gComhchaidreamh san iris á fhógairt arís nárbh iad a thuairimí-sean a bhí san aiste agus ag gabháil leithscéil le haon duine nó le haon eagraíocht, agus le Gael-Linn go háirithe, arbh údar gortaithe dóibh tuairimí na haiste. D'éirigh eagarthóir *Comhar*, Breandán Ó hEithir, as a phost.

Ní foláir gurbh údar mór sásaimh don Chadhnach an tslí a ndeachaigh an aiste 'Do na fíréin' i gcion, agus cheapfainn gur bhain sé pléisiúr mailíseach ar leith as aiste eile ar an dul céanna a thairiscint d'eagarthóir nua *Comhar*. Glacadh léi sin le foilsiú i dtosach ach diúltaíodh di ina dhiaidh sin. Mar a tharla ba í an chéad cheann í de cheithre aiste a fuair a dtinfeadh ó 'Do na fíréin'. Sa chéad aiste sin taispeánadh gur de bharr leithid áiféisigh a lig Cathaoirleach Ghael-Linn, Dónall Ó Móráin, croiméal anuas agus go raibh sé ag iarraidh a fhógairt leis gurbh fhear gnó cumasach ceannasach a bhí ann, ach gur sceith sé gur duine a bhí ann ar mhó aige aithris a dhéanamh ar fhroigisí bheatha shóisialta na meán- is na huasaicme ná gníomh ar fónamh a dhéanamh ar son na Gaeilge. Thóg an Cadhnach foirgneamh mór magaidh ar an mbonn caol seo, croiméal Dhónaill Uí Mhóráin.[17] Thug sé 'Colún na bhFaisean' mar theideal reatha ar na ceithre aiste agus chuir sé é féin chun cinn mar údar a bhí, mar dhea, ina cholúnaí faisin a bhí ina shaineolaí ar an leas a d'fhéadfaí a bhaint as stíl gruaige, agus an croiméal agus an fhéasóg san áireamh, chun cumhacht pholaitiúil agus shóisialta an duine a thaispeáint, agus a bhí sásta comhairle ina thaobh sin a thabhairt do dhaoine arbh áil leo a bheith ina bpearsana mór le rá i saol na hÉireann agus i ngluaiseacht na Gaeilge go háirithe. Ba é Dónall Ó Móráin an tslat tomhais ar dá réir a mheasfaí daoine eile.

Aistí réasúnta gearr ab ea iad sin; ach tar éis do *Comhar* diúltú iad a fhoilsiú, thosaigh an Cadhnach ag breathnú orthu mar aon saothar amháin seachas mar cheithre aiste neamhspleácha. Ní mór a admháil nach gcomhtháthaíonn na ceithre aiste le chéile ach ar bhealach sách scaoilte. Is fíor gur chloígh an chéad, an dara is an ceathrú haiste dílis go maith le téama na bhfaisean gruaige, ach bhí claonadh láidir sa tríú ceann, fiú sa bhunleagan, imeacht ón téama sin. Nuair ba léir sa bhliain 1962 nach bhfoilseofaí na haistí go luath, thosaigh an Cadhnach ag cur leis an aiste seo, agus le linn 1963-64 d'fhás sí go huaibhreach go dtí ar deireadh thiar go raibh fad ollmhór inti i gcomparáid leis na haistí eile. Tá 375 leathanach san aiste seo sa leabhar foilsithe[18] a bhfuil 500 leathanach sa téacs iomlán ann. An áit arb iad an greann agus an magadh is mó atá i dtreis sa chéad dá aiste agus fiú sa cheathrú ceann, tá meanma an tríú ceann i bhfad níos faobhraí, nó lena rá ar bhealach eile, tá rinn níos géire uirthi, agus ar an ábhar sin, is dócha, chaith an Cadhnach an teideal 'Colún na bhfaisean' i dtraipisí, agus thosaigh ar an teideal *Colg* a úsáid chun fíornádúr ionsaitheach an tsaothair aoire seo a chur i gcéill. Is é is brí le 'colg' *a spear-point, a spike, a spine, a barb*; go meafarach ciallaíonn sé 'fearg, fíoch'. Níos deireanaí arís tharraing sé an teideal *Barbed Wire* chuige féin. Tá imeartas idirtheangach i gceist leis an teideal seo: tá an focal *barbed* bunaithe ar an mbuneilimint chéanna le *barba* ('féasóg') na Laidine, le *barber* an Bhéarla agus le 'bearbóir' na Gaeilge, rud a fhágann go gceanglaíonn sé an trácht ar ghruaig sa chéad, sa dara is sa cheathrú haiste le 'colg' (*barb*) na haoire sa saothar trí chéile. B'fhéidir nach miste a cheapadh freisin gurbh fhéidir go raibh an Cadhnach ag cuimhneamh ar an nath 'Muisteais *barbed wire* ort!' a chloistear nó a chloistí mar chaint mhagaidh thiar i gCois Fharraige agus é á úsáid in áit 'Maith thú!', '(Maith an) buachaill!', 'Dia leat!', 'Nár laga Dia thú!', nó a leithéid eile. Agus ní mór a chur san áireamh freisin go raibh an Cadhnach ina eagarthóir ar iriseán dar teideal *Barbed Wire* nuair a bhí sé i ngéibheann i gCampa an Churraigh idir 1940 agus 1944. Bhí cúiseanna go leor ag an gCadhnach le *Barbed Wire* a thabhairt ar an saothar seo dá chuid, mar sin, ach is léir, dar liom, gur admháil a bhí sa teideal úd gur saothar géar gangaideach ab ea é, agus is ea gan aon agó. Níor foilsíodh *Barbed Wire* sula bhfuair Máirtín Ó Cadhain bás; i dtreo dheireadh na bliana 1997 d'iarr Iontaobhas Uí Chadhain ormsa é a chur in eagar le go bhfoilseofaí é, agus foilsíodh é sa bhliain 2002.[19]

Is ar an tríú haiste nó caibidil in *Barbed Wire* is mian liom díriú anois, agus ar an dara cuid di go háirithe. San aiste seo déantar fonóid gan trócaire faoin uaillmhian a bhain le Gael-Linn. An comhlacht arb ionann é agus Gael-Linn sa chaibidil seo, níl teorainn leis an spéis atá ag a phríomhfheidhmeannach, ar a dtugtar 'an Tréadaí Mór', san íomhá phoiblí atá aige féin agus ag a chomhlacht agus bíonn sé de shíor ag iarraidh bolscaireacht a dhéanamh ar a shon féin agus ag cuartú poiblíochta dó féin. Chomh maith leis sin tá córas curtha ar bun aige a fhágann gur féidir le daoine teacht chuige le scéimeanna a mholadh dó a d'fhéadfadh an comhlacht a úsáid le cur lena ghníomhaíocht fhiontraíochta. Cuid de na scéimeanna seo tá siad áiféiseach amach is amach. A thuilleadh acu baineann siad le réimse an fhicsin eolaíochta, nó bhain sa 1960aidí ar aon chor: modhanna primitíveacha clónála agus athnódú inchinní – athnódú cloigne, i ndáiríre[20] – agus na torthaí fíorghreannmhara a d'fhéadfadh a bheith orthu i dtaca le céannacht, le cearta dlíthiúla agus le hoidhreacht; modhanna leighis leis an aoisiú a chosc a bheadh ina réamhtheachtaithe de na hinill mhóilíneacha á dtiomáint ag nanaríomhairí chun cealla a dheisiú;[21] bealach leis an lámh in uachtar a fháil ar na lochtannna, na laigí is na héagruais a d'fhág an éabhlóid ar an duine; agus mar sin de. Lig sé seo don Chadhnach an spéis a bhí aige i gcúrsaí eolaíochta a nochtadh, más go magúil féin é; agus lena linn sin lig sé dó ceap magaidh a dhéanamh de Ghael-Linn. An scéim is deireanaí a chuirtear faoi bhráid an Tréadaí Mhóir, agus a gcaitear 230 leathanach á phlé, cheadaigh sé don Chadhnach scód a ligean lena chlaonadh Raibléiseach, agus thug sé deis dó ceist eile eolaíochta a ardú, mar atá, nádúr an ama. I ngiota amháin comhrá áitítear nach raibh cur amach ag an duine bunaidh ach ar an aimsir chaite agus gur éabhlóidigh sé trí fhoghlaim óna thaithí san am a bhí caite; agus maoitear freisin gur coincheap gan bhrí is ea an todhchaí, coincheap a thionscain na sagairt le ligean dóibh na creidmhigh a choinneáil faoi smacht na heagla roimh an todhchaí:

> 'Ní raibh aimsir ar bith ann chun tosaigh ach an aimsir chaite. Nuair a bhí an tÁpa-Shine-Fhear ag iarraidh éabhlóidiú … ba í an chuid ba riachtanaí dá éabhlóid a chiall cheannaithe. Agus sin í an aimsir chaite. Cén dul a bhí ag an Ápa-ghliomacs sin ar aimsir ar bith eile? Níl san aimsir fháistineach ach "gimic" … a chum "Alacs *smart*áilte" éigin … le bodóinseacha, an "tÁpa-Shine-*Der Mensch*' … a dhéanamh dínn. Sílimse gurb iad an chléir a chum an aimsir fháistineach mar phúca breallach le faitíos a chur orainn agus daoir a dhéanamh [dínn].' (BW, lch. 211)

Ach ar cheann d'aidhmeanna na coda seo de *Barbed Wire* tá idirdhealaithe aimsire a scrios agus amhras a chur i mbailíocht na staire trí na difríochtaí idir an aimsir chaite, an aimsir láithreach agus an aimsir fháistineach a chur trí chéile, agus lena linn sin an gaol idir an rud samhlaithe agus an rud réalta, idir an ficsean agus an fíoras a thástáil.

Maidir leis an stair, is iad na himeachtaí lena mbaineann an scéim seo Cath na Bóinne agus a thorthaí. Troideadh an cath féin ar an 1 Iúil 1690, agus eachtra ríthábhachtach ab ea é i dtaca le polaitíocht na hEorpa, na Breataine is na hÉireann. I bhFeabhra na bliana 1689, de bharr vóta Parlaiminte tugadh coróin Shasana do Liam, prionsa Oráiste, agus cuireadh an rí Stíobhartach, Séamas II, ó choróin. Ghlac Albain chomh maith le Sasana le Liam mar rí, agus is in Éirinn amháin a bhí tacaíocht á fáil ag Séamas. Theastaigh ó Louis XIV na Fraince go gcuirfí Séamas ar ais i gcoróin agus bhí súil aige gur dhris chosáin roimh Liam a bheadh sa chogadh in Éirinn agus nach ligfeadh sé dó filleadh ar an gcogadh Eorpach idir an Fhrainc agus Conradh Augsburg, nó ar a laghad go gcuirfeadh sé moill air, toisc gurbh é Liam réalta eolais an Chonartha agus an ball ba dhíocasaí ann. Theastaigh ó Shéamas Stíobhart coróin Shasana a fháil ar ais agus ba chos i dtaca chuige sin aige an cogadh in Éirinn; ach theastaigh ó Liam Oráiste í a choinneáil agus a cheart chun na hÉireann a bhunú. Dar leis na Gaeil agus na Sean-Sasanaigh in Éirinn, ba ar son na hÉireann agus a cearta a bhí an cogadh á throid.

Tháinig Séamas ón bhFrainc go hÉirinn i mí an Mhárta, 1689, agus loingeas Francach á thionlacan. Chuaigh Doire agus Inis Ceithleann i leith Liam agus cuireadh tús leis an gcogadh nuair a cuireadh Doire faoi léigear i mí Aibreáin. Briseadh an léigear i mí Lúnasa nuair a bhí áitritheoirí na cathrach tar éis fulaingt go mór. Chuir na Seacaibítigh Inis Ceithleann faoi léigear freisin, ach trí lá tar éis deireadh a theacht le léigear Dhoire, saoradh Inis Ceithleann chomh maith agus fuair forsaí Liam greim daingean ar thuaisceart na hÉireann. Ina dhiaidh sin chuir Liam fórsa cumasach armtha chuig tuaisceart na hÉireann faoi cheannas Diúc Schomberg, ach rinne an Diúc praiseach den fheachtas agus bheartaigh Liam go drogallach go gcaithfeadh sé teacht go hÉirinn agus dul i gceannas é féin. Tháinig sé i dtír i gCarraig Fhearghusa i mí an Mheithimh 1690, agus ar 16 Meitheamh d'fhág Séamas Baile Átha Cliath ar mhuin capaill agus é ar thosach a airm chun Liam a chosc ó theacht aduaidh go Baile Átha Cliath. Chuathas i ndeabhaidh lainne ag abhainn na Bóinne, mhaidhm an cath ar Shéamas agus theith sé ar ais go Baile Átha Cliath; lean sé air ó dheas go Port Láirge agus ar 4 Iúil sheol sé chun na Fraince. Cheiliúir baill Chaitliceacha Chonradh Augsburg bua Liam le *Te Deum*-anna san Ostair agus sa Spáinn, ach in Éirinn lean an cogadh ar aghaidh; troideadh cathanna fuilteacha ag Áth Luain agus ag Eachroim agus chuir Liam cathair Luimnigh faoi léigear. Tháinig an cogadh, ar a dtugtar 'cogadh an dá rí', chun deiridh i dtús mhí Dheireadh Fómhair, 1690, nuair a síníodh Conradh Luimnigh, agus cuireadh cinseal Protastúnach Anglacánach i réim go daingean in Éirinn i gcúrsaí sóisialta, reiligiúnda agus polaitiúla.[22]

Más fíor don scéal traidisiúnta, nuair a bhain Séamas Baile Átha Cliath amach tar éis Chath na Bóinne, agus gur fhiafraigh uaisle na cathrach de cén chaoi ar imigh an cath, d'fhreagair sé gur theith na saighdiúirí meata Éireannacha i raon madhma. Arsa Bantiarna Thír Chonaill: 'Then my Lord has won the race.' Ag teacht leis an traidisiún sin, tugtar 'Séamas an chaca' .i. Séamas an cladhaire, ar Shéamas II. Bheartaigh Máirtín Ó Cadhain, áfach, glacadh leis gurb í bunbhrí an fhocail 'cac' atá i gceist sa leasainm, agus gur tugadh an leasainm sin ar Shéamas de bhrí gur toisc go raibh a chac aige agus gur theastaigh uaidh dul chuig an leithreas a theith sé ón gcath. Is cuma má deirtear nach fíric de chuid na staire é sin, mar tugann an Cadhnach 'fianaise' leis an mbarúil nach bhfuil sa chuntas ar Chath na Bóinne ach béaloideas agus gur féidir do thraidisiún béaloidis aistriú go héasca ó phearsa amháin go pearsa eile, nuair a ligeann sé d'údar na scéime seo a rá:

> 'Ní bheadh sa gcath féin, ag an mBóinn, ach an scríob reatha. Níl a fhios agamsa an raibh sé ann riamh mar Chath na Bóinne! Tá barúil agamsa go mbéarfaidh bó léannta éigin lao léannta éigin lá léannta éigin – é a chruthú nach raibh i gCath na Bóinne ach aithris bhéaloidis ar Chath na Tána agus nach raibh i dTeitheadh Shéamais Rí ach athinsint ar Theitheadh Mhéibhe Ríon! … Tá a fhios agat, a Thréadaí Mhóir, fiú timpistí beaga a d'éirigh do Mhéabh ar an teitheadh … go bhfuil siad aithriste glan, nó salach ab áil liom a rá, faoi Shéamas agus a theitheadh féin…

> … Cath na Bóinne, stair bhréige, *Leabhar Gabhála* eile.' (BW, lch. 197-8)

Dá réir sin, tugann an Cadhnach sliocht as an *Táin* sa Luath-Ghaeilge bhunaidh ina dtugtar tuairisc ar an tslí ar tháinig 'a *fual fola*' in antráth ar Mhéabh agus í ag imeacht as Cúige Uladh (BW, lch. 198), agus cuireann i dtuiscint gur athleagan de sin an scéal faoi Shéamas go raibh a chac go míthráthúil aige agus gur dá bharr sin a theith sé ón gcath.

Daoine a cheapann go bhfuil sé sin ar fad thar a bheith áiféiseach, b'fhéidir gur mhaith leo a fhios a bheith acu go raibh léirmheas sa *Times Literary Supplement* (9 Lúnasa 2002, lch. 23) ar leabhar le Sergio Bertelli (aistr. R.B. Litchfield, Pennsylvania State University Press) dar teideal *The King's Body*, ina ndúirt an léirmheastóir, Robert Bartlett, gur íomhá dhodhearmadta ab ea í seo sa leabhar: 'an tImpire Séarlas V ag stopadh le cnaipe a scaoileadh i ngairdín le linn mórshiúil dheas-ghnáthaigh agus bean fheargach tuaithe á ruaigeadh agus í á rá: '"Mo mhallacht ort, a chac-fhuil. Mo náire thú faoi theacht le do chac a dhéanamh anseo. Bailigh leat amach!"'

Is í an éiginnteacht sin faoi fhírinne an chuntais ar Chath na Bóinne agus ar imeacht Shéamais uaidh a ligeann do shaineolaí éifeachtachta a scéim a chur faoi bhráid an Tréadaí Mhóir, príomhfheidhmeannach an chomhlachta arb é Gael-Linn faoi bhréagriocht é. Tá sé tugtha faoi deara ag an saineolaí go bhfuil mórán oibrithe ag an gcomhlacht nach bhfuil dóthain oibre ann dóibh. Tá faoi lánfhostaíocht a chruthú dóibh agus lena linn sin cuidiú go mór le turasóireacht na hÉireann. Go deimhin nuair a thuigeann an Tréadaí céard atá i gceist aige, glacann sé go buíoch leis an scéim mar bhealach le ligean dá chomhlacht dul i gceann ghnó Bhord Fáilte. Faoin scéim seo chuirfí ócáid ollmhór ar bun a choinneodh an comhlacht gnóthach le linn mhí Iúil ar fad i gceartlár shéasúr na turasóireachta, rud a chuirfeadh ar a chumas don chomhlacht brabús mór a dhéanamh.

Is éard a bheadh i gceist cineál geamaireachta agus comórtas idir bailte móra agus sráidbhailte ceangailte leis. Bheadh an gheamaireacht bunaithe ar thuras an rí Séamas agus é ag imeacht ó Chath na Bóinne; bheadh sé ag imeacht ar aghaidh ó bhaile go baile, agus, de bharr an chruacháis ina raibh sé dar leis an gCadhnach, bheadh na bailte ag iomaíocht lena chéile le leithreas a sholáthar dó a mheallfadh é le stopadh ansin agus a ghnó a dhéanamh, ionas go mbeadh sé sin d'onóir ag muintir an bhaile é a bheith ina measc agus go mbeidís in ann a bheith ag déanamh laochais feasta as an gcaoi ar réitigh siad fadhb thóna an Rí.[23] Bheadh sé ag luí le réasún go mbeadh geamaireacht den sórt sin bunaithe ar eachtraí a tharla i ndáiríre; sa chás seo, áfach, ní féidir a dhearbhú gur mar sin atá, agus ar an ábhar sin, an trácht a dhéantar ar an scéim, tá sé trína chéile i gcúrsaí ama d'aon oghaim.

Ón uair gur áitigh an Cadhnach nach raibh sa chuntas ar na himeachtaí a lean Cath na Bóinne ach béaloideas, ní gá go mbeadh trácht ar na himeachtaí sin, ná aithris orthu, dílis do chuntas na staire. Tá an t-idirdhealú idir fíric agus ficsean gan a bheith soiléir, agus níl sé riachtanach go dtabharfaí fianaise stairiúil le sonraí an chuntais a thugtar ar thuras Shéamais ón mBóinn go Baile Átha Cliath agus ar aghaidh go Port Láirge, bíodh gur fíor go ndearna sé an turas sin. Agus tá idirdhealuithe ama gan a bheith soiléir freisin: cuirtear an scéim i láthair ar shlí go bhfuil an aimsir chaite, an aimsir láithreach is an aimsir fháistineach measctha trí chéile. Fiú agus cuntas á thabhairt san aimsir chaite ar 'imeachtaí' na staire, tugtar sonraí isteach a thagraíonn go soiléir don fhichiú céad seachas don seachtú céad déag, ionas nach bhfuil an cuntas 'stairiúil' agus na pleananna don gheamaireacht is don chomórtas a reachtálfar san am atá le teacht idirdhealaithe i gceart, agus gur féidir dóibh siúd a ghlacann páirt sna himeachtaí a bheith ina bpearsana fíora nó ina n-aisteoirí.

Dá thoradh sin, is é atá le bheith i gceist leis an ngeamaireacht, go raibh (bhfuil/mbeidh) Séamas ag cuartú áite lena chac a dhéanamh ar feadh na slí ar fad, go raibh (bhfuil/mbeidh) gach baile trína ndeachaigh (dtéann/rachaidh) sé á bheophianadh ag súil gur ansin a dhéanfadh (dhéanfaidh) sé a chac sa chaoi go mbeadh (mbeidh) sé sin mar ábhar maoite agus ceiliúrtha ag an mbaile feasta. Rinne/déanann/déanfaidh muintir gach baile gach ullmhúchán le súil é a bhréagadh lena dhéanamh ina mbaile féin, bhí (tá/beidh) leithris á n-ullmhú, comórtais á gcur ar bun agus mar sin de. Ach níor fhéad (ní fhéadann/fhéadfaidh) sé a chac a dhéanamh in aon bhaile acu, mar, dá ndéanfadh (má dhéanann), bheadh (beidh) deireadh anabaí leis an ngeamaireacht. Níor mhór (ní mór) foireann dochtúirí agus poitigéirí lena bholg a choinneáil iata, agus níor mhór (ní mór) a thabhairt le fios go raibh (bhfuil/mbeidh) Liam Oráiste sna sála air an t-am ar fad sa chaoi nach raibh (bhfuil/mbeidh) sé d'uain aige a chac a dhéanamh. Chomh maith leis sin bhí/tá/beidh slua mór de gharda stiúrtha agus coimhdeachta ag an Rí chun an choitiantacht a choinneáil amach uaidh agus chun é a chosaint ar aon suaitheadh a chorródh a phutóga.

Sa gheamaireacht is anseo a nochtann an saineolaí éifeachtachta a shaineolas, mar is oibrithe de chuid chomhlacht an Tréadaí Mhóir (.i. Gael-Linn) a bheidh sa gharda coimhdeachta, agus, in áit a bheith leathdhíomhaoin, beidh lánfhostaíocht i dtionscal na turasóireachta anois acu. Tá thart ar 250 acu sin ann, iad ar fad ó cheantar an Spidéil, ceantar dúchais an Chadhnaigh, agus leasainm bunaithe ar an bhfocal 'bundún' ag gach uile dhuine acu. Gaisce i gcúrsaí grinn bhunúsaigh is ea liostú a n-ainmneacha.

Agus Séamas ag déanamh a bhealaigh ón mBóinn go Baile Átha Cliath agus ar aghaidh ó dheas trí bhailte Laighean, ní theipeann riamh ar an gCadhnach an deis a thapú le mionchuntas a thabhairt ar éagruas an Rí. Glaoitear arís is arís eile ar na dochtúirí is ar na poitigéirí lena n-iarrachtaí a athnuachan lena chorp a choinneáil iata; tugtar treoir go minic dá gharda coimhdeachta é a chosaint ar aon chur isteach a thabharfadh air smacht air féin a chailliúint; agus déantar tréaniarrachtaí len é a choinneáil amach ó radharc agus ó fhuaim ar bith a bheadh ina údar buinní. Pléann an saineolaí éifeachtachta é seo ar fad go lándáiríre ar shlí a chothaíonn bearna uafásach idir a mhóiréisí atá a stíl chainte agus a shuaraí atá an t-ábhar cainte. Le linn an ama instear mórán mór scéilíní agus staróga gáirsiúla grinn den sórt a bhfuil seantaithí againn uile air agus le linn an ama léirítear go bhfuil ardspéis ag muintir na mbailte i gcúrsaí caca agus pléann siad iad go mion le linn dóibh a bheith ag téisclim i gcomhair theacht an Rí. Sroichtear an chéim is ísle suarachais i gcuid de na scéalta fada graosta a insíonn baill gharda coimhdeachta an Rí, na bundúin, dá chéile le barr dáiríreachta. Tá sé thar a bheith cuí gur mar sin a bheadh, mar, an focal sin 'bundún' ar a bhfuil leasainmneacha bhaill an gharda coimhdeachta bunaithe, ciallaíonn sé ní amháin 'poll tóna' ach 'seafóid, amaidí'; agus an chaint 'scéal a bhfuil bundún air' .i. scéal fada amaideach, is cinnte gur féidir brí níos litriúla .i. 'scéal tóna' a bhaint as, i bhfianaise a bhfuil curtha i láthair ag an gCadhnach sa tríú caibidil seo de *Barbed Wire*.

Baineann Séamas Pointe na Síge lámh le Port Láirge amach ar deireadh thiar, agus tamall beag ar aghaidh uaidh sin tugann stiúrthóir na geamaireachta fógra gur mithid anois go dtarlódh an mhóreachtra a rabhthas ag dréim leis le linn an turais go léir. In áit putóga Shéamais a choinneáil iata, ní mór do na dochtúirí is do na poitigéirí dul i mbun oibre anois le go scaoilfí iad. Tugtar foracan ollmhór bia dó le n-ithe; léitear sleachta as *Gargantua* Rabelais ina éisteacht; cuirtear orthaí agus leigheasanna traidisiúnta ó Chonamara agus as leabhar James Frazer, *The Golden Bough*,[24] chun fónaimh. Ach saothar in aisce is ea é ar fad. Nuair a thagann an crú ar an tairne, níl le scaoileadh ag Séamas ach broim. Níl sé soiléir cé acu ar tharla sé seo go stairiúil nó an bhfuil sé ag tarlú anois nó an dtarlóidh sé sa todhchaí. Ar aon chor, teipeann go tubaisteach ar phleananna an tsaineolaí éifeachtachta.

Mar atá ráite agam, magadh mór faoi Ghael-Linn agus a stiúrthóirí ab ea é sin uile ar an gcéad dul síos. Is féidir é a léamh freisin, sílim, mar iarracht an Chadhnaigh le léargas a thabhairt dúinn ar shuarachas an duine nach ligeann dó a shúile a iompó ó ghnéithe brocacha an tsaoil le féachaint ar nithe níos uaisle, níos áille. Agus níl aon amhras orm ach oiread ná go raibh an Cadhnach ag tabhairt dúshláin chungaigeantacht na hÉireann arna nochtadh i ndlithe cinsireachta an Stáit agus ag tabhairt dúshláin choimeádachas ghluaiseacht na Gaeilge go háirithe.

Rinne an Cadhnach fonóid faoi phiúratánachas ghluaiseacht na Gaeilge go luath sa tríú caibidil sin de *Barbed Wire* mar a labhraíonn an Tréadaí Mór faoi dhuine a dtugann sé 'an fear gruamanta sin, Gruaim' air, agus arb é an Cadhnach féin é i ndáiríre. Fógraíonn an Tréadaí go bhfuil a chuid scríbhinní lomlán le graostacht, ach admhaíonn sé go léann daoine iad, faraor, agus deir:

> Sin é an fáth a bhfuil mé féin ar son cinsireacht … [N]í gnáth-thír muid agus ní foláir do gach uile dhuine againn a bheith ina Bhastille moráltacht sa gcath atá le cur leis an tír a shlánú. Ní bheadh na Gaeil sásta go slánódh Gaeil mhímhorálta, fiú Gaeilgeoirí dúchais mímhorálta, an Ghaeilge. (BW, 94-5)

I gcomhthéacs eile bhí an Cadhnach tar éis tabhairt faoin mbréagmhodhúlacht agus faoin mbréagchuibhiúlacht a bhí chomh fairsing sin in Éirinn a linne. Agus é ag scríobh faoi *Cúirt an Mheon-Oíche* le Brian Merriman, dúirt sé:

> Ní cuid iontais le duine ar bith in Éirinn, le sagairt pharáiste féin, caint mhíchuíúil. Pobal tuaithe muid fós, thríd agus thríd. Ní call dúinn a dhul agus is annamh a théas muid go dtí leabhra, len ár gcuid gráiscínteacht a aimsiú. Tá sé i mbarr bachall san áit a bhfuair Merriman, Uilliam Mac

> Gearailt, lucht na Fiannaíocht agus na seanscéalta í, i gcuimhne agus in eachtraí cianaosta na tuaithe.[25]

Níor tháinig saothar an Chadhnaigh féin slán ón gcinsireacht. Sa bhliain 1964 chuir sé *Barbed Wire* isteach ar cheann de chomórtais liteartha an Oireachtais, ach, ar chúiseanna a bhí go follasach bréagach agus neamhliteartha, dhiúltaigh na breithiúna aon duais a thabhairt dó. De réir choiníollacha an chomórtais bhí sé de cheart ag an gClub Leabhar an saothar dar tugadh an chéad duais a fhoilsiú, agus dá bharr sin mheas na breithiúna nárbh fhéidir leo a mholadh go dtabharfadh urra an chomórtais, Comhdháil Náisiúnta na Gaeilge, an duais do shaothar ina ndearnadh ionsaí ar eagraíochtaí agus ar dhaoine de shórt a d'fhág go gcaithfeadh an saothar a bheith ina ábhar achrainn agus agóide. Ar an gcaoi sin, sheachain siad a mbreithiúnas a bhunú ar aon mheasúnú liteartha ar an saothar, rud ar thug an Cadhnach ó thalamh dóibh é dá bharr i litreacha a scríobh sé mar fhreagra ar a mbreithiúnas. Thug sé le fios freisin nach faitíos roimh an gconspóid a spreagfadh an aoir sa saothar amháin ba chionsiocair lena ndearna siad, ach imní faoin ngráiscínteacht ann chomh maith. Dúirt sé: '[B]a sheo í an tsár-ghoineog i m'aor … gur scríobh mé chef d'oeuvre ar chac.'[26]

A ndearna James Joyce do litríocht an Bhéarla nuair a scríobh sé *Ulysses*, creidim gurbh fhéidir go dtugann an abairt sin le tuiscint go raibh an Cadhnach ag iarraidh a leithéid eile a dhéanamh do litríocht na Gaeilge. Agus é ag scríobh in *The Quarterly Journal*, dúirt an criticeoir Shane Leslie gurb é a bhí in úrscéal Joyce 'an attempted Clerkenwell explosion in the well-guarded, well-built, classical prison of English literature. The bomb exploded … All that is unmentionable, according to civilised standards, has been brought to the light of day without any veil of decency.'[27] Más fíor d'Alan Travis, ba é léirmheas Leslie a chuir an British Home Office ar an eolas i dtaobh fhoilsiú *Ulysses*, agus cuireadh cosc ar an leabhar ansin ar chomhairle Stiúrthóir Chúisimh Phoiblí Shasana, Sir Archibold Bodkin, nach raibh, mar a dúirt sé féin, 'the time, nor … the inclination' aige an leabhar ar fad a léamh, ach a léigh dhá leathanach daichead de mhonalóg Molly Bloom agus a rinne amach uaithi sin gur 'filthy book' ab ea *Ulysses* ina raibh 'a great deal more than mere vulgarity or coarseness' agus go raibh 'a great deal of unmitigated filth and obscenity' ann.[28]

Seans go raibh an Cadhnach ag iarraidh dul cab os cionn Joyce i dtaca leis an ngráiscínteacht sa litríocht de, agus dúshlán lucht na cinsireachta a thabhairt ar shlí níos agóidí fós ná é. Tar éis an tsaoil níl ach ceithre leathanach de thuairisc in *Ulysses* ar an tamall a chaith Leopold Bloom sa leithreas ag bun ghairdín a thí, an áit a bhfuil 230 leathanach de thrácht ar chúrsaí caca agus bundún in *Barbed Wire.*

Bíodh sin mar atá, tá an áiféis chéanna, an magadh céanna faoin gcine daonna, faoin litríocht is faoin údar féin, agus an greann goimhiúil céanna mar dhlúth faoi inneach *Cré na Cille* agus *Barbed Wire* agus atá ina ngnéithe dílse de *Ulysses* Joyce,[29] agus de shaothar Samuel Beckett freisin. Ach anuas air sin d'fhág an Cadhnach loirg shoiléire Seoigheacha agus Beckett-acha ar a shaothar,[30] amhail is dá mbeadh sé ag iarraidh an chosúlacht idir a shaothar féin agus a saotharsan a dhearbhú le tagairtí dá saothar, le haithris ar a bhfriotal, agus leis an leas a bhain sé as sonraí dá saothar le bun a chur faoi chuid dá scéalta féin.

Tá tagairtí soiléire do phearsa mhór bhaineann *Ulysses*, Molly Bloom, le fáil sa chuntas ar thuras Shéamais II in *Barbed Wire*, agus tugann cuid acu le fios go raibh eolas maith ag Séamas ar phearsa mná sin *Ulysses*. Diabhal drúiseach is ea Séamas, agus i measc na gcúraimí ina thaobh a leagtar ar a gharda coimhdeachta, tá nach mór dóibh a iarrachtaí le mná éagsúla a mhealladh a bhac agus mná atá ag iarraidh iad féin a chur ar fáil dá shoilse a choinneáil amach uaidh. Le linn a thurais trí Chúige Laighean tagann Séamas chuig Ard Éireann ar Shliabh Bladhma ar an teorainn idir Co. Laoise is Co. Uíbh Fhailí, áit a raibh féile fraochán ar siúl, féile ar iarsma í de sheanfhéile thorthúlachta. Cheiliúrtaí na féilte fraochán ar Dhomhnaigh i mí Iúil is i mí Lúnasa agus tá siad pléite go cuimsitheach ag Máire MacNeill ina leabhar cumasach *The Festival of Lughnasa*, leabhar a bhfuil macallaí soiléire uaidh i gcuntas an Chadhnaigh ar chuairt Shéamais ar Ard Laighean:

> Ba Féile Fraochán … ar Ard Éireann é … Tugadh [Séamas] go dtí an cruachán beannaithe a suíodh cailín báire an lae … Níor chuir sé spéis ar bith sna himeachtaí fraochógach nó go ndúradh gur deasghnáth torthúlacht a bhí sa mbáire seo. Rinne a shúile dhá ghealán. Suas leis go dtí an cailín báire. (BW, lch. 278)[31]

Tá bolg Shéamais ag cur as dó i gcónaí agus sciobann an garda coimhdeachta chun bealaigh é, ach ar ball cuimhníonn sé ar an ócáid seo nuair a dhéantar tagairt do Mholly Bloom arís. Is é an Béarla ar Shliabh Bladhma 'Slieve Bloom', ar ndóigh; agus mar go bhfuil an focal 'mala' (iol. 'malaí') ar cheann de na focail a thagraíonn do ghrua nó leiceann cnoic nó sléibhe agus go bhfuil gaol fuaime aige sin leis na leaganacha Gaeilge den ainm 'Moll(y)', 'Mal' agus 'Malaí', bhí an Cadhnach in ann imirt ar an dá chuid den ainm 'Molly Bloom'. Duine de gharda coimhdeachta Shéamais, an Glasfhilebhundún, deir sé gur shíl sé

> gurbh é bundún Mholly Bloom an dúil ab iontaí amhra a bhí sa saol ó Ghairdín Pharthais, nach é amháin gur *Urbs Intacta* a bhí ann, ach Domhan *Intactus*, Cruinne *Intactus*; gach uair dá mbíodh sé féin ag iarraidh eascann chruach-loinnreach na filíocht a shaighdeadh aníos as ramallae ghlóthach a chré, ní raibh air ach bundún Mholly Bloom a shamhlú. (BW, lch. 298)

Spreagann sé sin samhlaíocht Shéamais:

> 'Bundún Mholly Bloom,' a dúirt Séamas go dearmadach agus mar a bheadh sé ag caint leis féin. 'Molly Bloom, Malaí Bloom, Malaí Bladhma, an ceann fraochánach a bhí ar Shliabh Bladhma. Mairg nach raibh mo bholg ar a chóir féin! ... Máilsín Bladhma. Is deas an t-ainm é. Torthúlacht. Bandéithe torthúlacht, fáis.' (BW, lgh. 298-9)

Tugtar le tuiscint ina dhiaidh sin gur lean 'an comhrá inspéise ... faoi bhundún uile-airíonach Mholly Bloom' ar feadh achair mhaith (BW, lch. 301) agus i bhfad ina dhiaidh sin arís deir Séamas go mbíonn sé ag brionglóideach faoi Mholly Bloom:

> 'Nach aisteach anois nuair a bhímse ag brionglóideach go mbím i mo chodladh le Molly Bloom go mbím ag brionglóideach freisin go mbíonn bolg agus bundún chomh breabhsánta agam le hógánach ...' (BW, lch. 323)

An leagan sin 'bundún uile-airíonach Mholly Bloom', cheapfainn go dtagraíonn sé dá ndearna Leopold Bloom nuair a chuaigh sé ar an leaba lena bhean, Molly, i ndeireadh an lae fhada a chaith sé ag fálróid thart ar Bhaile Átha Cliath:

> He kissed the plump mellow yellow smellow melons of her rump, on each plump melonous hemisphere, in their mellow yellow furrow, with obscure prolonged provocative melonsmellonous osculation.[32]

Tá tagairt sách neafaiseach do Mholly Bloom i gcomhthéacs argóinte faoi Chóras Iompair Éireann nuair a bhaintear casadh as an bhfocal 'iompar' le tagairt a dhéanamh d'iompar páistí agus go ndeirtear gur shíl saineolaí éabhlóide gurbh 'fhéidir go dtógfadh sé na milliúin bliain ar an éabhlóid Molly Bloom mhór an iompair a éabhlóidiú … An mhórmháthair … a dhéanfas iompar, ní ina gcúiplíní, ná ina dtriúir, ná ina gcúigir, ach iompar cine, cine daonna ar fad' (BW, lch. 291). Ar nós mar a tagraíodh do leabhar Mháire MacNeill i dtaca leis an bhféile fraochán a spreag na céadtagairtí do Mholly Bloom, déantar tagairt anois don mhiotaseolaíocht Cheilteach faoin Matrona, an mháthair mhór, bandia na torthúlachta.

Más amhlaidh gur mhian leis an gCadhnach ábhar a thógáil ar iasacht ó Joyce agus ar an gcaoi sin a dháimh le Joyce a fhógairt, ní fhágann sé an t-ábhar sin gan a anlann Ceilteach nó Gaelach féin a chur air agus é a dhéanamh níos blasta fós ar an gcaoi sin. Is é an scéal céanna é, measaim, ag a bhfuil aige agus é ag cur an chlabhsúir ar a anailís air féin i ndeireadh *Páipéir Bhána agus Páipéir Bhreaca*, áit ar bhain sé feidhm as macalla de ráiteas cáiliúil Joyce faoi gurb é a bhí in Éirinn 'the old sow which eats her farrow',[33] á rá:

> Tá aois na Caillí Béara agam, aois Bhrú na Bóinne, aois na heilite móire. Tá dhá mhíle bliain den chráin bhréan sin arb í Éire í, ag dul timpeall i mo chluasa, i mo bhéal, i mo shúile, i mo cheann, i mo bhrionglóidí. (PBPB, lch. 41)

Thug Declan Kiberd faoi deara go bhfuil macallaí ansin, ní amháin as saothar Joyce ach as saothar Phádraig Mhic Phiarais chomh maith;[34] ba dhóigh liomsa go bhféadfaí a áitiú go bhfuil sórt leathmhacalla ann freisin as dán le Séathrún Céitinn, 'Óm sceol ar ardmháigh Fáil', mar a ndeir sé: 'A Fhódla phráis … deor níor fágadh i gclár do bhrollaigh mhínghil/ nár dheolsad ál gach cránach coigríche.'

Maidir leis an tionchar a bhí ag friotal Joyce ar fhriotal an Chadhnaigh, le linn dó a bheith ag trácht in PBPB ar 'A simple lesson' in *An tSraith ar Lár* thagair sé do fhriotal *Finnegan's Wake* le Joyce ar shlí a thabharfadh le tuiscint gur aithris air sin a bhí ar bun aige sa dréacht sin, agus luaigh sé dréacht eile den chineál céanna i léirmheas a scríobh sé sa bhliain 1952 ar an gcéad uimhir den iris *An Treallán* a d'fhoilsigh an Roinn Oideachais, agus mhaígh gurbh é an dréacht sin a chuir deireadh leis an iris.[35] Dhearbhaigh sé gur cumadóireacht a bhí sa chineál sin saothair, ach d'admhaigh le seanbhlas nár shíl sé 'go bhféadfaí scríbhneoireacht a thabhairt air, ach sa méid gur leis an ngnáthaibítir a chuirtear ar fáil é' (PBPB, lgh. 33-34). Tugann sé sin le fios gurbh fhéidir leis an gCadhnach a bheith anonn is anall ina thuairimí faoi shaothar Joyce: is léir gur ghlac sé leis go raibh tábhacht mhór ag baint leis, ach fós féin b'féidir leis labhairt go fonóideach faoi. Ar an gcaoi chéanna le *Ulysses*: fógraíonn sé a mheas air, ach deir sé freisin faoi: '[T]huirsigh mé cho mór de chuid de na hóráidí [ann] agus a dhéanaim d'óráidí i ndramaí Shaw, nó de na dréachtaí fada fealsúnta i *gCoga agus i Síocháin* [sic] (*War and Peace*) Tolstoy' (PBPB, lgh. 33-4). Taispeánann sé sin a ionraice a bhí an Cadhnach.

D'admhaigh an Cadhnach in *Páipéir Bhána agus Páipéir Bhreaca* go bhféadfadh sé a bheith i gceist go ndeachaigh rudaí a bhí léite aige i gcion air ar shlí a d'fhágfadh gurbh fhéidir go mbeadh sé 'ag scríobh na rudaí céanna ar ais aríst' gan fhios dó féin (PBPB, lch. 32). Mar go raibh an *Quellenforschung* chlasaiceach ina gné an-mhór den anailís liteartha a rinneadh ar litríocht na Gaeilge ó lár an fichiú céad ar aghaidh, bhí ar an gCadhnach cur suas le cuid mhaith léirmheastóireachta ar a shaothar a d'fhéach lena chruthú go raibh anáil údair nó saothair éigin le brath ar a shaothar féin, nó a mhaígh gur scéal le húdar éigin eile 'a mheabharaigh' scéal dá chuid don Chadhnach, agus chuir sé sin as dó.[36] D'fhéadfadh sé tarlú gan fhios, mar a d'admhaigh sé féin. Nuair atá an chuma air gur i bhfios dó féin a fuair an Cadhnach an tinfeadh le haghaidh scéil dá chuid féin in eachtra nó in agallamh i saothar Joyce nó Beckett, ba mhaith liom a cheapadh gur le lorg Joyce nó Beckett a fhágáil ar a shaothar féin agus ar an gcaoi sin a chomhbhá leo agus a ómós dóibh a dhearbhú a ghlac sé leis an tinfeadh sin. Pé acu i bhfios nó gan fhios don Chadhnach a tharla sé, sílim go bhféadfadh sé a bheith i gceist gur eachtra i dtosach *Ulysses* a spreag an gearrscéal 'Fuascailt' a d'fhoilsigh an Cadhnach sa leabhar *An tSraith dhá Tógáil* (SDT) a foilsíodh sa bhliain 1970, bliain a bháis.

Sa mhír seo de *Ulysses* téann Stephen Dedalus ag spaisteoireacht cois farraige. Nuair a thagann madra faoina dhéin, scanraíonn sé agus tosaíonn ag machnamh ar fhir de chuid an ceathrú agus an séú céad déag a chuir a gcinniúint i nguais go cróga nó go hamaideach le ceannas na hÉireann a bhaint amach, agus ansin cuimhníonn go raibh sé de chrógacht ag Buck Mulligan fir a shábháil ó bhá:

> He saved men from drowning and you shake at a cur's yelping … Would you do what he did? … Would you or would you not? The man that was drowned nine days ago off Maiden's rock … The truth, spit it out. I would want to. I would try. I am not a strong swimmer … If I had land under my feet. I want his life still to be his, mine to be mine. A drowning man. His human eyes scream to me out of horror of his death. I … With him together down … I could not save her. Waters: bitter death: lost.[37]

An faitíos roimh an uisce, an t-amhras agus an t-aistriú ó fhear atá á bhá go bean atá á bá atá san anailís sin a dhéanann Stephen ar a mheatacht féin, tá siad sin ar fad i scéal an Chadhnaigh freisin. Sa chéad mhír de scéal an Chadhnaigh, is í an eagla atá ar an bpríomhphearsa, Tomás, roimh an uisce a choisceann é ó dhul i gcabhair ar fhear atá á bhá i gcanáil. An tslí a dtéann an eachtra i gcion ar Thomás agus an anbhá a thagann air ina dhiaidh sin agus é ag iarraidh dul i ngleic lena éagumas dul i gcabhair ar an bhfear atá i mbaol a bháite, is scáthánú iad ar smaointe Dedalus. Ar deireadh thiar sábháiltear an fear agus bogann Tomás ar aghaidh, ach nochtann a mhachnamh ina dhiaidh sin gur galar níos dochraí fós a ghin an faitíos roimh an uisce ann. Bliain roimhe sin chonaic sé bean á bá san fharraige, ach ní dhearna sé iarracht dá laghad í a tharrtháil, agus spreag sé sin an cheist ghránna ina intinn: dá mba í Bríd, a bhean ionúin féin, a bheadh á bá, an mbeadh sé tar éis dul i gcabhair uirthi. Déantar amhras géar den cheist. Is léir gur geal leis a bhean. Agus caint Horáis, Naomh Agaistín agus Mhuireadhaigh Albanaigh Uí Dhálaigh á húsáid aige, deir sé gurb í do bhean 'ceartleath t'anama' (SDT, lch. 41).[38] Dá bharr sin, féachann sé le gach rud a sheachaint a mhúsclódh an t-amhras úd ina aigne, ach tá sé fánach aige, agus déantar imní chéasta de, imní atá ina cineál páise. Dá mbeadh a fhios ag a bhean faoin amhras seo? Dá gcaithfeadh sí í féin i bhfarraige lena dhúshlán a thabhairt í a shábháil? Caithfidh sé an t-amhras dalba doghrainneach seo a ruaigeadh mar tá sé tar éis a chaidreamh lena bhean a scrios agus 'ba claidheamh fuar sa leaba é ag roise brat neamhuamach a lánúineachais' (SDT, lch. 37). Fiú dá mba í freagra na ceiste nach mbeadh sé in ann tarrtháil a thabhairt ar a bhean, b'fhaoiseamh de shórt éigin é é sin a fháil amach. Nó dá bhféadfadh sé a insint dá bhean faoin bhfaitíos, ar a laghad bheadh ionracas ag baint lena gcaidreamh lena chéile dá bharr sin. Bhí sé ar a bhealach abhaile anois. Ach an inseodh sé di é? Agus an gcreidfeadh sí é? Ní móide go gcreidfeadh! Agus é ag iomrascáil lena smaointe agus é dallta ag an imní seo atá á scrios, dar leis, seasann sé i lár droichid agus leagann carr é. B'fhuascailt ar deireadh thiar dó a bhás, is dócha.

Pé ar bith cén tinfeadh a fuair sé ó eachtra bheag Joyce, is scéal fíor-Chadhnach an scéal sin 'Fuascailt' i dtaca le hábhar, le carachtracht agus le friotal de. D'áitigh Siobhán Ní Shúilleabháin go bhfuil cosúlachtaí i dtaca le téamaí, siombalachas agus *genre* litríochta idir scéal de chuid Camus, *La Chute*, a foilsíodh i 1956 agus gearrscéal seo an Chadhnaigh.[39] B'fhéidir gur fíor é sin, ach feictear domsa gur mór idir ábhar agus carachtracht scéal an Chadhnaigh agus scéal Camus. Tá an smaoineamh faoi fhear nár thug tarrtháil ar bhean a bhí á bá sa dá scéal, ach ní hé an toradh céanna atá ar an eachtra sa dá chás, mar go bhfuil an bheirt phríomhphearsana go hiomlán difriúil lena chéile. Fear sotalach, leithleach, féinlárnach is ea Clamance i scéal Camus, fear nach raibh aon chaidreamh aige le haon duine riamh ach amháin ar mhaithe leis féin. Ar feadh i bhfad shíl sé go raibh saol an-sásúil uile á chaitheamh aige, ach thug eachtra na mná á bá air ar deireadh thiar a aithint agus a admháil nach raibh ach cur i gcéill iomlán ina shaol ar fad. I dtaca le Tomás i scéal an Chadhnaigh de, pé laigí atá ar a phearsantacht, is cinnte go raibh an-chion aige ar a bhean agus gur mhaith leis caidreamh slán a bheith aige léi. Bheadh trua agat dó. Níor mhúscail scéal Clamance trua dá laghad ionamsa. Insíonn sé féin a scéal d'fhear a casadh air trí sheans i dteach tábhairne. Agus mé ag éisteacht leis agus é ag insint a phaidir chapaill de scéal fada, rith sé liom gur dheacair a thuiscint cén chaoi a bhfuair sé duine ar bith a d'éisteodh leis. Ach ina dhiaidh sin is uile, b'fhéidir go raibh an ceart ag Siobhán Ní Shúilleabháin agus go bhfuil an ceart agamsa freisin, agus go bhfuair an Cadhnach spreagadh éigin ó Joyce agus ó Camus araon.

An foinse deireanach tinfidh ba mhaith liom a lua ná *Waiting for Godot* (1952) le Samuel Beckett. I gcomhrá sa dráma sin pléitear coincheap an ama agus tugtar le tuiscint nach bhfuil aon bhrí leis. Nuair a thagraíonn duine de na pearsana, Pozzo, do bhailbhe duine eile acu, Lucky, cuireann an tríú duine, Vladimir, ceist air: 'Dumb! Since when?' Cuireann sé seo fearg ar Pozzo agus deir sé go cancrach:

> Have you not done tormenting me with your accursed time! It's abominable! When! When! One day, is that not enough for you … [O]ne day we were born, one day we shall die, the same day, the same second, is that not enough for you? … They give birth astride of a grave, the light gleams an instant, then it's night once more.

Agus freagraíonn Vladimir:

> Astride of a grave and a difficult birth. Down in the hole, lingeringly, the grave-digger puts on the forceps.[40]

An tuiscint sin go bhfuil an bhreith agus an bás an-chóngarach dá chéile, is í atá á plé i ngearrscéal eile de chuid an Chadhnaigh, 'An beo agus an críon', in *An tSraith ar Lár*. Faoi mar atá luaite agam roimhe seo, taispeánann gnéithe den tríú caibidil de *Barbed Wire* go raibh spéis mhór ag an gCadhnach i gcoincheap an ama. Níorbh aon iontas é, mar sin, dá bhfaigheadh sé blas ar leith ar *Waiting for Godot*, agus measaim gurbh fhéidir gur sa chomhrá sin sa dráma úd a fuair sé an smaoineamh ar a bhfuil 'An Beo agus an Críon' bunaithe.

Beirtear páistí in áiteanna aisteacha scaití – carranna, traenacha, busanna, eitealláin – agus sa scéal seo tá cineál *reductio ad ultimum* (ní gá a cheapadh gur *reductio ad absurdum* í) nuair a bheirtear páiste in eileatram (nó '*hearse*', mar a thugtar air sa scéal). Tosaíonn saol nua sa charr inar tugadh corp marbh chuig teach an phobail díreach roimhe sin, agus ar an gcaoi sin réalaítear a ghaire atá an bhreith agus an bás dá chéile.

Tá dhá ghrúpa daoine i láthair ag an mbreith: scata fear a iompraíonn iad féin go garbh glórach agus iad ag iarraidh a n-éagumas déileáil le bean seoil a cheilt, agus, i spás ciúin a chruthaíonn siad i lár ghleo rascánta na bhfear, scata ban ar féidir iad a chloisteáil agus iad ag caint go socair sólásach leis an mbean seoil le linn dóibh bheith ag cuidiú léi an leanbh a bhreith. Iarrann seanchnáimhseach go gcuirfí gabháil fhéir ina sraith mar easair faoin mbean seoil, agus molann sí do bhean eile cloigeann na mná a choinneáil fad a shocraíonn sí féin cosa na mná leis an mbreith a éascú. Tugann tiománaí an eileatraim faoi deara a chosúla atá a ndúirt an tseanbhean lena ndúradh faoin gcorp a tugadh chuig teach an phobail níos túisce sa lá: agus an chónra á cur isteach san eileatram agus á tógáil as, bhí daoine ag gabháil sa cheann agus daoine eile sna cosa, agus ritheann sé leis go gcuirfear gabháil fhéir san uaigh faoin gcónra an chéad lá eile (SL, lch. 122). Tá macallaí soiléire, cheapfainn, i machnamh an tiománaí de chaint Pozzo agus Vladimir, 'They give birth astride of a grave … Astride of a grave and a difficult birth. Down in the hole, lingeringly, the grave-digger puts on the forceps': níl achar ar bith ama idir an bhreith agus an bás, rud a bhí á fhógairt le teideal an scéil, 'An beo agus an críon', agus le suíomh na breithe san eileatram; agus i bhfocail dheiridh an scéil, atá gleoite ('screaidín óg') agus fós a scrúdfadh do chroí, fógraítear an dlúthcheangal idir an bhreith agus an bás:

> An pointe céanna cloiseadh an scread ba strainséartha uilig – as an tsraith ar urlár an *hearse*: screaidín óg a bhí cho haosta leis an gcine daoine: scread ba thúisce ná scread an bháis agus nach mbeadh aon bhás ann marach í … (SL, lch. 124)

Le loirg shaothar Joyce agus Beckett a fhágáil ar a shaothar féin, bhí an Cadhnach, dar liom, ag iarraidh a chomhbhá le saothar Joyce agus Beckett agus leis an tsamhlaíocht ónar eascair sé a chur os ard, agus ag iarraidh ar a chuid léitheoirí a shaothar féin a léamh leis an oscailteacht aigne a bhí ag dul dósan agus do shaothar Joyce agus Beckett, seachas leis an suarachas aigne lenar léadh *Ulysses* agus *Cré na Cille* i dtús báire.

Noda

BW: *Barbed Wire*, eag. Cathal Ó Háinle
CS: *Máirtín Ó Cadhain: Clár Saothair*, Alan Titley
PBPB: *Páipéir Bhána agus Páipéir Bhreaca*
SDT: *An tSraith dhá Tógáil*
SL: *An tSraith ar Lár*
ST: *Ag Samhlú Troda*, Aindrias Ó Cathasaigh.

1. *An tSraith ar Lár* (SL), Baile Átha Cliath, Sáirséal agus Dill, 49-54.
2. San aiste cháiliúil fhéinanailíseach, *Páipéir Bhána agus Páipéir Bhreaca* (PBPB), [Baile Átha Cliath], 1969, scríobh sé (lch. 15): 'An uirnis liteartha is fearr a fuair mé ó mo mhuintir an chaint, caint thíriúil, caint chréúil, caint chraicneach a thosaíos ag damhsa orm scaití, ag gol orm scaití, de mo bhuíochas.' Ar ndóigh, mar a dhearbhaíonn sé san aiste chéanna (lgh 15-17), níor fhan sé i dtuilleamaí Ghaeilge a mhuintire, ach shaibhrigh í le 'hiasachtaí' ó Ghaeilge na gcanúintí eile de chuid na hÉireann agus na hAlban agus ó Ghaeilge an bhéaloidis is na litríochta.
3. *Feasta*, Iúil 1960; athluaite in Alan Titley, *Máirtín Ó Cadhain: Clár Saothair*' (CS), Baile Átha Cliath, 1975, 14.
4. Féach Aindrias Ó Cathasaigh, *Ag Samhlú Troda* (ST), Baile Átha Cliath, 2002, 39-40, 44-8.
5. PBPB, 34.
6. Mar shampla, 'Do na fíréin', *Comhar* Márta 1962; *Irish Above Politics*, Baile Átha Cliath 1964; *Gluaiseacht na Gaeilge, Gluaiseacht ar Strae*, Baile Átha Cliath 1970.
7. PBPB, 40.
8. *Gluaiseacht na Gaeilge, Gluaiseacht ar Strae,* 8.
9. D'fhoilsigh sé bailiúcháin gearrscéalta in 1939 (*Idir Shúgradh agus Dáiríre*), 1948 (*An Braon Broghach*) agus 1953 (*Cois Caoláire*). Scríobh sé an dara húrscéal, *Athnuachan*, sa bhliain 1951 ach bheartaigh gan é a fhoilsiú; foilsíodh é (eag. Breandán Ó Doibhlin) i ndiaidh a bháis sa bhliain 1994.
10. 'Chidhtear dúinn … nach raibh aon chall do chuid de na h-aisteoirí labhairt chomh goirgeach.' in P. Ó F., léirmheas ar *Idir Shúgradh agus Dáiríre*, *Ar Aghaidh*, Meitheamh 1940; athluaite in CS, 25; 'Go leor dhi [*Cré na Cille*] nach gcuirfinn i mbéal an mhada … Tá súil le Dia agam-sa nach mbeidh an leabhar seo le fágháil ag an bpobal nuair a bheidheas mo chuid páistí fhéin fásta suas le conghnamh Dé… Ní ar nós 'Cré na cille' a dhathaigh an Piarsach ná a cháirde Gaeilgeoirí na Gaedhealtachta. Ní ag casadh míola ná sneá le chéile a chuir sé iad.' in 'Spailpín ón Achréidh', *Ar Aghaidh*, Aibreán 1950; athluaite in CS, 26.
11. PBPB, 13.
12. PBPB, 13.
13. David Greene, 'Talk of the dead', *The Irish Times*, 27 Bealtaine 1950. Ní dheachaigh Ó hUaithne thar fóir leis an moladh ('This is undoubtedly the most important novel written in Irish for a long time. It has the necessary ingredients for greatness … I do not think this is a great novel.'), ach ba bhreá leis caint an leabhair ('Nearly all the book is in dialogue … [the dialogue] is the great triumph of the book – racy of the soil and pitilessly true to life; I do not think that Máirtín Ó Cadhain has any rivals in this field.'); agus má lochtaigh sé struchtúr agus teicníocht an tsaothair is toisc

go raibh sé á léamh aige mar 'a novel of Connemara life' gan aon leibhéal eile brí a aithint ann.

14. David Greene, *Writing in Irish Today*, Cork 1972, 44. Dhearbhaigh sé láithreach ina dhiaidh sin '[that] it can be asserted with confidence that the best Irish author of recent times wrote in Irish.'

15. Cathal Ó Háinle, 'Cúig mo láimhe dhéanta', in *Criostalú* (eag. Cathal Ó Háinle), Baile Átha Cliath, 1998. Agus é ag tagairt d'áit eile in *Cré na Cille* ina ndéantar tagairt do 'an Scríbhneoir', dúirt Declan Kiberd gur 'cineál mion-Chadhnach' é an Scríbhneoir ('*Cré na Cille*, Ó Cadhain agus Beckett' in Declan Kiberd *Idir Dhá Chultúr*, Baile Átha Cliath, Coiscéim, 1993, lch. 255); i leagan Béarla den aiste sin ('All the dead voices – *Cré na Cille*' in Declan Kiberd, *Irish Classics*, London 2000, 585) is é an frása a d'úsáid sé 'a sort of surrogate Ó Cadhain'.

16. Tá sí le fáil anois in Liam Prút (eag.) *Caithfear Éisteacht!*, Baile Átha Cliath 1999, 97-144.

17. Is dóigh gurb í an fhonóid a dhéantaí faoi chroiméal Hitler a bhí mar eiseamláir ag an gCadhnach. Mar léiriú ar a dháiríre a d'fhéadfadh daoine a bheith faoi chroiméil a chéile féach gur tuairiscíodh in *The Irish Times* (6 Márta, 2003, 12) gur fhéach Izzat Ibrahim ón Íráic le gobán a chur i mbéal Síc Mohammed ó Quatar leis na maslaí seo: 'Éist do bhéal, a mhoncaí. Mallacht ar do chroiméal, a thréatúir.' Le linn cruinnithe den Eagraíocht den Chomhdháil Islamach a gairmeadh le féachaint le cogadh san Íráic a chosc a tharla sé sin, iarracht nár éirigh léi, ní nach ionadh.

18. *Barbed Wire* (BW) (eag. Cathal Ó Háinle), Baile Átha Cliath 2002.

19. Tá na cúiseanna nár foilsíodh an saothar pléite agam sa réamhrá a chuir mé leis an saothar; ba é athchoimriú Sheáin Uí Éigeartaigh (úinéir na comhlachta Sáirséal agus Dill agus cara de chuid an Chadhnaigh) ar na cúrsaí sin gur tuigeadh 'go ndéarfaí go raibh [*Barbed Wire*] clúmhillteach agus scannalach agus gáirsiúil, agus go gcuirfeadh sé fearg an domhain ar an-chuid daoine …' (BW, xii).

20. In *Stiff: the Curious Lives of Human Cadavers*, London 2003, 199-217, tráchtann Mary Roach ar thaighde faoi athnódú cloigne a rinneadh chomh fada siar le haimsir Réabhlóid na Fraince agus pléann iarrachtaí athnódaithe Robert White in Cleveland, Ohio, i lár na 1960aidí agus ina dhiaidh sin.

21. Féach K. Eric Drexler, *Engines of Creation: the Coming Era of Nanotechnology*, London, 1996; Ian Sample, *New Scientist* uimh. 2311 (6 Deireadh Fómhair, 2001), 31-37.

22. Féach James Lydon, *The Making of Ireland*, London & New York 1998, 217: 'The kingdom of Ireland was truly, and seemingly eternally, a Protestant one.'

23. Bhí drochmheas ag Máirtín Ó Cadhain ar bhailte intíre Chúige Laighean agus ar a muintir, rud atá léirithe sna nótaí a scríobh sé

(Leabharlann Choláiste na Tríonóide, Páipéir an Chadhnaigh, LS 10878/L4/b/2/3, 9), bunaithe ar eolas a tharraing sé as an *Shell Guide to Ireland* (eag. Lord Killanin & Michael V. Duignan, London, 1962), faoin gcaoi ar ghéill bailte i gCúige Laighean do Chromail, rud a d'fhágfadh, is dóigh, nárbh aon ábhar iontais do dhuine a fháil amach go raibh siad ag lútáil ar Shéamas an chaca chomh maith.

24. Eagrán ciorraithe den saothar seo a bhí ina sheilbh ag an gCadhnach, agus léiríonn na nótaí meabhrúcháin a bhreac sé agus ábhar á bhailiú aige le haghaidh BW (féach an tulphictiúr sa leabhar sin) go ndearna sé leabhar Frazer a léamh go cúramach. Féach freisin BW xxiv-xxv. Bhí tionchar mór ag *The Golden Bough* ar smaointeachas an nua-aoiseachais, dar le Steven Matthews, *Modernism*, London 2004, 91-3.

25. 'Do na fíréin', *Caithfear Éisteacht!*, 120.

26. Na tuairiscí neamhfhoilsithe a thug an bheirt bhreithiúna ar chomórtas sin an Oireachtais agus na trí litir neamhfhoilsithe a scríobh an Cadhnach mar fhreagra orthu, tá siad pléite agam sa réamhrá le *Barbed Wire*, viii-x.

27. An tagairt seo don uair a bhuamáil na Fíníní an príosún úd i Londain, is léir go raibh sé i gceist go dtionsclódh sí naimhdeas do shaothar Joyce: fearacht na bhFíníní sceimhlitheoir Éireannach ab ea Joyce, dar le Leslie. Bhí *Ulysses* 'unreadable, unquotable, and unreviewable', dar leis.

28. Alan Travis, *Bound and Gagged*, London 2000, 24-6.

29. Ceann de mhórthéacsanna an nua-aoiseachais ab ea *Ulysses*, ar ndóigh.

30. In '*Cré na Cille* – Ó Cadhain agus Beckett' pléann Declan Kiberd na cosúlachtaí idir CC agus saothar Samuel Beckett, ach admhaíonn sé nach féidir a dheimhniú go raibh tionchar ag saothar Beckett ar CC mar nach féidir a chruthú go raibh saothar Beckett léite aige sular scríobh sé CC (*Idir Dhá Chultúr*, 242). Is cinnte gur léigh an Cadhnach saothar Beckett níos deireanaí, áfach: féach *Páipéir Bhána agus Páipéir Bhreaca*, 40.

31. Féach Máire MacNeill, *The Festival of Lughnasa*, London, 1962, 221-5: '... [I]t was the custom for crowds of people from both sides of Slieve Bloom, from both Leix and Offaly, to climb to the hill-top on the last Sunday of July, to enjoy themselves at sports and dancing and picking "fraughans" ... We are told in one report (and this as if it were a recently practised custom) that a chair was placed on the Cruachán on which a girl sat crowned with flowers and with garlands strewn at her feet.'

32. *Ulysses*, eagrán The Bodley Head, 1960, 867.

33. *A Portrait of the Artist as a Young Man*, London, 1968, 208.

34. *Irish Classics*, 584.

35. PBPB, 33-34. Tá athchló ar an léirmheas sin in Prút (eag.) *Caithfear Éisteacht*, 59-68.

36. Féach PBPB, 32-3. In 'Cúig mo láimhe dhéanta' (*Criostalú*, lgh. 119-21), tá plé déanta agam ar an bhfreagra a thug an Cadhnach ar an mbarúil

gur i ngearrscéal de chuid Camus a fuair sé téama gearrscéil dá chuid a foilsíodh sa bhliain 1966.

37. *Ulysses*, 57.

38. Sna hÓideanna (leabhar 1, óid 3, líne 8) d'úsáid Horás an chaint *animae dimidium meae* ag tagairt dá chara, Virgilius, and sna Faoistiní (leabhar 4, cuid 6) rinne Naomh Agaistín athlua ar chaint Horáis ag tagairt dá chara a bhí tar éis bás a fháil. Sa chaoineadh 'M'anam do scar riomsa a-raoir' a chum Muireadhach Albanach Ó Dálaigh faoina bhean, Maol Mheadha, dúirt sé fúithi 'dob í ceirtleath m'anma í.' Ní miste a lua gur athluaigh an Cadhnach líne sin Uí Dhálaigh ar an gcárta cuimhneacháin dá bhean féin, Máirín Ní Rodaigh, a bhásaigh i 1965.

39. 'Titim an Duine i Saothar Uí Chadhain agus Camus', *Irisleabhar Mhá Nuad* 1978, 6-15. Féach freisin Máire Ní Annracháin, 'Gnéithe den Chríostaíocht i ngearrscéalta Mháirtín Uí Chadhain', *Léachtaí Cholm Cille* 10, 1979, 71-73.

40. *Waiting for Godot*, London 1965, 89-91.

CRÉ NA CILLE: BÉAL BEO NÓ BÉAL MARBH?

Gearóid Denvir

Uair sa chéad a thagas mórscríbhneoir ar an bhfód i dteanga ar bith, mór ná mion. Ba den mhianach sin príomhéigeas Chois Fharraige, Máirtín Ó Cadhain, gan aon cheist. Pearsa mhór mhillteach le rá a bhí ann lena linn féin, agus d'oibrigh sé tionchar nár bheag ar réimsí éagsúla d'Éirinn a aimsire féin. Bhí sé gan amhras ar bith ar dhuine de mhórscríbhneoirí an fichiú haois sa tír seo, agus dá scríobhadh sé i mBéarla Yeats, Joyce, Synge, Friel, Heaney agus a leithéidí, bheadh tionscal bisiúil liteartha mar 'chrois den ghlaschloich oileánda' os a chionn, agus ollúna agus lucht adhartha ó na ceithre harda ar oilithreacht bhliantúil chuig a ionad cuimhneacháin ar an gCnocán Glas i mbliana ag comóradh a bhreithe céad bliain ó shin.

Forás suntasach i litríocht na Gaeilge le blianta beaga anuas is ea an borradh atá tagtha faoin tionscal Cadhnach le foilsiú leithéidí *Caithfear Éisteacht: Aistí Mháirtín Uí Chadhain in Comhar*[1] in 1999, *Caiscín: Altanna san Irish Times 1953-56*[2] in 1998, agus *Ó Cadhain i bhFeasta*[3] in 1990, bailiúcháin luachmhara d'aistí agus d'altanna a chonaic solas an lae cheana in irisí agus i nuachtáin ach nárbh fhurasta teacht orthu. Cuir leis an méid sin foilsiú na mbunsaothar dioscúrsúil faoi chúrsaí staire, polaitíochta agus teanga, *Tone Inné agus Inniu*[4] in 1999 agus *An Ghaeilge Bheo – Destined to Pass*[5] in 2002, maille le foilsiú an dá úrscéal iomráiteacha, *Athnuachan*[6] in 1995 agus *Barbed Wire*[7] in 2002, a raibh béaloideas déanta le blianta acu agus gan iad faoi shúil an phobail beag ná mór, agus tá ar ár gcumas anois breithiúnas i bhfad níos meáite a thabhairt ar an bhfear agus ar shaothar a shaoil. Tá beathaisnéis shubstaintiúil, dhúshlánach againn freisin ó láimh Aindriais Uí Chathasaigh, *Ag Samhlú Troda: Máirtín Ó Cadhain 1905-1970* in 2002.[8]

Tá bunáite na léirmheastóirí ar aon intinn faoi na lochtanna atá ar shaothar luath Uí Chadhain, go háirithe sa chéad dá chnuasach gearrscéalta, *Idir Shúgradh agus Dáiríre*[9] agus *An Braon Broghach.*[10] Déantar an reacaireacht sna cnuasaigh seo cuid mhaith de réir mhodhanna traidisiúnta Gaelacha na litríochta réigiúnaí agus litríocht na hAthbheochana a bhí faoi rath agus meas ag an am. Is geall le hachoimre ar shaol an duine sa chomhthionól fuinniúil fuinte, *local organic community* Eliot a dtráchtann Ó Cadhain féin air in *Páipéir Bhána agus Páipéir Bhreaca,*[11] cuid mhaith de na scéalta seo. Tá lorg an nua-aoiseachais, maille leis an gcumas agus an tsamhlaíocht is dual don fhíorscríbhneoir, le sonrú i gcéaduair ar *Cré na Cille*[12] agus *Cois Caoláire,*[13] tréithe a dtiocfadh bláth chomh foirfe sin orthu sna cnuasaigh ghearrscéalta a foilsíodh ina dhiaidh sin, *An tSraith ar Lár,*[14] *An tSraith dhá Tógáil,*[15] agus *An tSraith Tógtha.*[16] Cuirfidh bliain chomórtha bhreith Uí Chadhain leis an allagar seo, idir léachtaí, sheimineáir, thaispeántais, chláracha raidió agus teilifíse, dhrámaí (bunaithe ar an saothar) agus a bhfuil ann. Níor mhiste, b'fhéidir, tagairt a dhéanamh d'fhorás suntasach amháin, mar atá, na grúpaí léitheoireachta i nGaeltacht Chonamara atá ag dul i ngleic le saothar Uí Chadhain i mbliana – agus an méid sin i gcomthéacs a bhfuil á rá ag scoláirí mar Louis de Paor[17] agus ag Fondúireacht Uí Chadhain faoin saothar atá as cló agus faoi easpa léitheoirí ag an gCadhnach.

Bíodh is go raibh riar mhaith foilsithe roimhe aige, agus gur fhoilsigh sé go leor ina dhiaidh, ba é foilsiú *Cré na Cille* i 1949 a d'fhógair go raibh mórthallann scríbhneora ag an gCadhnach agus a chinntigh go gcaithfí é a áireamh feasta i measc rí-éigis na tíre seo riamh anall. Ar an leibhéal is bunúsaí reacaireacht, insíonn an leabhar scéal Chaitríona Pháidín trí chomhráite idir coirp éagsúla i gcill éigin thiar, agus í féin nuachurtha ina measc i dtús an leabhair. Cuireann chuile chorp nua-adhlactha leis an scéal a shoilsíos an ghráin shíoraí sheasta atá ag Caitríona ar a deirfiúr, Neil, agus an choimhlint saoil a bhí aici léi d'fhonn a bheith cab os a cionn.

Dúirt an Cadhnach féin gur 'fhéach mé leis an gcomhthionól dar dhual mé féin a léiriú i g*Cré na Cille*'.[18] Seo é an 'comhthionól fuinniúil fuinte' a léiríos, dar leis, 'cultúr na tuaithe ar fad go dtí achar is lú na glúin ó shin, ach go raibh anlann na Gaeilge lena blas féin a chur air sa nGaeltacht'. Ina dhiaidh sin is uile, ní scéal pobail ná comhthionóil, ná fiú scéal iomlán Chaitríona Pháidín atá in *Cré na Cille*. Mar a d'admhaigh an t-údar féin, 'ní hí fírinne na cumadóireacht, na healaíne, fírinne an tsaoil' arae 'le ealaín atá muid ag plé agus ní leis an saol'.[19] Barr air sin, dhearbhaigh sé, 'an bunsmaoine atá i gCré na Cille níl sé inchreidte … is é sin go mbeadh coirp ag caint le chéile i reilig'. Dá réir sin, má tá orlaí láidre den réalachas, idir shóisialta agus dhaonna, ag roinnt leis an bpictiúr samhlaíoch is *Cré na Cille*, agus fiú más iad Gaeilgeoirí-democrat Uí Chadhain[20] is mó atá sa chill, ní fíor do na criticeoirí luatha réalaíocha a dhearbhaigh gurb é atá sa leabhar 'muintir na hÉireann [ná na Gaeltachta] á réaladh faoi mar atá siad i ndáiríre' ná 'saol iomlán an cheantair agus a phobail á léiriú'.[21]

Amharc grinn géar ar an taobh míthaitneamhach de shaol 'chomhthionól fuinniúil fuinte' Uí Chadhain agus ar 'mhionchúrsaí suaracha'[22] an duine ann atá sa leabhar neamhchoitianta seo, agus greann tíriúil craicneach na reacaireachta ag sníomh an iomláin ina chéile. Is mór idir léargas Uí Chadhain ann agus an cineál saoil a gcuirtear síos air sa litríocht réigiúnach – i leithéidí *An t-Oileánach* agus *Peig*, mar shampla, gan trácht ar shaothar scríbhneoirí traidisiúnaíocha aniar le linn na tréimhse céanna mar Thomás Bairéad (cara maith de chuid Uí Chadhain) agus Pádraic Óg Ó Conaire. Mar a dhearbhaigh Ó Cadhain féin ina léargas ar an tsiocair nach raibh aon cheo rathúil á scríobh i nGaeilge lena linn:

> Na daoine fásta a léas leabhra Gaeilge is é m'eolas-sa orthu, ar aon nós, gur déine an Piúratánachas seo iontu ná in aon dream eile den phobal. I scéal Gaeilge ní leor don

> Mhaith treise a fháil go glé-fhollasach ar an Olc .... Ní ceart an t-olc a léiriú beag ná mór .... Ní thagann beithígh faoi dháir i leabhra Gaeilge; is anuas le tuillte na Féile Míchíl a thig na naíonáin go léir; ní bhíonn mná ar bhruach an dá fhichead ag fiach fear, agus ná taobhaigh Portláirge ar a bhfaca tú ariamh![23]

Dá réir sin, is mór idir Caitríona Pháidín agus mná fadfhulangacha *An Braon Broghach* nó *Idir Shúgradh agus Dáiríre*, gan trácht ar mhná idéalacha Gaeltachta Phádraic Óig nó Phádraig Mhic Phiarais a raibh an oiread sin geana ag duine de léirmheastóirí luatha *Cré na Cille*, Spailpín ar an Achréidh, orthu gur dhearbhaigh sé i léirmheas cáiliúil sa nuachtán Gaeltachta *Ar Aghaidh*:

> Ní ar nós 'Cré na Cille' a dhathaigh an Piarsach ná a chairde Gaedhilgeóirí na Gaedhealtachta. Ní ag casadh míola ná sneá le chéile a chuir sé iad.[24]

Má deir Alan Titley,[25] fiú agus a theanga thiar go maith ina phluic aige, gurb aon urscéal amháin iad i ndeireadh na feide *Ceol na nGiolcach* Phádraic Óig Uí Chonaire agus *Cré na Cille*, níl aon chonstráid shaothraithe idéalach Gaeltachta ar chúl shaothar Uí Chadhain mar atá ag Pádhraic Óg agus tá a léargas ar an bpobal a chuireas sé i láthair in *Cré na Cille* fírinneach, réalaíoch, inchreidte sa chiall theoranta a bhaineas le saothar cruthaitheach.

Is féidir forás Uí Chadhain mar scríbhneoir idir an saothar luath agus *Cré na Cille* a rianú sa difríocht idir an dá chineál sin scríbhneoireachta. Aoir shóisialta ar mhóiréis agus ar ghailemaisíocht an duine atá sa leabhar agus is é a theachtaireacht, b'fhéidir, go bhfuil an duine suarach gan mhaith, gur mar sin atá agus gur mar sin a bheas. Ní athrófar a nádúr agus leanfaidh an saol mar atá. Má tá léargas Uí Chadhain géar, áfach, ní fhágann sin nach bhfuil an leabhar thar a bheith barrúil, agus go deimhin féin, is iad an sainghreann Cadhnach agus caint chréúil chraicneach an údair príomhbhuanna an tsaothair.

Ubh cuaiche ar bhealaí go leor é *Cré na Cille*, éacht aon uaire, 'úrscéal neamhphlotúil ... gan síol ná sliocht',[26] saothar nach dtagann 'faoi sholas teoirice na *genres*',[27] curadhmhír nach ndrannfar leis arís, nach mbeidh a leithéid arís ann, i gcead don nathán seanchaite. Fearacht *Ulysses* le James Joyce, nó saothar ealaíne Phaul Henry, nó fuinneoga eaglasta Harry Clarke, nó ceol an Chearbhallánaigh, nó *Leabhar Cheanannais*, is íocón cultúrtha náisiúnta Éireannach é *Cré na Cille*. Ní bhaineann sé le haois ná le ré ar leith ná fiú leis an gConamara a ndéantar cur síos air sa scéal. Is mó é ná é féin, ar bhealach. Is ráiteas fúinn ar fad é, faoin gcaoi a dtuigimid agus a samhlaímid muid féin mar dhaoine daonna faoi choinníoll áirithe sin na daonnachta is Éireannachas/Gaelachas ann, 'an t-oileáinín ar leith spioradáilteachta san aigne dhaonna arb é an Gael é,' mar a dúirt an Cadhnach féin.[28] Déantar gaisce go minic as, agus cuid de sin go haineolach, bladhmannach gan dabht. Fearacht *Ulysses*, deir daoine gur léigh siad é agus níor leag siad súil ariamh ar shiolla de – ach ba mhaith leo go ndéanfaí talamh slán de gur léigh agus gur thuig siad é. Is cuid é dár gcomhfhios daonna mar Éireannaigh ar cás linn an Ghaeilge agus is údar ceiliúrtha dúinn go bhféadfadh a leithéid a bheith ann chor ar bith i mionteanga ar imeall thiar na hEorpa i saol seo an domhandaithe agus na haonfhoirmeachta cultúir agus teanga.

Trasnaíonn *Cré na Cille* teorainneacha na seánraí liteartha agus na gcruthúnas cultúrtha arae níl a acmhainn chruthaitheach teoranta don fhocal ar an leathanach. Craoladh ina dhráma raidió den scoth é ar Raidió na Gaeltachta, meán a d'fheil thar na bearta é i ngeall ar a chuid fréamhacha sa litríocht bhéil, mar a fheicfeas muid ar ball, agus d'fhoilsigh Cló Iar-Chonnachta an tsraith ar fad le gairid ar dhlúthdhioscaí. Díol suntais sa chomhthéacs seo scéal a d'inis Tomás Mac Con Iomaire, Iar-

Cheannaire Raidió na Gaeltachta, ag comhdháil cheiliúrtha TG4 in Ollscoil na hÉireann, Gaillimh, ar an 13 Samhain 2006 maidir le daoine a 'léigh' *Cré na Cille* ar an raidió. Léiríodh ina dhráma stáitse freisin é nárbh fhéidir suíochán a fháil dó ar ór ná ar airgead faoi thrí féin i dTaibhdhearc na Gaillimhe.[29] D'athchruthaigh sraith pictiúr a rinne an t-ealaíontóir Pádraig Ó Mathúna, agus atá ar crochadh in Áras na Gaeilge in Ollscoil na hÉireann, Gaillimh, domhan dorcha na cille gona cholainneacha neámhaí nach fuil ná feoil iad, ach guthanna scréachacha ar geall le glór sí gaoithe iad. Agus ar neamhchead do mo chara critice neamhtheoiriciúil, Alan Titley, a dúirt, '[t]hógfadh sé léiritheoir Sualannach an-samhlaíoch go deo chun scannán d'aon saghas a dhéanamh as *Cré na Cille*',[30] tá scannán dhá uair an chloig déanta den leabhar i mbliana mar chuid de chomóradh deich mbliana TG4 – agus gan Sualannach an bhéil bheo (ná mhairbh) i measc na foirne!

Is é mórbhua Uí Chadhain in *Cré na Cille*, agus go deimhin ina shaothar uilig idir chruthaitheach agus eile, 'an chaint, caint thiriúil, caint chréúil, caint chraicneach a thosaíos ag damhsa orm scaití, ag gol orm scaití de mo bhuíochas … an uirnis liteartha is fearr a fuair mé ó mo mhuintir'.[31] Ina dhiaidh sin féin, is mór idir teanga *Cré na Cille* agus 'caint na ndaoine' mar a thuig na léirmheastóirí luatha an nathán sin. 'Píosa de theanga na Gaeltachta' ó údar atá 'i ngrá le focail díreach mar a bhíonn péintéir', a dúirt Dónall Ó Corcora[32] atá sa leabhar. D'áitigh Flann Mac an tSaoir[33] go raibh an leabhar rófhoclach, tuairim a thiocfadh le breithiúnas Liam Uí Fhlatharta[34] agus Thomáis Bhairéid[35] ar shaothar Uí Chadhain roimhe sin. Dhearbhaigh Spailpín ar an Achréidh go raibh

> [m]órán chuile fhocal beag is mór, coitcheannta agus neamh-choitcheannta, dá bhfuil ó Bheárna go Cárna pacáilte i mbéil ochtmhar nó naonbhar …. Ní leigeann an tÚdar ar fhéin gur bé fhéin atá 'déanamh na cainnte. Tá sí

> curtha i mbéil daoine eile aige. Go leor dhi nach gcuirfinn i mbéal an mhada.[36]

Tá *Cré na Cille* scríofa i bhfoirm chanúnach atá gar do chaint dhílis an duine a mbeifí ag súil léi sa suíomh réalaíoch sochtheangeolaíoch is féidir a shamhlú leis an leabhar, mar atá, comhrá idir daoine éagsúla (más i reilig féin é) i nGaeltacht Chois Fharraige. Is mór, áfach, idir sin agus dearbhú gur geall le cleachtas teangeolaíoch atá ar bun ag an údar, dearcadh a dhéanfadh beag is fiú den chruthaitheacht a bhaineas le cumadh na litríochta. Mar a dhearbhaigh Ó Cadhain féin, leis an litríocht atá muid ag plé agus is é an aidhm a bhí aige féin mar scríbhneoir 'éabhlóidiú [a dhéanamh] … ar an amhábhar arb é caint na ndaoine é' arae 'ní féidir caint na ndaoine a fháil ach le spólthaifeadán'.[37] Ní hí 'gnáthchaint laethúil na hÁite Thiar' atá in *Cré na Cille* ach ardréim liteartha, shaothraithe, ealaíonta atá fréamhaithe sa chaint sin ach a éiríos os a cionn mar is dual don fhriotal dea-shaothraithe liteartha. Mar a deir Breandán Ó hEithir: 'Ba í seo cinnte caint na ndaoine ach í bheith saibhrithe, oibrithe, snoite ar bhealach nár facthas go dtí sin.'[38] Díol suntais go dtagraíonn aistritheoir Ioruaise *Cre na Cille*, Jan Erik Rekdal don tréith chéanna:

> Caint dhíreach agus comhrá is mó atá mar mheán inste i saothar an Chadhanaigh; ach mar sin féin, ní taobh le saibhreas na gnáthchainte atá teanga an scéil. Tá an dioscúrsa saillte le seanleaganacha is le focail annamha a bhfuarthas a lán acu i bhfoinse dothaosctha an traidisiúin bhéil, rud a fhágann go bhfuil sé i bhfad níos éadálaí ná caint shimplí chomhráiteach daoine atá taobh le foclóir cúng.[39]

Dá réir sin, murab ionann is saothar an Athar Peadar, mar shampla, a ndúirt an Cadhnach féin faoi nach raibh 'aon cheo dháiríre le rá aige dá mb'fhéidir aon cheo fiúntach a rá an uair sin',[40] is mór idir *Cré na Cille* agus an meon nó an cleachtas liteartha ris a ráitear 'caint na ndaoine'. Is í ealaín *Cré na Cille*, murab ionann is saothar an Athar Peadar nó Phádraic Óig Uí Chonaire, go n-éiríonn leis an gCadhnach beatha inmheánach a chuid carachtar a léiriú sa leabhar, go n-éiríonn leis trí chaint dhílis mhuintir na cille a mbeatha inmheánach a nochtadh, nó 'an intinn a léiriú, páirt den duine nach féidir an *camera* a dhíriú uirthi'.[41] Go deimhin, is caint uilig í *Cré na Cille*, agus gan ag áitreabhaigh na cille ach í tharla iad sáinnithe agus gan aon ghluaiseacht a bheith ar a gcumas, mar a dhearbhaigh Máiréad Phroinsiais le Caitríona Pháidín ina gcéad chomhrá cille:

> An saol céanna atá anseo a Chaitríona agus a bhí san *ould country* ach gurb é a bhfeiceann muid an uaigh a bhfuil muid inti, agus nach bhféadann muid an chónra a fhágáil.[42]

Déanann Caitríona féin macalla seanfhoclach ar an gcaint chéanna go luath ina dhiaidh: '… ní fhágfaidh an marbh láthair i gcré na cille'.[43]

Tharla nach bhfuil in *Cré na Cille* ach caint dhílis sin na gcarachtar, is ionann sin agus a rá nach bhfuil reacaire uilefhiosach tríú pearsa i láthair sa saothar mar dhóigh de,[44] nó mar a shonraíos Ní Mhuircheartaigh gur 'béal marbh de reacaire atá ag caint'.[45] Fágann seo gur geall le bolgchainteoir an t-údar sa chás seo agus é ag cumadh focal lena gcur go díreach i mbéal a chuid carachtar – sampla eile fós, ar ndóigh, de bhréag chaoin na litríochta. Chruthaigh an leagan amach seo dúshláin mhóra chruthaitheacha don Chadhnach i dtaca le foirm agus le hábhar a shaothair araon agus is é aidhm an pháipéir seo iniúchadh a dhéanamh ar chuid de na teicníochtaí reacaireachta is suntasaí ar bhain sé gaisneas astu taobh istigh de nó as eascairt as an bhfráma tagartha bunúsach seo.

Ar leibhéal simplíoch teicniúil na reacaireachta is é atá in *Cré na Cille*, mar sin, sraith de chainteanna agus de chomhráite éagsúla ó bhéal na gcarachtar éagsúil atá sa chill nó sin a thagas chun na cille le linn fhráma ama an scéil. 'A succession of monologues, dialogues, dissensions and diatribes,' a thugas Ailbhe Ó Corráin ar an leabhar.[46] Deir Breandán Ó Doibhlinn go mbíonn an reacaireacht 'ag síorathrú ón monalóg go dtí an dúológ agus an dialóg agus ilghlórthaí ag conspóid lena chéile',[47] agus sa bhealach géarchúiseach sin is nós leis tagraíonn sé d'úsáid an *fade-out* ar an gcaint mar a bheadh 'teicníc na léiritheoireacht (*sic*) raidio', ceist a bhfillfear ar ball uirthi.

Is í caint dhílis an duine féin, dá réir sin, a insíos scéal an duine, bíodh an scéal sin fíor nó bréagach, agus níl aon lámh throm reacaire ag tabhairt aon treoir don léitheoir (ná go deimhin d'éisteoirí na cille, mar atá, rannpháirtithe an scéil féin) maidir le ceart ná fírinne aon cheo dá bhfuil faoi thrácht. Go deimhin, mar a shonraigh mé féin na blianta fadó ó shin in *Cadhan Aonair*,[48] níl ag an daonnaí i gcruinne *Cré na Cille* ach an chaint mar ghléas féinfhoilsithe agus féinchosanta araon. Is minic freisin gur caint ar son na cainte féin, mar a shonraigh Seosamh Ó Murchú,[49] a bhíos sa chill, mar a bheadh fál á thógáil in aghaidh an uaignis agus an aonaránachais, agus gan ag na carachtair uilig idir mhór agus mhion ach píobairecht dheilíneach a n-aonphoirt go seasta síoraí – Caitríona agus a crois de ghlaschloich an Oileáin, An Máistir Mór agus feall na Máistreasa nuair a phós sí Bileachaí an Phosta, Nóra Sheáinín agus cúrsaí litríochta agus cultúir, Dotie ag caoineadh nach ar an Achréidh a cuireadh í, gan trácht ar na mionscéalta a chloistear de shíor ag cór na nguthanna gan ainm. Dúirt an Cadhnach féin i litir chuig Seán Ó hÉigeartaigh i 1952:

> Tá an saol lán leis an ngleidireacht chainte sin. Is peiriacha ann féin é. An té a chaith airneán ariamh ag cuartaíocht i

> mbaile fearainn thuigfeadh sé é. Nó an té a chaithfeas comhlódar duine amháin nó beagán daoine a thaithiú de shíor – campa géibhinn nó foireann an aistriúcháin – cloisfidh sé na sean-"yarns", na sean-seoraithe céanna á rá agus á n-athrá nó go gcuirfidís fonn múisce ar dhuine. Is amhlaidh le duine ar bith nach mbíonn a intinn ag fás de shíor.[50]

Tráthúil go leor do chomhrá idir corpáin i reilig, deir Seáinín Liam leis an Máistir Mór ag pointe amháin 'nach beo iad cuid de na daoine gan a bheith ag caint'.[51] Is geall le deis as an nua an staid iarbháis do phobal na cille le scód a scaoileadh lena dteanga 'in ainm an bhéadáin chianaoste chomharsanúil',[52] mar a deir an Máistir Mór le Tom Rua. Más binn béal ina thost i dtuairim Tom Rua a deir, agus an ceart ar fad aige, go bhfuil 'poill ar na huaigheanna',[53] a mhalairt a chleachtas pobal na cille agus go mór mór príomhsciolladóir an phobail sin, Caitríona Pháidín, a dúirt le Muraed Phroinsiais nach raibh sí cabach os cionn talúna agus í ar shlí na bréige agus:

> Rud ar bith a bhain liomsa, rud ar bith dá bhfaca ná dár chuala mé, thug mé i gcré na cille liom é. Ach ní dochar a dhul ag trácht anois air agus muid ar shlí na fírinne …[54]

Is léar gur ghlac sí lena himaistriú chuig slí sin na fírinne mar dheis a thug saoirse cainte di, agus dhearbhaigh áitreabhaigh eile na cille go rialta gur thapaigh sí an deis go mór, rud a d'fhág 'fad ar a teanga'.[55] Deir Muraed Phroinsiais le Nóra Sheáinín go bhfuil 'béal leathair' ar Chaitríona, agus deir sí suas le béal Chaitríona féin gur clabaire atá inti, gurb é a 'buac a bheith ag ullmhúchán scléipe' agus go bhfuil 'an áit uilig ina Fhleidh Bhricreann'[56] aici lena cuid bréag. Deir Tomás Taobh istigh léi, 'Tá an teanga ullmhaithe i gcónaí agat, a Chaitríona'[57] agus deir Dotie fúithi gur 'chaith sí an chaint is díbhircí dhár chuala mé ariamh faoina deirfiúr fhéin Neil'.[58]

Ainneoin nach bhfaigheann Caitríona aon chiall le cathaíocht chainte na gcorpán ar theacht i gcéaduair chun na cille di, más fíor di féin,[59] agus go fiú go ndearbhaíonn sí go luath ina dhiaidh sin nach bhfuil sí féin béalráiteach,[60] b'fhurasta a éileamh gurb é a scéal féin atá aici nuair a chuireas sí i leith Nóra Sheáinín go bhfuil 'fhios ag an reilig gur thug an t-áibhirseoir – diúltaíonn muid dhó – iasacht a theanga dhuit i do dheolcachán agus bhain tú leas chomh maith sin aisti ó shin nár iarr sé ar ais riamh ort í …'[61] Síleann sí, áfach, an dochar a bhaint scaití as a cuid cainte le ráiteas mar, '[n]á bac le dada dá n-abróidh mise. Bím ag síor-rá liom mar sin, ach dheamhan neart a bhíos ag duine air sin féin.'[62] Agus an méid sin tar éis di an Máistir Mór a ardú trína inseacht dó go raibh an Mháistreás ag cur caoi uirthi féin arís os cionn talúna agus í i mbun cúirtéireachta athuair! Ainneoin a cuid báirseoireachta, a cuid sciolladóireachta, a cuid géaraíochta agus gadhraíochta, a cuid cocaireachta agus cathaíochta, agus ainneoin a teanga bhricriúil a bheith ullmhaithe i gcónaí aici, ní hí an t-aon duine amháin í a bhíos ar an obair chéanna sa reilig áit a mbíonn 'cúl a gcuid cainte'[63] leo uilig. Is beag acu a leanfadh Tom Rua a théas i bhfolach ar chúl a chuid focal agus nach bhfuil sásta tada a rá seachas titim siar ar leaganacha nathánacha, seanfhoclacha, folmha nach sceithfidh aon rún: '… is iomaí rud a deirtear nach mbíonn i gclár ná i bhfoirm'.[64]

Is beag i ndeireadh na feide idir dearcadh seachantach róchúramach sin Tom Rua agus cás Sheanfhundúir na Cille a éilíos cead cainte i gcaitheamh na reacaireachta ach nach raibh aige nuair a fuair sé an cead sin ach an béal marbh.[65] Ainneoin gur caint uilig atá sa leabhar, tá an béal marbh seo ar fud na mball ann. Tá sé le sonrú ar ráiteas Chaitríona ar uair an tosta thuasluaite sa chill nuair a fhiafraíos sí arbh é ba chionsiocair leis '[a]n teanga ag fíniú ar an scríbhneoir, ab ea?' agus nuair a shonraíos sí go mbeadh Cóilí, an scéalaí a bhí bodhraithe ag an scríbhneoir, an-sásta leis an scéal, ach go mb'fhéidir gur 'ag déanamh créafóige' atá seisean.[66] Seo é an scríbhneoir céanna nár foilsíodh leabhar riamh leis agus é ina bheo, an fear céanna a labhraíos i mbréag-ardréim liteartha agus a bhfuil fíor-dhrochmeas an uasail leis an íseal aige ar Chóilí. An Cóilí céanna nach raibh léamh ná scríobh aige ach a bhíodh de shíor ag iarraidh scéal a inseacht. Nuair a chuir pobal na cille gobán i mbéal an scríbhneora, áfach, agus gur iarr airsean a scéal a inseacht, ní raibh sé in ann dul thar 'Bhí triúr fear ann fadó agus is fadó bhí'.[67]

Cuireann go leor imeachtaí eile sa leabhar le liodán seo an bhéil mhairbh agus na heaspa cumarsáide fiúntaí idirdhuineata: an Rótaraí, ar scigaithris é ar chumann cultúrtha; an Colloquium, ar scigaithris é ar chomhdháil léannta do scoláirí Gaeilge nach cás leo an teanga féin mar urlabhra dhaonna ná mar theanga bheo chumarsáide; na sáiteáin éagsúla faoin nGúm; scéal an Ghaeilgeora Mhóir a d'íocadh pionta ar an bhfocal ach a rinne feall nuair a d'éalaigh leis gan a lóistín a íoc; caint fhoclach, bhladhmannach na n-iarrthóirí le linn an Togha; caint Nóra Sheáinín faoi chúrsaí grá glan amach as na *novelettes* sheafóideacha a bhíodh an Máistir Mór a léamh di a thug ar Thomás Taobh Istigh a chur ina leith go raibh canúint ar a cuid cainte murab ionann is an 'chaint bhreá Ghaelach (a bhíodh) aici sa seanreacht';[68] an Máistir Mór é féin agus é ar an obair chéanna ag caint ar an Máistreás. Is é an béal marbh céanna a cuireadh i Jeaic na Scolóige an oíche sular phós sé Neil Pháidín nuair a dhiúltaigh sé amhrán a rá agus gur fhógair Neil nach n-abródh sé aon amhrán níos mó ach de réir mar a d'iarrfadh sise air,[69] marbhthost a lean ar theacht chun na cille dó nuair a dhiúltaigh sé amhrán a rá do Chaitríona.

Tá an béal marbh céanna seo soiléir freisin ar chaint Stoc na Cille i dtús eadarlúidí 3–10 sa méid agus go n-éilíonn sé go dána teanntásach go n-éistfí lena ghlór ach go bhfuil an chosúlacht ar an scéal nach bhfaigheann sé aon aird sa méid agus nach léar go gcloiseann pobal na cille é beag ná mór. Barr air sin, faoin am a dtagaimid ar eadarlúidí 9 agus 10, níl aon éileamh níos mó ag

Stoc na Cille go n-éistfí lena ghlór agus ina theannta sin tá an chaint bhladhmannach bhláfar ídithe agus gan fanta ina háit ar deireadh thiar ach cúpla nathán fánach. Fearacht na cré duibhe torthúla ar fuineadh teideal na chéad eadarlúide aisti, níl i gcaint Stoc na Cille san eadarlúid deiridh ach toradh gan rath na cré gile a bhfuil an mhaith sniogtha aisti – léargas eile fós ar an dubh á chur ina gheal ar an daonnaí, b'fhéidir. Comharthaí sóirt na himeachtaí seo ar fad de theip na cumarsáide idirdhuineata agus de mheath na hurlabhra daonna mar uirnis éifeachtach chuige sin.

Tá an téama céanna seo le sonrú go leanúnach trí shaothar Uí Chadhain ón tús. Feictear é sa míthuiscint (nó sa mímhacántacht) chumarsáide is bunús don scéal simplí 'Gan Murcha Gan Mánas' in *Idir Shúgradh agus Dáiríre* agus san easpa cumarsáide in aonturas idir comharsana sa chomhthionól fuinniúil fuinte sa scéal 'Fios' in *Cois Caoláire*. Feictear freisin é sa déileáil a dhéanas an tsochaí mhaorlathach le haonaráin ar nós J. agus N. i scéalta mar 'An Eochair' agus 'Fuíoll Fuine' sna *Sraitheanna*, agus go háirithe sa mí-úsáid a bhaintear sa scéal 'An Eochair' as an teanga féin nach mbíonn de chiall aici ach de réir mar a thograíos an maorlathas. Is é an scéal thar scéalta ina bhfeictear meath seo na hurlabhra daonna mar mheán bisiúil cumasráide idir daoine 'Aisling agus Aisling Eile' in *An tSraith dhá Tógáil*, áit a bhfeictear an scoláire Gaeilge nach cás leis ach a chuid taighde ar an gcanúint áitiúil ach nach bhfuil an cumas daonna ann 'laoi cumainn a thomhais ná slat a chur ar phearsa duine'[70] trí mheán na teanga céanna.

Ina dhiaidh sin is uile, fiú is nach cumarsáid ar fónamh ar bhealach ar bith atá idir na carachtair éagsúla in *Cré na Cille*, agus gur ag caint chuig a chéile seachas lena chéile a bhíos siad ionann is i gcónaí, ar a laghad ar bith is caint de shórt éigin í, agus tig leo a dhearbhú i dteannta Chaitríona ar cheann den bheagán ócáidí a raibh an tost i réim sa chill gur 'fearr an troid ná an t-uaigneas'.[71] Sin sólás, más beag féin é, nach bhfuil ag carachtair dhíphearsanaithe, dhídhaonnaithe shaothar Uí Chadhain tar éis *Cré na Cille*, leithéidí Mhicil in 'Beirt Eile', J. in 'An Eochair', N. in 'Fuíoll Fuine' agus an fhir gan ainm in 'Ag Déanamh Páipéir'.

Paradacsa ollmhór, mar sin, agus san am céanna gné bhunúsach d'éifeacht ghrinn agus scigaithrise *Cré na Cille*, tréith a roinneas sé leis an sciglitríocht is fearr i dtraidisiún na Gaeilge – leithéidí *Fled Bricrenn*, *Aisling Meic Conglinne*, *Parlaimint Clainne Tomáis*, *Cúirt an Mheon-Oíche* – is ea 'líofacht dhochreidte'[72] na teanga, an 'saibhreas Gaeilge a ritheann ina chaisí ó cheann ceann'[73] an tsaothair, mar a shonraigh criticeoirí éagsúla faoi *Cúirt an Mheon-Oíche*. Seo an bua a thug ar Mháirtín Ó Cadhain féin 'Curamhír Phobal na Gaeilge' a thabhairt ar an gCúirt:

> Faoi dheireadh thiar is í an Ghaeilge, an chaint, an rud is cumasaí le chuile dhuine faoin *Chúirt*. Thiúrfainn rud ar bith ar a bheith in ann an Ghaeilge seo a scríobh. Ach níl agus ní bheidh aon duine go brách aríst in ann an rud sin a dhéanamh.[74]

Tá an líofacht chéanna chainte seo go rábach i saothar uilig Uí Chadhain idir chruthaitheach agus dhioscúrsúil – ritheann 'Do na Fíréin'[75] agus *Barbed Wire* chun cuimhne, mar shamplaí ionadaíocha – agus is é atá i mbun agus i mbarr *Cré na Cille*. Níl aon amhras faoi ach go scuabann ceol na teanga, cumhacht charnaithe na bhfocal féin agus stíl áititheach, bhladhmannach an leabhair leis an léitheoir. Níl aon chall do dhuine chuile fhocal a thuiscint go hiomlán ar leibhéal bhrí foclóra an fhocail arae téann an teanga féin i bhfeidhm go minic ar leibhéal shiombalachas na fuaime agus an cheoil teanga. Ní ar leibhéal intleachtúil a dhéanas pobal *Cré na Cille* áiteamh ach ar leibhéal mothaitheach, príomhúil, fotheangúil, mantrach, geall leis, fearacht an cheoil féin. Tiomsaíonn focal focal eile, cruinníonn an carnadh focal beart agus brí dá réir, agus is é fórsa comhchruinnithe na bhfocal seachas aon fhocal ná nathán ar leith a thiomáineas an reacaireacht. Áitíonn an gaisce teanga seo a fhírinne féin le teann reitrice agus dea-chainte, agus sáraíonn líofacht agus réimse na cainte aon argóint 'réasúnaíoch' ina coinne ar bhealach atá ionann is deasghnáthúil, go mór mór nuair a bhíos Caitríona nó an Máistir Mór i mbun spídiúcháin agus sciolladóireachta. Agus ní miste a mheabhrú go raibh traidisiún seo na sciolladóireachta, na haoire fiú, beo beathach i nGaeltacht Chois Fharraige in aimsir Uí Chadhain agus go deimhin ina dhiaidh, mar is léar ó shaothar filí pobail mar Joe Shéamais Sheáin Ó Donnchadha, Learaí Phádraic Learaí Ó Fhinneadha agus a dheartháir Cóil Learaí a thug an teideal *Filíocht agus Feannadh* ar chnuasach dá dhéantús fileata féin.[76]

Sainphíosa crosántachta Cadhnaí gona háibhéil bhuirlisce a leithéid seo thíos de liodán ón Máistir Mór agus é ag leámh ar Bhileachaí an Phosta, agus é ag déanamh Caitríona Pháidín de féin trína bhithin, mar a dúirt cuid de phobal na cille:

> Luí fada gan faoilte air! Seacht n-aicíd déag agus fiche na hÁirce air! Calcadh feadáin agus stopainn air! Camreilig agus goile trasna air! An Bhuí Chonaill air! Plá Lazaras air! Éagnach Job air! Galar na muc air! Snaidhm ar bundún air! Galar trua, brios brún, péarslaí, sioráin maotháin agus magag air! Glogar Chaoláin ní Olltáir ann! Galraí seanaoise na Caillí Béarra air! Dalladh gan aon léas air agus dalladh Oisín ina dhiaidh sin! Tochas Bhantracht an Fháidh air! An Gala Glúiníneach air! Deargadh tiaraí air! Gath dreancaidí air![77]

Rinne sé an liobairt chéanna ar Tom Rua a choinnigh a bhéal ar a chéile ar theacht chun na cille dó agus nach raibh sásta scéal ar bith a thabhairt don Mháistir maidir le cúrsaí Bhileachaí agus na Máistreása:

> Go mba seacht ngáirmheasa a bheas tú anocht agus amárach agus bliain ó amárach, a Chomhuintirigh, a Fhaisistigh, a Naitsí, a aimchreidmhigh, a ainChríostaí rua, a fhíorgháilleog den Lóbasfhuil, a bhréandeascaidh de thuaith na bhfos méise, a fhuílleach na haicíde, a gheis na cuile, na cruimhe agus na hagaille, a shampla shnagaigh a chuir faitíos ar an mbás féin nó go mb'éigin drochthinneas a chur faoi do dhéin, a scearacháin, a sproschadramáin, a raicleach rua ...[78]

Ciúta coitianta ag an gCadhnach an teicníocht seo, go háirithe, mar a deir sé féin, nuair a théadh sé ar an gcrosántacht ag díbliú ar dhuine nó sin ag scaoileadh le roiseadh de shamhlaíocht theangúil mar a rinne sé i gcuid de na scéalta deireannacha sna *Sraitheanna* – 'Fuíoll', 'Fuíoll Fuine', agus 'An Eochair', mar shampla – agus ar ndóigh tríd síos in *Cré na Cille*. Caithfear an méid seo a thuiscint taobh istigh d'aeistéitic dhúchasach na Gaeilge féin, áit a raibh meas i gcónaí ar an dea-chaint, an chruachaint, an friotal snoite de réir dúchais agus traidisiúin, áit ar thábhachtaí go minic an chaoi ar sníomhadh ealaín na teanga seachas an scéal a bhí á ríomh.

Seo í an chruinne raibiléiseach ina gcaitear súil sceabhach ar leagan amach na bunaíochta, an lucht ceannais, agus ar ghaois choitianta na linne. Ba é Seán Ó Ríordáin is túisce a d'aithin mianach raibiléiseach seo Uí Chadhain nuair a bhaist sé Rabelais-Bricriú-Theristes-Joyce-Machievelli-Aristophanes Ó Cadhain air ina léirmheas cáiliúil ar *Pápéir Bhána agus Páipéir Bhreaca* agus nuair a shonraigh sé go géarchúiseach go bhféachann an scríbhneoir raibiléiseach, fearacht Uí Chadhain,

> go fuarchúiseach magúil ar chinniúint an duine. Níl d'aidhm aige ach fonóid fé lofacht na cinniúna a shloig sinn. Níl leigheas, trua ná comhbhá i gceist. Breá le Rabelais pearsa thábhachtach eaglaise a thaispeáint ag

> scaoileadh uaidh ina threabhsar le barr neamhchrógachta .... Leanann Ó Cadhain an múnla raibiléiseach .... Cruthaíonn Ó Cadhain domhan timpeall air féin fé mar chíonn Rabelais domhan .... Tugann san caoi dhó ar flípeanna a bhualadh.[79]

Chuir Alan Titley leis an léamh sin ina shainmhíniú neamhshainmhíniúil ar an raibiléiseachas atá ginte, dar leisean freisin, i saothar Uí Chadhain fré chéile agus go mór mór in *Cré na Cille*:

> Meon agus stíl ar leithligh arb iad an greann, an ghairbhe, an gháirsiúlacht, an áiféis, an áibhéil, an áilteoireacht, an ligean amach ar spórt, an fhoghlaim dulta chun póir, an mhioncháiréis cholainne, an gáire in aghaidh an bháis, an pléiseam focal agus an pléaráca teanga a gcomharthaí sóirt agus a séala aitheantais.[80]

Maidir le bricriúachas, rinne Ó Cadhain gaisce uair go raibh sé 'marfach – dúnmharfach – b'fhéidir i gceachtar den dá theanga oifigiúil'[81] agus b'fhíor sin ina shaothar cruthaitheach agus dioscúrsúil araon. Díríonn sé go minic sna scéalta ar mhiontréith de chuid carachtair, nó sin sna haistí ar mhionlaige (mar ba léar dó féin é) de chuid a namhad, agus *away* leis ar íne reatha Chadhnach, lán le greann raibiléiseach, Bricriúach, searbhasach, géar. Baineann focal focal eile amach, iad ag carnadh os cionn a chéile nó go bhfeanntar an truán bocht a mbítear chuige. Fearacht Mherriman sa Chúirt agus sruth teanga ag sileadh uaidh, seo í 'an chaint a thosaíos ag damhsa orm scaití, ag gol orm scaití, de mo bhuíochas'.[82]

Ach an oiread leis an gCadhnach, tá nimhtheanga bhricriúil ag Caitríona Pháidín freisin, ar ndóigh, go mór mór sna focail dhrochmheasúla aici ar dhaoine eile, mná go háirithe, agus sa chaoi a gcuireann sí drochthréathra i leith daoine de réir a n-áite dúchais. Is í Nóra Sheáinín, Nóra na gCosa Lofa as an nGort Ribeach áit a mblitear na lachain, i bhfriotal Chaitríona, agus ar phós iníon léi Pádraig Chaitríona, príomhchéile comhraic agus cocaireachta Chaitríona sa leabhar agus seo mar a thug Caitríona fúithi ar ócáid ionadaíoch amháin:

> Raicleach agus rálach agus raibiléara. Nóirín na gCosa Lofa. Nóirín na Mairnéalach. Druncaera Ghort Ribeach na Lochán agus na Lachan! Dúirt sé go mbíodh sí ag ól ar chúla téarmaí ina chailleach; gur minic ab éigin a hiompar abhaile; gur thosaigh sí ag gabháil fhoinn chomh hard is a bhí ina ceann, agus sochraid Tiúnaí Mhichil Tiúnaí ag dul thar a dhoras; gur robáil sí ceannachóir beithíoch aníos amach istigh ina pharlús; gur ól sí pórtar ón mbuitléir Black a bhíodh ag an Iarla; go dtosaíodh sí ag caitheamh buidéil ar a cuid óil; gur thug sí pocaide mór Sheáin Choilm isteach sa siopa as craic meisce, agus siar ar chúla an chuntair, agus gur ghróig sí thuas ar an leathbhairille coctha é, agus gur thosaigh sí ag cíoradh a mheigill, agus ag coinneáil phórtair leis; go bhfáisceadh sí barróg ar Thomás Taobh Istigh ...[83]

Is í Caitríona féin, áfach, a bhí siar le nimhtheanga a deirféar an lá ar phós Neil Jeaic na Scolóige agus go ndúirt sí le Caitríona go bhféadfadh sí féin Briain Mór a bheith aici. D'admhaigh Caitríona 'go raibh an chaint sin mar a bheadh plá easóga ann ag drannadh soir agus siar trí m'intinn agus ag stealladh smugairlí nimhe astu féin'.[84]

Cuireann an stíl áititheach, aighneasach, bhladhmannach, agus an carnadh focal seo go mór le drámatúlacht *Cré na Cille* freisin. Níl aon amhras faoi ach gur féidir a áiteamh gur cineál prótó-dhráma dúchasach atá in *Cúirt an Mheon-Oíche*, véarsaíocht gutha, fearacht dhrámaíocht ársa na Gréige, a chuirtear i láthair mar shraith monalóg ag freagairt dá chéile i bhfráma struchtúrtha. Is féidir an rud céanna a áiteamh faoin agallamh beirte, ar féidir é a rianú aniar tríd an traidisiún, ó *Sanas Chormaic*, áit ar chaith Seanchán agus an Chailleach cruachaint le chéile, agus an spallaíocht idir Oisín agus Naomh Pádraig in *Acallam na Senórach*, agus ó *Cúirt an Mheon-Oíche* agus cuid d'fhilíocht an 17ú agus an 18ú haois, anuas trí allagair éagsula i bhfilíocht na ndaoine go dtí agallamh beirte agus lúibíní an bhéil bheo sa Ghaeltacht inniu. Agus chuirfinn leis an liodán sin *Cré na Cille*, 'Aithris i nDeich nEadarlúid' mar a thug Ó Cadhain féin air, ar dráma guthanna nó comhrá é ó thús deireadh, arna láithriú ó thús i modh drámaíochta sa chlár 'Pearsana', agus arna reic i gcaint dhíreach na gcarachtar féin gan aon reacaire, fearacht an dráma stáitse. Ní hamháin sin, ach cuirtear an reacaireacht i láthair i gcéaduair mar a bheadh dráma, le treoracha maidir le ham (de shíor) agus láthair (an chill) sa chlár pearsana i dtús an leabhair. Faightear ann chomh maith monalóga drámatúla, agallaimh idir beirteanna éagsúla agus comhráite grúpa ó na príomhcharachtair agus an méid sin i bhfráma ina bhfuil go leor guthanna mionpháirte le cloisteáil mar a bheadh cór Gréagach, go mór mór i dtús agus i ndeireadh eadarlúidí agus míreanna. Aisteach go leor, bíodh is go ndeir Ó Cadhain in *Páipéir Bhána agus Páipéir Bhreaca*[85] gur chum sé riar drámaí, níor léiríodh dráma leis riamh, go bhfios dom, ná níor foilsíodh de shaothar foirmeálta drámaíochta leis ach sleachta as dráma faoin mianach a phléasc sa Lochán Beag dar teideal *An Phléasc* a scríobh sé i 1935 ach nár foilsíodh go dtí a bhfad i ndiaidh a bháis.[86] Ar éigean is fiú a rá gur dráma inléirithe chor ar bith an dráma céanna, arae tá an stíl rófhoclach, roinnt mínádúrtha, agus tá an ghluaiseacht an-spadánta ann.

Thug na léirmheastóirí suntas do mhianach seo na drámaíochta in *Cré na Cille* ó thús. 'Drám-agallamh' a thug Tomás Ó Floinn air in aiste luath léirmheasa ar an gCadhnach[87] agus 'drám-óráidíocht' in aiste eile ar úrscéalaíocht na Gaeilge.[88] In aiste ghearr ach an-ghéarchúiseach tagraíonn Liam Ó Dochartaigh[89] don leagan amach stáitsiúil atá ar thús an leabhair agus déanann sé comparáid thar a bheith spéisiúil idir eadarlúid Uí Chadhain agus an *interlude*, dráma gearr morálta Meán-Bhéarla a láithrítí mar agallamh idir beirt aisteoirí nó níos mó. Díol suntais comórtas seo Uí Dhochartaigh i bhfianaise a bhfuil ráite thuas faoi na cosúlachtaí idir *Cúirt an Mheon-Oíche* agus saothar Uí Chadhain, arae ainneoin nua-aoiseachas agus turgnamhacht *Cré na Cille* mar úrscéal, más úrscéal é, go mór mór nuair a foilsíodh i gcéaduair é, tá gnéithe láidre den aigne mheánaoiseach, den tseanaigne, den aigne raibiléiseach, den aigne Dhionaiseach ar fud na mball ann.

Deir Joan Trodden Keefe ina réamhrá dá haistriúchán Béarla ar *Cré na Cille*, 'It is in essence a sequence of ten formal interludes of dramatic dialogue … scored like a musical composition written for spoken voices,'[90] agus tugann Declan Kiberd 'a text for voices … (from) … the golden age of broadcast radio during the 1940s and 1950s' air.[91] Leanann Kiberd air agus áitíonn gurb é atá sa chill 'purgatory suspended between Paradise and earthly soil. Doubtless it was such a liminal zone that Ó Cadhain invoked when he called each of his chapters an *eadarlúid* (interlude), an insubstantial setting which falls between two acts of greater import', áit a bhfuil pobal na cille 'waiting impatiently for the day of judgement, that moment when time will be set at nought'. Ní mé an bhfuil gné sin na na tairseachúlachta, mar a bheadh, mar shampla, i bhfilíocht Bhiddy Jenkinson nó Liam Uí Mhuirthile, le sonrú ar *Cré na Cille*. Is cinnte gur 'talk, gossip, storytelling', 'an béadán cianaoste comharsanúil',[92] is cás le pobal na cille, ach ní 'time-tormented souls' iad mar a áitíos Kiberd.

Ní bás beo Beckettúil ná babhta mór meitifisice atá in *Cré na Cille*. Straitéis aslonnaithe nó imaistrithe atá sa suíomh cille le réalachas eile i gcuinnne an téacs a chruthú seachas gnáthimeachtaí an tsaoil iarbhír d'fhonn deis a thabhairt don údar a scéal a láithriú nó a thaibhléiriú. Deismireacht liteartha sheanbhunaithe sa Ghaeilge í seo, ar ndóigh, ó immrama na Sean-Ghaeilge nuair a thugas na rannpháirtithe cuairt ar réigiúin neamhshaolta go dtí brionglóid an fhile in *Cúirt an Mheon-Oíche* agus filíocht na hAislinge, anuas go dtí na scéalta sa traidisiún béil ina dtiteann ceo draíochta anuas ar na Fianna lena seoladh isteach sa saol eile áit a mbaineann eachtraí iontacha dóibh. Tugann an deismireacht seo deis don údar scigaithris thíriúil, easumhal, mhí-ómósach, bholg-gháireach a dhéanamh ar ghnéithe den saol ar mian leis díriú orthu tré pheirspictíocht eile ar an saol iarbhír a chruthú, rud a thugas cead cainte do dhuine ar bhealach nach gceadófaí sa 'ghnáthréalachas' ama agus spáis.

Má thabhaíonn *Cré na Cille* an béal marbh agus meath na cumarsáide agus na hurlabhra daonna ar leibhéal amháin, mar a sonraíodh go nuige seo, níor cheart a ligean i ndearmad san am céanna nach dtagann iamh ná foras ar bhéal aon duine de chuid phobal na cille ó thús deireadh na reacaireachta. Agus ainneoin lámh throm an reacaire a bheith i bhfolach, is ann i gcónaí di tríd síos ar ndóigh, agus díol suntais dá réir sin na teicníochtaí agus na ciútaí a tharraingíos an Cadhnach chuige féin i gcruthú na reacaireachta. Tagraíonn Titley[93] agus Ó Crualaoich[94] don easpa foirme agus traidisiúin as ar eascair *Cré na Cille* agus deir Caoilfhionn Nic Pháidín: 'Tá an saothar seo cruthaitheach go fírinneach, óir cumadh é i ndáiríre as neamhní, cheal traidisiún úrscéalaíochta sa Ghaeilge.'[95] Deir Ó Cadhain féin go raibh sé ag scríobh d'uireasa '*tradition* liteartha'[96] ach más fíor sin go pointe áirithe níl sé fíor ar fad. D'admhaigh sé i gcéadabairt *Páipéir Bhána agus Paipéir Bhreaca* gur 'as saol an bhéaloidis a fáisceadh' é[97] ach chuir sé d'aguisín scioptha leis an ráiteas sin gur 'beag leas dháiríre a bhain mé as an rud seo a dtiúrfaí béaloideas anois air'.[98] Ina dhiaidh sin féin, mheabhraigh sé ina léacht cháiliúil don Chumann Béaloideasa i 1950[99] nach *peasants* a chaomhnaigh an litríocht bhéil agus go mba ealaíontóirí sofaisticiúla, intleachtúla iad na filí agus na scéalaithe béil a shaothraigh ceird an fhocail go lán-chomhfhiosach.

Níl aon amhras faoi ach gur fuineadh *Cré na Cille* (agus an-chuid eile de shaothar cruthaitheach Uí Chadhain anuas go dtí na *Sraitheanna* féin) as traidisiún dúchasach béalraíochta a léiríos, i bhfriotal Uí Chadhain féin, 'an dráma doilfeach seo atá ar siúl de shíor in intinn an duine'.[100] Mar a deir Ó Crualaoich:

> Mo thuairim féin go bhfuil an gaisce scríbhneoireachta a chuireann Máirtín Ó Cadhain de sa chuid is bunúsaí agus is saibhre dá shaothar ar aon dul i slite tábhachtacha le bua cainte na scéalaíochta gaisce agus an tseanscéil mar a gheibhimid iad riamh i measc ealaíontoirí Gaelacha na hinsinte béil.[101]

Mar a sonraíodh ar ball, tá *Cré na Cille* scríofa in ardréim shaibhir an dea-Ghaeilgeora de bhunadh Ghaeltacht Chois Fharraige, arna hionramháil go cruthaitheach, lán-chomhfhiosach, más i gcois íseal féin é, d'fhonn an reacaireacht a láithriú. Tharla go ndeir Ó Cadhain féin i dtulmhaisiú an leabhair gur '**Aithris** i nDeich nEadarlúid' atá ann, cén t-iontas mar sin go léití amach é i gConamara agus in Árainn,[102] fearacht lámhshcríbhinní an ochtú agus an naoú haois déag roimhe, agus go ndearna sé an-dráma raidió chomh maith, meán nua-aoiseach de chuid na béalraíochta?

Agus ábhar an scéil á chur chun cinn aige, tarraingíonn Ó Cadhain ó thráth go chéile de réir mar a fheileas an reacaireacht ar ghnéithe den aigne thraidisiúnta, de 'shaol Dionysiusach na dtoibre beannaithe'[103] mar léiriú ar chruinneshamhail na gcarachtar: cumhacht an Leabhair Eoin agus Thobar Chill Íne a leigheas Peadar Neil, dar le Caitríona, ach a gcaithfear a dheachú a íoc trí bhás an dara duine; cumhacht an tsagairt, an tsiocair le forás Néil dar le Caitríona; cumhacht an fhocail scríofa sna litreacha a scríobh an Máistir do Chaitríona chuig

Baba i Meiriceá ag iarraidh uachta a mhealladh; ómós na ndaoine don tairngreacht, go fiú is go gcuireann an t-údar i mbéal duine de phobal na cille go raibh sé 'i dtairngreacht Chaitríona Pháidín go mbeidh bean a mic anseo ar an gcéad abhras eile clainne'.[104] Ina theannta sin, cumann Ó Cadhain dinnseanchas samhlaíoch don phobal agus tréithe áirithe á samhlú ag carachtair éagsúla, agus go mór mór ag Caitríona, le daoine de réir na háite arb as iad.

Chomh maith leis sin, tarraingíonn *Cré na Cille* ar sheantuiscintí traidisiúnta atá le fáil sna seanfhocail ar leibhéal na scéalaíochta sa leabhar. Is léiriú é ar an seanfhocal, 'Máthair chéile is bean mhic ar nós cat is luch ag faire a chéile', mar shampla, an choimhlint idir Caitríona Pháidín agus Iníon Nóra Sheáinín a phós a mac, coimhlint a fheictear ón gcéad mhonalóg nuair a chuireas Caitríona an milleán faoin lorg méire ar an scaoilteog ar 'bhean mo mhic go siúráilte'.[105] Feictear an rud céanna sna seanfhocail a fhitear tríd an reacaireacht mar chuid de ghnáthchaint na gcarachtar agus dá mbealach leis an domhan ina dtimpeall a thabhairt chun cruinnis agus tuisceana nó sin chun tráchtaireacht údarásach a dhéanamh ar eachtra nó ar thréathraíocht duine. Sampla gléineach de seo na seanfhocail éagsúla faoin mbás, mar a bheifí ag súil leis, b'fhéidir, atá scaipthe trí allagar na cille: 'Dá fhad go dtí é seo é a dteálta ar fad sa deireadh',[106] 'Is iomaí lá sa reilig orainn',[107] 'Ní fhágfaidh an marbh láthair',[108] 'Beidh a chuid féin ag an mbás'.[109]

Tá an reacaireacht breac chomh maith le leaganacha ardaithe meafaracha cainte a bheadh ag an dea-Ghaeilgeoir thiar i dtríochaidí agus daichidí na haoise seo caite,[110] an cineál cainteora a mbeadh lucht canúineolaíochta ag triall air, agus le focla cuingir mar a bheadh sa scéalaíocht, leithéidí 'ach ná éagaoine', 'cor ná car', 'fáir ná freagra', 'faoi dheireadh is faoi dhó', 'de dhurta dharta', 'gean ná gnaoi', 'gan lia ná leacht'.[111] Tagraíonn an Cadhnach freisin tríd síos do ghnéithe éagsúla den traidisiún scéalaíochta agus filíochta mar ghnáthchuid den allagar idir áitreabhaigh na cille. Ní hamháin go bhfuil scéalaí agus file i measc na gcorpán agus iad ag cleachtadh a gceirde sa reilig mar a bhíodh sa saol os cionn talúna, ach luann na carachtair éagsúla téamaí agus móitifeanna scéalaíochta (geasa, slata draíochta, an claíomh solais) agus scéalta ón traidisiún (Cath na bPunann, Codladh an tSicín, Diarmaid agus Gráinne) agus sailltear an gnáthchomhrá laethúil freisin le tagairtí do phearsana éagsula de chuid na litríochta béil (Úna Bhán agus Tomás Láidir, Fionn, Oisín, Oscar, Caoilte, Conán, Deirdre). Bíonn an líne as an seanamhrán 'Hóró, a Mháire, do mhálaí 's do bheilteanna …' ina dheilín ag Beairtle Chois Dubh síoraí seasta agus é ag iarraidh éalú ó aon scéal a bheith aige do phobal na cille, ar nós Tom Rua a théadh i bhfolach ón gcumarsáid trí bhithin a chuid nathán folamh. Deilín suntasach cúrfáúil eile tríd síos ó chainteoir anaithnid is ea an rann aitheantais a dtugtar idir líne agus trí líne as go tráthrialta, ach nach gcríochnaítear riamh:

> Bhí iníon ag Mártan Sheáin Mhóir,
> Is bhí sí chomh mór le fear ar bith;
> Sheasfadh sí suas ar an ard,
> *{Is scaoilfeadh sí streall go Sasana.}*

Drochsheans gur caoithiúlacht Chadhnach ba chiontsiocair leis an líne i gcló iodálach thuas a bhíos ar lár, ach an t-údar ag caint leis an léitheoir, ag tabhairt leidí agus ag déanamh spraoi trí thagairt idirthéacsúil, mar ba mhinic leis, don té ar den traidisiún é féin agus a thuigfeadh dá réir sin an tagairt agus an greann tíriúil ar a cúl. Tá an greann tíriúil céanna ar chúl iarracht neamhfheidhmiúil an scéalaí ar scéal a inseacht ar tagraíodh ar ball dó: mheabhródh a easpa cumais dul thar an líne nathánach oscailte – 'Bhí triúr fear ann fadó agus is fadó a bhí'[112] – an leathrann tíriúil grinn, 'Bhí fear ann fadó, is fadó a bhí; shuigh sé síos agus chac sé faoi,' léamh a dhéanas tuilleadh díspeagtha ar an scéalaí céanna gona bhéal marbh.

Aon chiúta amháin eile reacaireachta atá fréamhaithe sa bhéalraíocht agus a mbaineann Ó Cadhain gaisneas tríd síos as is ea feidhm leanúnach na filíochta béil i bpobal na cille. Sonraíodh ar ball gur geall le hagallamh beirte, seánra bunúsach de chuid na litríochta béil, riar shuntasach den chomhrá idir corpáin na cille. Ina theannta sin, is carachtair iad an file agus an scéalaí a chastar dúinn i gcaitheamh na reacaireachta ar fad, díreach mar a bheadh a macasamhla ina ndlúthchuid de shaol an phobail os cionn talúna. Fág de leataobh nach níodh an file é féin agus go mbíodh boladh bréan uaidh,[113] agus go raibh an Curraoineach sáraithe aige le dhá bhliain roimhe lena chuid 'fearsaí fánacha',[114] agus gur aontaigh daoine gan ainm de chuid an phobail gur cheart é a bheith curtha as an mbealach sa reilig thoir seachas i gcré na cille i dteannta na bhfilí eile:

> – Is inti atá Maidhc Ó Domhnaill, a rinne "Amhrán an Turnapa" agus "Caismirt an tSicín leis an nGráinne Coirce" …
>
> – Agus Micil Mór Mhac Confhaola a rinne "Amhrán Chaitríona" agus "Amhrán Thomáis Taobh Istigh" …
>
> – Agus "Laoi na gCat". Is breá go deo an píosa cainte é "Laoi na gCat". Ní bheadh de rath ortsa a dhéanamh, a dhailtín …[115]

Ainneoin an naimhdis leis an bhfile, agus ainneoinn na héiginnteachta faoi údar na n-amhrán,[116] is léar ón allagar leanúnach gur cuid bhunúsach de shaol an phobail an fhilíocht, agus go dtráchtann sí, ar leanacht an traidisúin, ar scéalta a bhíos i mbéal an phobail chéanna. Dá réir sin, tá 'fearsaí fánacha' nuachumtha dá chuid féin fite tríd an reacaireacht ag an gCadhnach ina thráchtaireacht ón taobh istigh, mar dhóigh de, ar imeachtaí na cille, mar a bheadh sé ina fhoshraith reacaireachta nó ina dhord tionlacain sa chúlra.

Fearacht na scéalta próis i dtraidisiún na Gaeilge riamh anall ina bhfitear ranna filíochta tríd an reacaireacht, go mór mór ag móimintí ardaithe sa scéal nó sin le béim ar leith a chur ar théama lárnach de chuid an scéil, insítear cuid mhaith de bhunscéal *Cré na Cille* in eadarlúid 1, míreanna 6 agus 7, i bhfoirm véarsaí fánacha as amhráin a chum Micil Mór Mhac Confhaola, file, más fíor. Is geall le tráchtaireacht chomhaimseartha ón taobh istigh ar imeachtaí na cille na píosaí seo agus cinntíonn siad go dtéann na scéalta a ríomhtar sna véarsaí céanna ó bhéal go béal agus go mbuanaítear iad mar scéalta dá bharr i bpobal samhailteach na cille. Fearacht fhilíocht an bhéil bheo i gcónaí i nGaeltacht Chois Fharraige, cumtar na véarsaí seo i meadaracht scaoilte an amhráin. Ina theannta sin, mar is dual don chineál seo ceapadóireachta, tarraingíonn an déantús nua go minic ar amhráin, ar dhánta agus ar dheismireachtaí éagsúla reacaireachta de chuid an traidisiúin.

Dá réir sin, cuirtear ceann de fhréamhscéalta an leabhair, an chaoi ar mheall Neil Jeaic na Scolóige, i láthair le ranna filíochta luath go maith sa reacaireacht mar seo a leanas:

> 'An ngluaisfeá féin abhaile liom: tá áit dhuit faoi mo sheál,
> 'S dar mo leabhar a Jeaic na Scolóige go mbeidh amhráin
> ai'nn go brách.'[117]
>
> 'D'éirigh Mac na Scolóige ar maidin leis an lá,
> A's tharraing sé 'nan aonaigh ag radaíocht i ndiaidh
> mná.'[118]

Seo an bunúdar leis an gcoimhlint saoil idir Neil agus Caitríona, ceann de phríomhshnáitheanna na reacaireachta ar fad, agus tabhaíonn an choimhlint chéanna tráchtaireacht fhileata:

> 'Níl i tigh Neil ach púirín gránna,
> Is beag an cás léi a bheith ag sioscadh bréag.
> Bhí an fiabhras ann is ní mian léi trácht air,
> Is má bhuaileann plá thú is gearr do shaol.'[119]

Bhí an tsúil ag Briain Mór ar Chaitríona, ach dá mhéid dá raibh de shaibhreas aige, agus dá mhéid fonn pósta dá raibh air, ní raibh aird ar bith ag Caitríona air:

'Tá Briainí dathúil, talamh aige a's bólach,
'S ní bhfaighidh sé a shláinte go ndéanfaidh sé an pósadh.'[120]

Ábhar conspóide agus coimhlinte eile idir Caitríona agus Neil, agus scéal atá ag madraí an bhaile i saol na cille agus sa saol os cionn talúna araon, is ea scéal uacht Bhaba, a ndeirfiúr i Meiriceá atá amach sna blianta agus an bheirt ag faire ar éadáil a huachta. Baineann pobal na cille spórt mailíseach as an gcoimhlint a cheiliúrtar sna véarsaí seo:

'Ag cumhdach sean-Yank a bhí Baba Pháidín
Agus bean dá cáilíocht ní raibh i Maine
Tháinig sí abhaile faoi shíoda gáifeach
Mar bhréag sí an carnán ón gcailligh léith.'[121]

'Tigh Chaitríona bhí Baba teáltaithe
Nó gur eitigh Pádraig Meaig Bhriain Mhóir
Ag Nóra Sheáinín atá an ainnir bhláfar
Thug mé grá di gan buaibh gan ór.'[122]

Cuirtear le scéal seo na huachta trí lúibíní barrúla freisin:

"Ara Bhaba a stór," a deir cat Chaitríona.
"Ná géill di a stór," a deir cat Neil.
"Dá bhfaighinnse an t-ór," a deir cat Chaitríona.
"Domsa é a stór," a deir cat Neil.[123]

Bunsnáithe eile de chuid na reacaireachta is ea scéal an aighnis idir Caitríona Pháidín agus Nóra Sheáinín ó phós iníon Nóra mac Chaitríona, agus an bheirt bhan ag dearbhú de shíor i gcaitheamh an leabhair gurb iad féin a fuair cuid Pháidín den mheacan sa margadh. Fuintear cuid mhaith de ghreann, de thíriúlacht agus de ghéaraíocht an leabhair as an gcathaíocht idir an bheirt seo, agus buanaítear an choimhlint sna véarsaí seo:

'Ar nós concair i líon, bhí Caitríona ar bís
Go bhfastaíodh sí cír Nóra Sheáinín …
An mhaidin níor ársaigh gurb sheo anoir Nóra Sheáinín
Le Tríona a scláradh i gcumraíocht an éisc …
M'iníon bhreá mhánla, má phós sí do Phádraig,
Is fearrde do bhráicín a cuid is a spré …
A Chaitríona ghránna b'ort nach raibh an náire
Gur iarr tú droch-cháilíocht a chur orm féin …
Ní raibh cóta cabhlach aici, ná léine phósta,
Ach réir mar chóiríos í as mo phóca féin …'[124]

B'údar cúlchainte, biadáin agus grinn i measc an phobail scéal Thomáis Taobh Istigh freisin. Tagraítear sna véarsaí thíos dá fhonn pósta (ainneoin é a bheith amach sna blianta) agus don bheartaíocht ghlic a rinne sé nuair a bhí Caitríona agus Neil araon ag faire ar a chuid talún a fháil le huacht agus Tomás ag imirt duine acu in aghaidh an duine eile:

'Bhí Tomás Taobh istigh ann a's ragús pósta air,
Mar sé ba dóide dhó i ndiaidh an bhraoin,
Tá giodán talún agam a's bothán teolaí
A's beirt ar m'eolas le mo chíos a íoc.'[125]

'Is maith í Neil faoi chlaí a thógáil,
Tá Caty eolgach i gcúrsaí dín,
Bhí Tomás Taobh Istigh ann is drandal gáire air
Faoi Chaty Pháidín a d'íoc a chíos.'[126]

Cuirtear na cúpla líne scigaithrise seo thíos i mbéal Thomáis féin le linn do Nóra Sheáinín a bheith ag caint ar chúrsaí grá rómánsúil, mar chuid den chomórtas leanúnach sa leabhar idir domhan an 'ardchultúir', arna léiriú ag na *novelettes* grá a bhfuil oiread tóra ag Nóra Sheáinín orthu, agus domhan 'ghnáthphobal; na cille gan chanúint a seasann an file agus a chuid filíochta dó:

> 'Pósfaidh mé thú, a Nóra Sheáinín,
> A réalt an tsolais agus a ghrian an fhómhair,
> A chúilín ómra agus a chuid den tsaol …'[127]

ach fágtar an rann gan chríochnú, fearacht mhianta pósta Thomáis féin. Luaitear an scéal seo arís in eadarlúidí 4, 5 agus 6 i gcomhthéacs an chuntais leanúnaigh ar an gcoimhlimt idir Caitríona agus Neil i dtaobh a chuid talún:

> 'Bhí Tomás taobh Istigh ann a's a bhriste stróicthe,
> Ach ba ghearr uaidh fóirithin thuas agus thíos.'[128]

> 'Bhí Tomás taobh Istigh ann is drandal spóirtiúil air,
> Gurb í Neil a thógfadh é, ó bhí Caty i gcill.'[129]

Tá deismireacht eile fós den mhianach céanna le fáil i ngar do dheireadh an leabhair áit a bhfaightear cuntas ar Bhid Shorcha ag caoineadh mhairbh na cille de réir an tseanghnáis. Áitíonn sí gur 'Chaoin mé uilig sibh, a chlann ó! Óchón agus óchón ó!'[130] agus tugann sí giotaí as caointe éagsúla a rinne sí ar lucht na cille, mar dhóigh de, a chuimsíos cuid de na ceisteanna a dúisítear i gcaitheamh an leabhair agus a bhíos de shíor i mbéal phobal na cille:

> 'Óchón agus óchón ó! Thit tú den chruach bhradach, a stór ó! …
> Óchón agus óchón ó! D'ól tú an buidéal bradach a mhuirnín ó! …

Óchón agus óchón ó! Ní ólfaidh tú aon phionta arís go deo deo deo! …
Óchón agus óchón ó! Mo scríbhneoir breá ar lár choíchin agus go deo …
Óchón go deo deo! An Máistir Mór ag dul i gcill go hóg!'[131]

Má ghuthaíonn an cór sa chúlra scéal na ndaoine a gcloistear a mionchúraimí suaracha go leanúnach tríd an leabhar mar a bheadh curfá tríd an reacaireacht, buanaíonn an fhilíocht a chumtar sa modh traidisiúnta le linn na reacaireachta céanna cuid de scéalta na cille i measc phobal na cille céanna. Téann focal le gaoth, más fíor, ach is é cúram agus feidhm na véarsaí fánacha filíochta cuimhne na scéalta a choinneáil beo beathach agus a bhuanú i measc an phobail. Ina dhiaidh sin féin, más tráchtaireacht údarásach, mar dhóigh de, ar imeachtaí na cille agus a pobail atá san fhilíocht, díol suntais san am céanna go gcasann cuid de na daoine le Bid Shorcha[132] nár chaoin si i gceart iad agus gur fhág sí cuid dá scéal gan inseacht – teip an fhocail an athuair, ainneoin fheidhm agus bheocht na ceirde dúchais mar dhúshlán in aghaidh an neamhní, an chiúnais agus, i ndeireadh na feide, an bháis. Rud eile de, díol suntais chomh maith gur in eadarlúidí 1 agus 2 is mó atá an tráchtaireacht fhileata intéacsúil seo, agus gur beag di a thagas ina dhiaidh sin (seachas an dreas caointeoireachta thuasluaite ar deireadh thiar) mar dhóigh de agus gur fhág an Cadhnach ina dhiaidh tar éis píosa é agus nár thug sé leis mar chiúta é tríd an reacaireacht ar fad – deis chaillte, b'fhéidir, a chuirfeadh foshraith shuntasach chruthaitheach lena scéal a bheadh ag teacht go hiomlán le cruinne shiombalach lucht na cille agus le haidhmeanna liteartha an tsaothair. Nó sin cruthúnas eile fós ar theip an fhocail?

Fearacht Uí Chadhain féin a bhí á bheophianadh i gcaitheamh cuid mhaith dá shaol de bhrí go raibh 'an ghrian ag gabháil siar, ionann's gaibhte siar'[133] ar Éirinn sin na Gaeilge b'ansa leis féin a fheiceáil i réim, ach é ag dearbhú san anáil chéanna geall leis nár 'dhúirt muide, muide Éireannaigh, gur throid muid ariamh an cath deireanach',[134] tá *Cré na Cille* anonn is anall idir teip na teanga agus na hurlabhra agus ceiliúradh glórmhar glórach ar bhua an fhocail, 'an t-aon ghlór dár gcuid féin atá againn'[135] ar an neamhní. Agus i ndeireadh na feide níl aon réiteach ann ar scéal an duine, ná aon fhreagra cinnte ach an oiread, ar an taobh seo ná ar an taobh thall, ar shlí na bréige ná ar shlí na fírinne. Agus sin é an scéal, má tá bréag ann bíodh arae mar sin a cumadh is a ceapadh é!

Leabharliosta

1. Saothar Mháirtín Uí Chadhain a dtagraítear dó san aiste seo

An Aisling. Baile Átha Cliath: Coiste Cuimhneacháin Náisiúnta (1966).

An Ghaeilge Bheo – Destined to Pass. Baile Átha Cliath: Coiscéim (2002).

'An Phléasc: Sliocht as Dráma', [eag] Denvir, Gearóid, *Macalla 1983*, 1-21.

As an nGgéibheann: Litreacha chuig Tomás Bairéad. Baile Átha Cliath: An Clóchomhar (1973).

Athnuachan. Baile Átha Cliath: Coiscéim (1995).

BB: *An Braon Broghach*. Baile Átha Cliath: Oifig Foilseachán Rialtais (1948; eagrán nua 1968).

BW *Barbed Wire*. Baile Átha Cliath: Coiscéim (2002).

Caiscín: Altanna san Irish Times 1953-56. [eag] Ó Cathasaigh, Aindrias. Baile Átha Cliath: Coiscéim (1998).

Caithfear Éisteacht: Aistí Mháirtín Uí Chadhain in Comhar. [eag] Prút, Liam. Baile Átha Cliath: Comhar (1999).

CC: *Cois Caoláire*. Baile Átha Cliath: Sáirséal agus Dill (1953).

'Conradh na Gaeilge agus an Litríocht', in [eag] Ó Tuama, Seán, *The Gaelic League idea*. Baile Átha Cliath: Mercier (1972).

CNC: *Cré na Cille*. Baile Átha Cliath: Sáirséal agus Dill (1949; eagrán nua 1996).

ISD: *Idir Shúgradh agus Dáiríre*. Baile Átha Cliath: Oifig Foilseachán Rialtais (1939; eagrán nua 1975).

Ó Cadhain i bhFeasta. [eag] Ó Laighin, Seán. Ní luaitear áit fhoilsithe. Clódhanna Teoranta (1990).
PBPB: *Páipéir Bhána agus Páipéir Bhreaca.* Baile Átha Cliath: An Clóchomhar (1969).
SL *An tSraith ar Lár.* Baile Átha Cliath: Sáirséal agus Dill (1967).
ST: *An tSraith dhá Togáil.* Baile Átha Cliath: Sáirséal agus Dill (1970).
STG: *An tSraith Tógtha.* Baile Átha Cliath: Sáirséal agus Dill (1977).
Tone Inné agus Inniu. Baile Átha Cliath: Coiscéim (1999).

2. *Saothair eile*

De Paor, Louis (2006) 'There goes *Cré na Cille*', *Faobhar, Iris Mhíosúil Foinse*, 8 Eanáir, 16-17.
Denvir, Gearóid (1974) *An Béaloideas i saothar cruthaitheach Gaeilge Mháirtín Uí Chadhain: clár an ábhair.* Tráchtas neamhfhoilsithe MA: Coláiste na hOllscoile, Baile Átha Cliath.
Denvir, Gearóid (1987) *Cadhan aonair: scríbhinní liteartha Mháirtín Uí Chadhain.* Baile Átha Cliath: An Clóchomhar.
Denvir, Gearóid (1989) 'An béal beo: filíocht bhéil Chonamara inniu', *Léachtaí Cholm Cille XIX,* 192-222.
Denvir, Gearóid (1999) 'Is é an saol an Máistir: Filíocht Learaí Phádraic Learaí Uí Fhínneadha', *Léachtaí Cholm Cille XXIX*, 161-197.
Denvir, Gearóid (2003) Léirmheas ar *Ag Samhlú Troda* le hAindrias Ó Cathasaigh, *Feasta*, Eanáir 2003, 19-22.
Kiberd, Declan (2000) *Irish Classics.* London: Granta Books.
Ní Mhuircheartaigh, Éadaoin (2004) 'Marbhfháisc: an béal marbh in *Cré na Cille*', aiste neamhfhoilsithe.
Nic Pháidín, Caoilfhionn (1984) 'Cré na Cille agus Ealaín na Maireachtála', *Comhar*, Deireadh Fómhair, 43-48.
Ó Beoláin, Art (1985) *Merriman agus Filí eile.* An Clóchomhar: Baile Átha Cliath.
Ó Broin, Brian (2006) 'Máirtín Ó Cadhain's *Cré na Cille*: a narratological approach', *Irish University Review*, Iml. 36, Uimh. 2, 280-303.
Ó Cathasaigh, Aindrias (2002) *Ag samhlú troda: Máirtín Ó Cadhain 1905-1970.* Baile Átha Cliath: Coiscéim.

Ó Corráin, Ailbhe (1988) 'Grave comedy: a study of *Cré na Cille* by Máirtín Ó Cadhain', *in Anglo-Irish and Irish literature: aspects of language and culture*, Proceedings of the Ninth International Congress of the International Association for the Study of Anglo-Irish Literature, Stockholm, Iml. 2, 143-48.

Ó Crualaoich, Gearóid (1981) 'Domhan na cille agus domhan na Bréige', *Scríobh 5*, 80-86.

Ó Crualaoich, Gearóid (1989), 'Máirtín Ó Cadhain agus dioscúrsa na Gaeilge', in [eag] Ó hAnluain, Eoghan *Léachtaí Uí Chadhain.* Baile Átha Cliath: An Clóchomhar, 166-180.

Ó Dálaigh, Tomás (1966) 'Cré na Cille', *Irisleabhar Mhaigh Nuad* 1966, 33-37.

Ó Dochartaigh, Liam (1975) 'Drámaíocht na Cille: Aiste Chritice', *Feasta*, Iúil, 13-16.

Ó Doibhlinn, Breandán (1974) 'Athléamh ar Cré na Cille', *Léachtaí Cholm Cille V*, 40-53.

Ó Finneadha, Cóil Learaí (1999) *Filíocht agus Feannadh.* Indreabhán: Cló Iar-Chonnachta.

Ó Flaithearta, Liam (1949) Léirmheas ar *An Braon Broghach, Comhar,* Lúnasa, 5,30.

Ó Floinn, Tomás (1997) 'Cré na Cille', in Prút Liam [eag] *Cion Fir: aistí Thomáis Uí Fhloinn in* Comhar. Baile Átha Cliath: Comhar, 47-53.

Ó hAnluain, Eoghan (1989) [eag] *Léachtaí Uí Chadhain.* Baile Átha Cliath: An Clóchomhar.

Ó hEithir, Breandán (1973) *Thar ghealchathair soir.* Ní luaitear áit fhoilsithe: Cumann Merriman.

Ó Muirthile, Liam (1996) 'Ingne Báis', *The Irish Times,* 18 Eanáir.

Ó Murchú, Seosamh (1982) 'An chill agus a cré', *Irisleabhar Mhaigh Nuad* 1982, 5-20.

Ó Ríordáin, Seán (1970) 'Paipéir bhána agus páipéir bhreaca', *The Irish Times*, 29 Aibreán.

Ó Tuama, Seán (g.d.) *Cúirt, tuath agus bruachbhaile: aistí agus dréachtaí liteartha.* An Clóchomhar: Baile Átha Cliath.

Rekdal, Jan Erik (1998) 'Ioruais a chur ar *Cré na Cille* – an comhthéacs cultúrtha', in Ó Háinle, Cathal, [eag] *Criostalú: Aistí ar Shaothar Mháirtín Uí Chadhain*, Coiscéim: Baile Átha Cliath.

Spailpín ar an Achréidh (1950) 'Cré na Cille', *Ar Aghaidh*, Aibreán, 3.

Titley, Alan (1981) 'Ag déanamh páipéir: foinsí ionsparáide Uí Chadhain', in [eag] Ó hAnluain, Eoghan *Léachtaí Uí Chadhain.* Baile Átha Cliath: An Clóchomhar, 24-46.

Titley, Alan (1991) *An tÚrscéal Gaeilge.* Baile Átha Cliath: An Clóchomhar.

Trodden Keefe, Joan (1984) *Churchyard Clay: a translation of Cré na Cille by Máirtín Ó Cadhain with introduction and notes.* UMI Dissertation Information Service: Michigan.

Nótaí

1. Prút, Liam (eag.), Baile Átha Cliath 1999.
2. Ó Cathasaigh, Aindrias (eag.), *Caiscín: Altanna san Irish Times 1953-56*, Baile Átha Cliath 1998.
3. Ó Laighin, Seán (eag.), *Ó Cadhain i bhFeasta.* Ní luaitear áit fhoilsithe. 1990.
4. *Tone Inné agus Inniu*, Baile Átha Cliath 1999.
5. *An Ghaeilge Bheo – Destined to Pass*, Baile Átha Cliath 2002.
6. *Athnuachan*, Baile Átha Cliath 1995.
7. BW: Ó hAinle, Cathal (eag.), *Barbed Wire*, Baile Átha Cliath.
8. Ó Cathasaigh, Aindrias, *Ag Samhlú Troda: Máirtín Ó Cadhain 1905-1970*, Baile Átha Cliath 2002. Féach léirmheas an údair seo ar an leabhar in *Feasta* 2003, Eanáir, 19-22.
9. ISD.
10. BB.
11. PBPB.
12. CNC 1949. Úsáidfear CNC feasta agus tagraítear d'eagrán 1996.
13. CC.
14. SL.
15. ST.
16. STG.
17. 'There goes *Cré na Cille*', *Faobhar, Iris Mhíosúil Foinse* 2006, 8 Eanáir, 16-17.
18. PBPB 9-10.
19. PBPB 10-12.
20. Ó Cadhain, Máirtín, *As an nGéibheann: Litreacha chuig Tomás Bairéad*, Baile Átha Cliath, 47.
21. Ó Floinn, Tomás, *Cion fir: aistí Thomáis Uí Fhloinn in Comhar*, Baile Átha Cliath 1997, 47, 50.
22. CNC 23, 96.
23. *Ó Cadhain i bhFeasta*, 88.
24. 'Cré na Cille', *Ar Aghaidh*, 1950 Aibreán, 3.
25. *An tÚrscéal Gaeilge*, Baile Átha Cliath 1991, 295.
26. *An tÚrscéal Gaeilge* 305, 308.

27. 'Domhan na Cille agus Domhan na Bréige', *Scríobh* 5 1981, 81.
28. *Ó Cadhain i bhFeasta* 132.
29. Féach an cheist roscach seo ó Thomás Ó Dálaigh: 'N'fheadar céard a cheapfadh pobal an Iarthair dá ndéanfaí *Cré na Cille* a léiriú i dTaibhdhearc na Gaillimhe?' 'Cré na Cille', *Irisleabhar Mhaigh Nuad* 1966, 36.
30. 'Ag déanamh páipéir: foinsí ionsparáide Uí Chadhain', in Ó hAnluain, Eoghan (eag.) *Léachtaí Uí Chadhain*, Baile Átha Cliath 1981, 39.
31. PBPB 15.
32. *Ó Cadhain i bhFeasta*, 329.
33. Ó Floinn, *Cion fir*,12.
34. Léirmheas ar *An Braon Broghach, Comhar* 1949, Lúnasa, 30.
35. *As an nGéibheann*, 32.
36. 'Cré na Cille', *Ar Aghaidh* 1950, Aibreán, 3.
37. PBPB, 21. Díol suntais sa chomhthéacs seo dearbhú Liam Uí Mhuirthile ('Ingne Báis', *The Irish Times,* 18 Eanáir 1996) go mbaineann *Cré na Cille* le 'Gaeltacht na dtéipeanna, na gcartlann béaloideasa agus na scríbhinní liteartha'.
38. *Thar Ghealchathair Soir*. Ní luaitear áit fhoilsithe, 1973, 3.
39. 'Ioruais a chur ar *Cré na Cille* – an comhthéacs cultúrtha', in Ó Háinle, Cathal, *Criostalú: Aistí ar Shaothar Mháirtín Uí Chadhain*, Baile Átha Cliath 1998, 116.
40. PBPB 20.
41. PBPB 30.
42. CNC 15.
43. CNC 19.
44. Aon uair amháin a sciorras an Cadhnach ón reacaireacht dara pearsa rannpháirtí go dtí reacaireacht tríú pearsa údair, earráid reacaireachta dar le Ó Broin ('Máirtín Ó Cadhain's *Cré na Cille*: a narratological approach', *Irish University Review*, Iml. 36, Uimh. 2, 2006, 280-303) Agus feachtas an toghcháin á chur i láthair den chéad uair sa leabhar, ag deireadh Eadarlúid 2, Mír 3, luann 'an t-údar' idir lúibíní go gcluintear cnagairt bhlaoscanna ar Áit na Leathghine mar thacaíocht le caint a n-urlabhraí (CNC 54). D'fhéafdaí a éileamh, freisin, i bhfianaise a bhfuil le rá thíos i dtaobh teicníochtaí drámaíochta in *Cré na Cille,* gur geall le treoir stáitse, seachas gnáthreacaireacht tríú pearsa údair uilefhiosaigh atá i gceist anseo.
45. 'Marbhfháisc: an béal marbh in *Cré na Cille*', aiste neamhfhoilsithe, 2004.
46. 'Grave comedy: a study of *Cré na Cille* by Máirtín Ó Cadhain', *in Anglo-Irish and Irish literature: aspects of language and culture*, Proceedings of the Ninth International Congress of the International Association for the Study of Anglo-Irish Literature, Stockholm, Iml. 2, 1988, 143.

47. 'Athléamh ar Cré na Cille', *Léachtaí Cholm Cille* V, 1974, 43.
48. *Cadhan aonair: scríbhinní liteartha Mháirtín Uí Chadhain*, Baile Átha Cliath 1987, 46-7.
49. 'An chill agus a cré', *Irisleabhar Mhaigh Nuad* 1982, 12.
50. Ag Samhlú Troda,118.
51. CNC 85-6.
52. CNC 199.
53. CNC 199.
54. CNC 41.
55. CNC 102.
56. CNC 250.
57. CNC 257.
58. CNC 29.
59. CNC 17.
60. CNC 25.
61. CNC 49.
62. CNC 25.
63. CNC 111.
64. CNC 185.
65. CNC 320.
66. CNC 115-66.
67. CNC 28.
68. CNC 260.
69. CNC 283.
70. ST 97.
71. CNC 115.
72. Ó Tuama, Seán, *Cúirt, Tuath agus Bruachbhaile: Aistí agus Dréachtaí Lit*eartha. Baile Átha Cliath, gan data, 27.
73. Ó Beoláin, Art *Merriman agus Filí eile*, Baile Átha Cliath 1985, 10
74. *Ó Cadhain i bhFeasta*, 81
75. Prút, Liam (eag.), *Caithfear Éisteacht: Aistí Mháirtín Uí Chadhain in Comhar*. Baile Átha Cliath 1999, 97-144
76. Denvir, Gearóid, 'An Béal Beo: Filíocht Bhéil Chonamara Inniu', *Léachtaí Cholm Cille* XIX, 1989, 192-222 agus 'Is é an saol an Máistir: Filíocht Learaí Phádraic Learaí Uí Fhínneadha', *Léachtaí Cholm Cille* XXIX 1999, 161-197.
77. CNC 164.
78. CNC 200.
79. 'Paipéir bhána agus páipéir bhreaca', *The Irish Times*, 29 Aibreán 1970.
80. 'Ag Déanamh Páipéir …' 24.
81. PBPB 34.
82. PBPB 34.

83. CNC 122-3.
84. CNC 40.
85. PBPB 24-5.
86. Denvir, Gearóid (eag.) 'An Phléasc: Sliocht as Dráma', *Macalla 1983*, 1-21.
87. Ó Floinn, *Cion Fir*, 108.
88. Ó Floinn, *Cion Fir*, 185.
89. 'Drámaíocht na Cille: Aiste Chritice', *Feasta* 1975, Iúil, 13-16.
90. Trodden Keefe, Joan, 'Churchyard Clay: a Translation of Cré na Cille by Máirtín Ó Cadhain with Introduction and Notes.' UMI Dissertation Information Service: Michigan1984, xx-xxi
91. *Irish Classics*. London 2000, 575-7.
92. CNC 199.
93. *An tÚrscéal Gaeilge*, Baile Átha Cliath 1991.
94. 'Máirtín Ó Cadhain agus dioscúrsa na Gaeilge', in Ó hAnluain, *Léachtaí Uí Chadhain*, 166-180.
95. 'Cré na Cille agus Ealaín na Maireachtála', *Comhar* 1980, Deireadh Fómhair, 44.
96. PBPB 14.
97. PBPB 7.
98. PBPB 9.
99. *Ó Cadhain i bhFeasta*, 141.
100. *Ó Cadhain i bhFeasta*, 131.
101. 'Máirtín Ó Cadhain agus Dioscúrsa na Gaeilge', 167.
102. PBPB; Ó hEithir, Breandán, *Thar Ghealchathair Soir*, 3-4.
103. PBPB 7.
104. CNC 193.
105. CNC 11.
106. CNC 174, 207.
107. CNC 54.
108. CNC 22, 340.
109. CNC118. Tá liosta cuimsitheach de na seanfhocail uilig atá le fáil i saothar iomlán Uí Chadhain in Denvir, Gearóid, *Cadhan Aonair*, 325-52.
110. Denvir, Gearóid, *An Béaloideas i Saothar Cruthaitheach Gaeilge Mháirtín Uí Chadhain: Clár an Ábhair*. Tráchtas neamhfhoilsithe MA: Coláiste na hOllscoile, Baile Átha Cliath 1974, 357-369.
111. *An Béaloideas i Saothar Cruthaitheach ...*, 352-357.
112. CNC 28.
113. CNC 247.
114. CNC 66.
115. CNC 47.
116. Deir cuid de phobal na cille gurb é an File a rinne Amhrán Chaitríona, CNC 30.

117. CNC 31. Tharla go reictear an rann seo, ach an oiread le ranna eile, ar ócáidí éagsúla sa leabhar, tá téacs na filíochta tugtha chun rialtachta anseo thíos. Reictear an rann seo arís, mar shampla, i dtreo dheireadh an leabhair agus scéal faighte ag Caitríona go bhfuil Jeaic básaithe agus sa chill le tamall i ngan fhios di – móimint ardaithe eile de chuid na reacaireachta, ar ndóigh.
118. CNC 33.
119. CNC 370.
120. CNC 33-4.
121. CNC 30.
122. CNC 38.
123. CNC 30.
124. CNC 29.
125. CNC 58.
126. CNC 64.
127. CNC 98.
128. CNC 122, 139.
129. CNC 174.
130. CNC 261.
131. CNC 261-2.
132. CNC 264.
133. *An Aisling*. Baile Átha Cliath 1966, 30.
134. *An Aisling* 10.
135. 'Conradh na Gaeilge agus an Litríocht', in Ó Tuama, Seán, (eag.) *The Gaelic League Idea*, Baile Átha Cliath 1972, 62.

FABHALSCÉAL AN CHADHNAIGH: 'BHÍ SMAOINE AG AN gCAPALL …'[1]

Tadhg Ó Dúshláine

Tá breis agus triocha cúig bliain ó shin ann ó thosnaíos ag gabháil don scéal seo ar dtúis agus tá an oscailt phléascach san, a chuirfeadh draíocht ar Frank O'Connor féin, ag gabháil timpeall im chloigeann ó shin. Ní choimeádfadh oscailt cháiliúil Kafka lena scéal 'Metamorfóis' coinneal leis: 'Nuair a dhúisigh Greagór Samsa ar maidin thug sé faoi deara go raibh sé claochlaithe ina fheithid ollmhór'. Bhí taithí againn ar a leithéid sna seanscéalta againn féin: leithéidí *Tocmharc Étaíne* agus *Clann Lir.* Go fiú an scéal ait eile sin 'Cé Acu? …' mar a dtosnaíonn tithe ag bualadh faoina chéile, ní hé an oiread sin tinnis a chuir sé orainn. Níor dheacair a shamhailt cén ruathar sanasaíochta a mbuailfeadh Myles na gCopaleen faoi leis an mbriathar 'buail' sa Ghaeilge. B'shin iad na blianta ceann-ródaíochta i Má Nuad: bhí *An tSraith ar Lár* ainmnithe mar théacsleabhar do chúrsa na dara bliana, faoi stiúir scolártha Chathail Uí Áinle, agus Nollaig Ó Muraíle ag soláthar do scoil na nua-chritice in *Irisleabhar Mhá Nuad* ag ríomh na bhfoinsí scrioptúrtha le glacán scéalta as an gcnuasach; uachtarán chum-ann Gaeilge na mac léinn, Cuallacht Cholm Cille, Micí Browne ó Ros Comáin, ag moladh sraith bhliantúil léachtaí ar litríocht na Gaeilge arb í Léachtaí Cholm Cille í; bhí Pádhraic Standún (nó 'Párnic' faoi mar is fearr aithne i measc a chomhchléireach air) i dtús cadhnaíochta an Western Students Movement sa Choláiste, eagraíocht raidiceach dírithe ar cheist na gcearta sibh-ialta.

B'shin iad na blianta, b'fhéidir a rá, go dtáinig seanléann Mhá Nuad agus nua-léann na cruinne ina inmhe chritice a d'fhág ar ár gcumas déighleáil le téacs chomh dúshlánach leis *An tSraith ar Lár*. Níorbh aon nath dúinne teachtaireacht an uafáis sa scéal 'An Beo agus an Críon', mar a saolaítear leanbh istigh in eileatram, a shuíomh i gcomhthéas *Breath* Samuel Beckett nó *Cín Lae* Kirkegaard, agus é a ríomh siar trí stair na litríochta, *Trí Bior-Ghaoithe an Bháis* an Chéitinnigh, amach go seanmóin Ciprianus 'Ad Fratres in Ermo', gus an bhunfhoinse in *Leabhar Ecclesiastes* mar a dhearbhaítear forlámhas an bháis agus baois an tsaoil.

Ach fós b'é an scéal 'Sraith Eile ar Lár' an churadhmhír.

Thosnaíomar amach air ag 2.00 p.m. ar an Luan an 19ú Deireadh Fómhair, faoi mar is cuimhin liom anois, ach ní raibh ann ach san nuair a leathnaigh an scéal a chuaigh amach ar Raidió Éireann ag 1.30 p.m. go raibh an Cadhnach féin ar lár. Cuireadh deichniúr den Choróin Mhuire le hanam an laoich, scoradh an rang agus faoi mar a bheadh oil in úir i gcuimhne an Chadhnaigh fágadh an scéal mar a bhí sé agus mar a raibh sé, sa tslí is go bhfuil an oscailt phléascach sin – 'Bhí smaoine ag an gcapall' – ag gabháil timpeall im chloigeann ó shin. Níor mhiste, ar an ócáid chomórtha seo, athchúirt a thabhairt air agus iarracht a dhéanamh ar a cheart a thabhairt dó.

Cuirimis an dúshlán mar seo i bhfoirm ceisteanna: cad é? Cad as? Canathaobh? Cad chuige? Cuirimis feoil ar na ceisteanna sin mar leanas: cad tá ag tarlú anseo? Cá bhfuair an Cadhnach an smaoineamh? Cén aidhm a bhí leis an dteicníocht seo an chéad lá? Cad chuige an Cadhnach?

Ar chlúdach cúil *An tSraith ar Lár* tá an méid seo:

> Seo é an cnuasach gearrscéalta a bhuaigh an duais a thairg an Foras Cultúir Gael-Mheiriceánach den chéad uair i 1967. Tá cuid de na scéalta is fearr dar scríobh aon Éireannach riamh anseo. Tháinig triúr breitheamh ó stáit éagsúla i Meiriceá ar an mbarúil chéanna go neamhspléach agus dúirt go raibh an saothar seo chomh maith le haon saothar atá á chur ar fáil dteanga ar bith faoi láthair.

Níor ghá dul chomh fada san ó bhaile dá mb'áil leo cluas a thabhairt do dhuine de na léirmheastóirí ba ghéarchúisí agus ba chumasaí ar shaothar an Chadhnaigh trí chéile, ó lár na gcaogaidí amach. Toisc, b'fhéidir, an iomarbhá eatarthu ag an gcéad cheann de scoileanna geimhridh Merriman in Aonach Urmhumhan sa bhliain 1968 agus an pictiúr cáiliúil sin mar a bhfuilid á fhéachaint le chéile faoi mar a bheadh beirt dornálaithe, bhí go leor de mo ghlúinse ach go háirithe den tuairim go rabhadar in adharca a chéile go bás faoi chúrsaí litríochta. Níor mhiste, i gcéaduair anseo, dá bhrí sin, bunleaganacha na n-aistí san de chuid an Ríordánaigh ina n-iomláine agus ina gcomhthéacs a cheadú, toisc feabhas na critice agus an nochtadh a dhéanann sé ar éacht agus ar bhunmianach an Chadhnaigh. Ar léamh an *tSraith ar Lár* bhí an méid leis a leanas le rá aige:

Garbhach,
Inis Carra,
Co. Chorcaí.
26. 10. 67

A Sheáin
… Ní miste soghláist a thúirt ar an uile ní a scríobhann Máirtín anois. Tá *An tSraith ar Lár* á léamh agam. B'fhiú dhuit 'Cé Acu?' a léamh mara bhfuil sé léite agat. Ní fheadar ar deineadh a leithéid le teanga ná le samhlaíocht riamh? …

Tá a litriú féin aige – litriú cadhanta, caighdeánach: tá a Ghaeilge féin aige, Gaeilge chadhnach, choisfharraigeach: tá a fhealsúnacht féin agus a fhealsúnacht staire féin ag brúchtaíl trí gach focal aige: tá eolas an domhain cnuasaithe i gcúlaibh a chuid focal – eolas as gach teanga, as gach aird agus an t-iomlán cadhanaithe.[2]

Tamaillín ina dhiaidh san scríobh sé ina dhialann:

> 1/12/67 11.30pm.
> An lá caite agam sa leabaidh im aonar. Ba chuma dá mbeadh striapach faram. Scéalta Spáinnise á léamh agam. Sheasódh *Sraith ar Lár* Mháirtín Uí Chadhain comparáid le rud ar bith. Braithim go mbíonn an sórt san saibhris teangan (sórt Mháirtín) sa Spáinnis ach ná bíonn sa Bhéarla …

Chomh fada siar leis an mbliain 1955, in ainneoin a ainnise féin bhí sé ag déanamh iontais de chumas an Chadhnaigh:

> 10/6/55 11.30pm.
> Braithim leamh. Níl oiread 7 siolla dá séadaibh rúin ag séideadh aniar chugham óm shinsear. Tá saibhreas aigne máguaird. Tá leabhair sa tseomra so atá 'na mbeathaidh ach tá rud éigin á gcoinneáil uaim. Tá oiread le léamh agam, oiread le blaiseadh ná feadar cá dtosnód. Bhí píosa de *Cré na Cille* ar an radio anois díreach. Bhí gach focal tais – ní tais ach báite – le saibhreas na beatha agus na séad rúin. Is aoibhinn do Mháirtín Ó Cadhain. Tá oidhreacht agamsa leis dá bhféadfainn í chur i gcrích. Chun na fírinne a rá is dhá oidhreacht atá agam dá bhféadfainn leas a bhaint astu. Táim idir dhá oidhreacht. B'fhéidir ná fuil teacht agam ar ceachtar acu. Mo loma léan air mar réasúnú. Táim dóthanach den éadóchas.

Agus bhí ardmheas aige leis ar Mháirtín mar dhuine, mar is léir ón gcur síos aige ar an oíche a chaitheadar i dteannta a chéile i gCorcaigh, nuair a tháinig Máirtín le léacht a thabhairt faoi pháipéar bán an rialtais faoi chúrsaí Gaeilge, mí Eanáir 1965:

> 11/1/65 8.10pm.
> Ar an bpáipéar bán ar fad a bhí léacht Mháirtín Uí Cadhain … Rud gan mhaith is ea an páipéar 'glas' so, dar leis. Bhí cúpla deoch agam leis tréis an léachta. Is duine mín muin-

teartha, grámhar é. Ba mhaith leis a fháil amach cathain a deintear eaglais a choisreacadh. Táthar ag cur fuinneóg daite in eaglais i nGaillimh in onóir dos na Connaught Rangers, deir sé, agus déarfainn go mba mhian leis an fhuinneóg a bhriseadh.

'Scabhaitéara isea mé', ar seisean. Bíonn gá le scaibhaitéara. Is féidir leis nithe a dhéanamh ná féadfadh aoinne eile a dhéanamh. Loirgíodh cead air i mBéarla píosa scríbhneoireachta leis a thaispeáint ag Aonach an Domhain i Nua-Eabhrac. Scrídh sé go dtí Aiken ag túirt fé'n té a dhein é seo. Fuair sé litir ó Aiken ag aontú leis agus ag rá nár cheart go dtárlódh a leithéid de rud go bráth, agus ansan cuireadh an t-iarratas chuige i nGaeilge. 'Ní gá dhom é rá leatsa,' arsa Máirtín liomsa. 'Ní foláir nó h-iarradh an rud céanna ortsa.' Ach bhí déarmhad air. Níor iarradh. Ní rabhas tábhachtach a ndóthain, dréir dealraimh.

Ar chlos scéala báis Mháirtín dó scríobh an méid seo:

18/10/70

Chuala anois ar an Radio go bhfuil Máirtín Ó Cadhain marbh. Do sheachain sé an geimhreadh agus b'fhéidir geimhreadh eile níos measa ná geimhreadh an dúlra – geimhreadh na hÉireann. Is féidir a rá go bhfuil an scríbhneoir is mó sa Ghaeilge imithe. Ach cad is fiú caint ar gheimhreadh na hÉireann. Nach geimhreadh is ea é ag Éirinn leis na céadta bliain? Ní raibh ina bhás ach mír bheag ag deire na nuachta. Do h-úsáideadh an nath 'the noted scholar, Máirtín Ó Cadhain' fiú amháin. Anois tá *Sports Time* le Liam Nolan ar siúl acu – 'a thousand thousand slimy things lived on and so did I …'

Ní maith é bheith it aonar an oíche a frith scéala a bháis.

Thugas raibiléiseach go minic air. Bhí sé amhlaidh. Is duine ró-lán a leithéid de scríbhneoir agus doirteann sé a chuid scríbhneoireachta. Ní h-aon taoscadh a chumadóireacht súd. An ionann lán agus léannta? Is ionann má thuigeann tú cén léann é. Ní léann tur, aimrid ná acadúil é ach léann fairsing, ceolmhar, éirimiúil. Ach bhí Máirtín lán óg – léannta óg. Chuir sé "nótaí" le scéalta béaloidis ar *Bhéaloideas* 1938 nó 1934 – má ba nótaí iad. Píosa fada próis a bhí iontu a bhí ag brúchtaíl le h-iomad na h-iomadúlachta. Thug sé a gceart d'fhocail. Thug sé níos mó ná a gceart dóibh. Thug sé cead oilc is maith dóibh. Lig sé dóibh é threorú mar a dheineann an Neach Raibiléiseach go minic. Ní á gcartadh ar a chéile ina gliogram glug a bhíodh sé ach is amhlaidh a thugadh sé éisteacht dóibh féachaint cad a bhí le rá acu. Ní h-é ná raibh rud le rá aige féin – ach bhí a fhios aige go raibh rud le rá acu san. Thugadh sé cead cainte dóibh. In inead bheith ag scréachaigh tríothu chuireadh sé ag labhairt thar a cheann iad leis an oiread dob fhéidir den bhrí des na bríonna a bhí ginte cheana iontu. Dá chomhartha san fear ciúin-labhartha ab ea é. Bhí fíochmhaireacht áirithe ann. Do chéas lofacht na hÉireann atá anois ann é. De bharr a uaisleachta chaith sé bheith ina fhear cúise i bhfianaise na loitiméireachta atá ar siúl ag staileanna na cumhachta. Ní fear cúise an Neach Raibiléiseach. Ach arís an bhfuil sé sin fíor? Toisc a fhuath don siúicriúlacht agus toisc b'fhéidir gurb é is leochailí amuich tugann sé le fios nach fear cúise é. Ach pé acu an bea ná nach é ba cheann Máirtín agus ceann éifeachtach ach ceann corr. Ní dhearmhadfar na Tréadlitreacha ná na paimfléadaí a foilsítí ar *Mhisneach*, ná a chuid litreacha chuig na páipéirí ná *An Aisling*, ná an t-aistriú ar Saunders Lewis.

B'iad san a scríbhneoireacht chonspóideach cúise. Arís ní chuirfeadh sé strus ar fhocail. Phléascaidís lena bhfuinneamh féin, lena dtréithiúlacht féin. Mar sin ab fhearr a chuiridís in iúl é. Níor cailleadh é iontu, ná iad ann. Níor ghabhadar lastuas de – bhí sé de shíor ós cionn a chumais – ná níor ghaibh sé lastuas díobh. Fós bhí sé le léamh go tréan orthu agus bhíodar san, na focail Ghaeilge úd, an teanga ba ghile leis, le léamh air. B'iad é. Dá ghéire a aoir sea ba mhilse a chuid Gaeilge – milseacht na milseachta. Thug sé uchtach agus cothú dúinn agus chuir sé ar ár miotal sinn sa mhéid dob fhéidir.

B'é ár gcrann taca é. Mó sa mhó osna Éireann. Glas ar Ghaeilge a bhás.

Tá bearna míosa ansan sa dialann, ag dtí an 15/11/70 faoi mar a bheadh tocht an bháis ag goilliúint air. Deich lá ina dhiaidh san arís, ag 12.40 ar maidin, faighimid seo:

> 25/11/70
> Máirtín Ó Cadhain – a phrós – a Chríost prós! Ba dhúil de dhúilibh Dé é (focal go raibh sé ceanúil air – dúil) 'Nílim chomh h-útamálach 7 bhínn' dúirt sé. Bhí sé útamálach fiú timpeallach ar uairibh. B'fhéidir go rabhas-sa ar deire fé draíocht aige ar fad ach dá útamálaí an útamáil seo dob aoibhne domsa bhí sé chomh mall útamálach san ag rá na neithe ar uairibh go h-áirithe nuair is ag aistriú saol ó theanga amháin go teanga eile a bhí sé go dtuigfí duit go bhfeicfeá é ag cumadh – go bhfeicfeá na focail ag fágaint a n-inid is ag éirí agus ag géilleadh slí d'fhocail i dteanga eile. Thiteadh sé i ngrá le nath nó focal nó smaoineamh 7 leanadh air á sniogadh go h-eireaball timpeall. Ba dhóigh leat ná scarfadh sé leis go deo. B'ait liom go scar sé chomh tapaidh leis an mbeatha – nár sniog sé a thuille í. Ach má bhí sé útamálach timpeallach ar uairibh – útamáil den tsaghas ba neamh-útamálaí – útamáil a bhí ag glioscarnach le cadhanachas le linn di bheith ag útamáil – útamáil ná seachnódh aon deacaireacht ná loirgeodh aon dul as éasca – uaireanta eile bhí sé gonta, pras. Thagadh a phrós pras

mar a thiocfadh urchar as gunna. Thagadh a chaint phras agus a chaint mhall as aigéan saibhir, doimhin Gaeilge. Bhí lámha beaga air. Iad mín triopallach. Bhíodh a chuid próis bearrtha, piocaithe. Ba dhóigh leat gur lena lámha beaga a phrioc sé a chuid próis. Obair a dhein priocaithe é. Sclábhaí mór a b'ea é. Ar chuma Dhónaill Uí Chorcora bhí tréimhse Rúiseach aige. Scéal Rúiseach is ea 'Crosaire Iarannróid' san *Sraith ar Lár.* Le doimhneas a míthuisceana fuair an Roinn gáirsíuil é.

Tá sé ag fás ó bhásaigh sé. An bhféadfadh aoinne eile bás chomh mór a fáil in Éirinn agus Dev féin a chur san áireamh?

Is léir gur luigh bás Mháirtín go trom ar a intinn agus tamaillín ina dhiaidh seo arís ar an 4/1/71 ag 2.25 a.m. Faightear an méid seo uaidh agus é ag dearbhú stádas Uí Chadhain i dtraidisiún na Gaeilge agus an t-uaigneas atá ar féin ina dhiaidh. Scríobhann sé an méid seo ina dhialann:

Tá véarsa i gceann de na dánta (XXII) a chuir Bergin i gcló i *Studies* a oireann go cruinn de Mháirtín Ó Cadhain [IBP a bhí á léamh aige; *recte* XXIII]:

6. Do-chuaidh tré screaptraibh na sgol,
fuair fréamha eóil na n-ughdor:
dual mórthuireadh uainn don fhior,
fuair an órthuidhean fhileadh.

Agus arís

9. dál na mbeach a bharamhail.

Agus arís

Am dhílleachta d'éis Eochaidh.

Níor chuaigh moladh san an Ríordánaigh sna hailt ar an *Irish Times* ('Pictiúir Mháirtín Uí Chadhain' 24. 10, '69, 'Máirtín Mór Ó Cadhain', 5. 11. '70.), i nganfhios ná gan bhuíochas ó mhuintir Uí Chadhain, mar is léir ón litir seo a leanas:

52, Bóthar Nás,
Baile Átha Cliath 12.
17 Eanáir, 1971.

A chara dhil,

Is dócha go bhfuil sé cineál dána uaim-se bheith ag scríobh na litre seo chugat agus gan aithne ná eolas agat orm, ach ní ligfinn an uain thart, dá dheireannaigh mé á scríobh seo, gan inseacht duit gur thaithnigh an t-alt a scríobh tú ar an Irish Times faoi Mháirtín Ó Cadhain go híontach liom. Bhí sé íontach, tuisceanach, uasal. Ba mhaith liom, go mbeadh fhios agat freisin go raibh muintir Chadhain an-tsásta leis.

Thaithnigh linn go léir freisin do chuid cainte faoi ar an Raidió oíche na sochraide. Bhí mé in éineacht lena mhuintir an oíche sin – an chuid atá ina gcónaí in Éirinn agus an chuid a tháinig as Meiriceá le haghaidh na sochraide – agus thaithnigh do chuid cainte go mór leo.

Ní miste a rá go bhfaigheadh Máirtín é féin an-tsásamh as do chuid altanna ar an Irish Times agus ní taise dom féin i gcónaí é.

Go mbuana Dia thú! …
Beir bua is beannacht,
Mise,

Beirnedette Ní Rodaigh
(deirfiúr do Mháirín bean Mháirtín)

Mar bharr ar an méid seo ar fad is dóigh liom gurb í tráchtaireacht an Ríordánaigh ar an scéal seo idir camáin againn is fearr agus is iomláine ach féachaimis ar dtús ar an scéal féin

'Sraith Eile ar Lár' i gcomhthéacs an chnuasaigh *An tSraith ar Lár*.

Ar a shon go n-admhaítear nach é an t-údar féin an tráchtaire is iontaofa faoina shaothar, ní bhacann san d'fhorógra an Chadhnaigh féin a bheith ag feidhmiú faoi mar a bheadh sé ina *imprimatur* ar thráchtais léannta mar *Cadhain Aonair*[3] le Gearóid Denvir, *Ag Samhlú Troda*[4] le hAindrias Ó Cathasaigh agus *Faoin mBlaoisc Bheag Sin*[5] le Louis de Paor. 'Sé an t-údar féin go minic, d'fhonn lucht critice a chur amú, is túisce a dhéanann neamhaird dá theoiric agus dá threoir féin, agus braithim gur minic a theanga ina phloic ag an gCadhnach sa bhforógra litríochta sin *Páipéir Bhána agus Páipéir Bhreaca*.[6] Is chuige seo mé: cé go maíonn an Cadhnach féin gurb é '[a]n rud is tábhachtaí anois sa litríocht ar fad an intinn a léiriú, páirt den duine nach féidir an *camera* a dhíriú uirthi ...'[7] bíodh san mar atá is í teicníocht an *caméra stylo*, an ceamara mar ghléas dei-scríofa nó tuarascála, is mó atá in úsáid, i bhfios nó i nganfhios dó, i gcuid de mhórscéalta an chnuasaigh seo: ón seat bunaidh fada:

> Scaitheamh ó láthair suas bóthairín an chladaigh ba dhoiligh a rá céard é an sonda[8]

Gus an seat rítheann:

> Ba sheanfhocal ar an mbaile se'againne é: a Dhia dhá tharrtháil, gáire an Churraoinigh. Bhí seanchas ann go bhfaca fear den bhaile i gcianaimsir na glúine a bhí ann anois é trí pholl claidhe ag gáirí.[9]

Gus an seat siombalach:

> Cloch ghobghéar, mar bheadh staróg as béal ciréimeach, ag freagairt aníos as an gclaise bhruachbhriste chois na 'ceapaí'

> nó an clár leathan d'iomaire, a raibh aghaidh gréine ar a grua thiar aneas agus a grua thoir adua ar chúl gréine.[10]

Ní ceart ach an oiread, dar liom, an iomad a dhéanamh d'aoinne faoi leith de na scríbhneoirí iomadúla a luaitear i bPBPB agus an chuid eile a scaoileadh le fána. Sa mhéid seo tugtar an iomad airde do Kafka agus do chomhthéacs an choimhthís a sholáthraíonn sé do scéalta breátha ar nós 'An Eochair' agus 'Fuíoll Fuine'. Ní fheicimse tionchar Kafta ar 'Sraith Eile ar Lár' cé go maíonn scoláirí go bhfuil. Ar an láimh eile, cé go luann an Cadhnach fathach litríochta ar nós Tolstoi níor leor san mar nod do na scoláirí agus cé go luann sé tionchar duine eile de na hintleachtóirí a bhí go mór sa bhfaisean i lár na fichiú aoise, Teilhard de Chardin, ar an scéal áirithe seo, tugadh an chluas bhodhar dó ar an gcuma chéanna. Go deimhin, is léir nach é an scéal áirithe seo an chloch is mór ar an bpaidrín ag lucht critice. Ní bhadarálann cuid de na mórchriticeoirí in aon chor leis agus ní mhaífeadh aoinne gurb é rogha na coitiantachta ag an gcuid eile acu é. Uaireanta, is mó de pharafrása ná de chritic a fhaighimid:

> Baineann 'Sraith Eile ar Lár' macalla as 'Leathromadh na Cinneamhna' deich mbliana fichead roimhe, sa méid go bhfreagraíonn streachailt ainmhí do streacailt an duine. Déanann capall machnamh faoi dhaoirse a chine ó tháinig siad faoi chuing an déchosaigh. Cé go raibh capaill cúl le cine ariamh, "níor dearmadadh aon tráth an tsaoirse, ná níor imigh sprid na saoirse". Tá cumannachas ag teacht anoir – "go mbeidh comhcheart ag chuile chapall … Beidh chuile chapall comhionann" – agus Críostaíocht réabhlóideach – "tiocfa an Sár-Chapall, an Capall Slánaithe" – iad araon ag tuar bua na gcapall ar an déchosach. Ar deireadh, éiríonn an capall amach agus cuireann a nádúr féin i ngníomh: "Ba chapall í …"[11]

'Pobal ar a thóir féin atá san fhabhalscéal 'Sraith Eile ar Lár', dar le Gearóid Denvir. Áitíonn sé gur as an mbéaloideas a fáisceadh é:

> Is léir, mar sin, go dtagann scéal Uí Chadhain le hintinn an bhéaloidis. Is éard a rinne an Cadhnach sa chás seo rud a d'fhéadfadh a bheith fíor de réir an bhéaloidis a thógáil agus a úsáid mar bhonn teilgthe dá scéal féin. Chuir sé leis an mbunchreideamh béaloideasúil d'fhonn scéal a chumadh faoin téama a bhí idir lámha aige, léargas ar chomhthionól atá ag iarraidh teacht ar mhíniú sásúil ar a saol agus a slánú féin a oibriú amach.[12]

Déantar plé cuimsitheach ar na cosúlachtaí idir é agus *Animal Farm* agus seo an léamh a dhéantar ar an gconclúid:

> Ní raibh ann ach brionglóid, dúil chráite i gcroí an chapaill. Chaithfeadh sí glacadh feasta le srianta an tsaoil agus a nádúir, agus is glacadh siombalach le seirbhe na fírinne sin a gníomh deiridh. 'Thit sí anuas ar a ceithre cosa. Ba chapall í ...'[13]

Tá an dá léamh san ar an gconclúid contrártha dá chéile agus aithníonn Ó Cathasaigh i nóta dá chuid:

> Mar a deir Denvir, (*Cadhain Aonair* 279, nóta 8) tá sé d'aidhm ag an scéal 'mian an duine chun na saoirse a chur in iúl', ach déanann sé míléamh air (175-6) ag ceapadh go dteipeann ar cheannairc an chapaill. Buaitear ar an déchosach, agus caithfidh sé 'síne síos chun na talúna ar na rúin diamhair sin ba dhaingne dhosháirithe ná slabhra agus ná stábla ar bith.'[14]

In ainneoin an dá léamh san gan a bheith ag teacht le chéile, freagraíonn siad ar bhealach sásúil go pointe áirithe, dhá cheann de na ceisteanna a chuireamar thuas: cad as agus canathaobh? Ach is i bhfad fós ó sprioc an scéil iad.

Mar le rud de, cén tábhacht a bhaineann leis an aidiacht 'eile' i dteideal an scéil, nuair gur sraith eile ar lár gach scéal acu ón gcéad scéal amach? Nó cén bhrí atá le 'eile' sa teideal 'Beirt Eile', an scéal dála an scéil, a roghnaíodh do *Gearrscéalta an Chéid*,[15] nuair nach bhfuil aon 'bheirt', aon 'chúpla' in aon teideal eile? Agus cad faoin gcúpláil eile sin san teideal 'An Beo agus an Críon' agus 'An Beo agus an Marbh? Is dóigh liom gur treisiú é ar bhunteachtaireacht na díomuaine agus ar fhorlámhas an bháis atá ann.

Rud eile, is as teangmháil an duine leis an gcapall a eascraíonn cuid de shaibhreas fíortha na Gaeilge: 'paidir chapaill a dhéanamh de scéal'; 'chuir sé stailc suas'; 'tháinig sé amach ar fad ón gcairt'; 'nuair a thagann an crú ar an dtairne'; 'cuir srian leat féin' gan trácht ar 'shrathar shiabhialtacht an Bhéarla'. Agus is léir go mba mhór ag an gCadhnach an capall mar shiombail den seanshaol pearsanta duineata atá díshealbhaithe anois ag 'innill agus meicneoirí, dúile eile, dúile neamhphearsanta', mar atá sa scéal cumasach eile sin 'Úr agus Críon':

> Ar dhumhach de chnocán fear-scáinte sa ngarraí ó dheas, an ceann ba ghaire don chladach, ba léar seanchapall chiardhubh sínte in aon chual amháin mangarae. Bhí a heasnachaí le comhaire ó cheann go ceann sa gconablach suaite. Cosúlacht cho tréigthe uirthi leis an gcurach. Ní bheadh a fhios ag duine nach marbh nó caillte a bhí sí, nó nach fráma a saoirsinníodh í, marach go scuabadh sí aniar a heireaball corr-uair leis na cuileogaí a chur di.[16]

Tá comhdhéanamh an scéil 'Sraith Eile ar Lár' soiléir go maith: cur i láthair oibiachtúil sa tríú pearsa atá san oscailt agus sa choncluid. Insint chéadphearsa atá i gcorp an scéil agus peirspictíocht eipiciúil faoi: réamhstair, nádúr … na gcapall agus is léir diminsean fáthchiallach, dála *Animal Farm*, abair, leis seo. Sin le rá go bhfuil an capall ag deireadh an scéil mar a bhí agus mar a raibh ag tús, agus gurb í an tsúil siar ó bhéal an chapaill, a fhaighimid i gcorp an scéil: leathanach go leith ina thús; dhá leathanach go leith ina dheireadh; agus sé leathanach déag ina lár.

Ba dhóigh leat go raibh an Cadhnach féin ar a mhine ghéire an léitheoir a dhíriú ar bhrí an scéil:

> Dúirt léirmheastóir i dtaobh scéal an chapaill sa *tSraith* gurb as anáil Freud a tháinig sé. B'fhéidir é, ach níl mé féin cinnte … Má chua duine ar bith i gcion ar scéal úd an chapaill ba é Teilhard de Chardin é sílim. Ní i ngeall ar gur faisean é de Chardin faoi láthair atá mé tar éis é a léamh … Is filíocht atá aige, úire, oirearcas, draíocht na filíocht, agus ní fírinne údarásach. Is é Teilhard de Chardin oidhre Freud agus a mhacasamhail eile.[17]

Glacaim leis gurb é saothar mór De Chardin agus gurb é an leagan Béarla de, *The Phenomenon of Man*,[18] an fhoinse atá i gceist ag an gCadhnach. Máisea, tharlódh gurb é an sliocht seo a shíolraigh bunsmaoineamh an scéil aige:

> … the whole metamorphosis leading to man depends on the question of a better brain … If the creature from which man issued had not been a biped, his hands would not have been free in time to release the jaws from their prehensile function, and the thick band of maxillary muscles which had imprisoned the cranium could not have been relaxed. It is thanks to two-footedness freeing the hands that the brain was able to grow; and thanks to this too, that the eyes, brought closer together on the diminished face, were able to converge and fix on what the hands held and brought before them – the very gesture which formed the external counterpart of reflection.[19]

Sin é déchosach an Chadhnaigh 'in a sheasamh suas díreach in a ghallán ar dhá chois agus a d'fhéad an dá chois eile a inliú ar a rogha caoi.'[20] An déchosach arb iad na súile aige 'foilsiú ar thomhas eile, ar dhúil eile, ar de a bhí a bhua agus nach dá déchosachas'.[21]

'Sé deireadh an phróiseas éabhlóidithe seo go léir ná an *noosphere* dar le de Chardin. Mar seo a mhíníonn sé é:

> A glow ripples outward from the first spark of conscious reflection. The point of ignition grows larger. The fire spreads in ever widening circles till finally the whole planet is covered with incandescence … In other words, outside and above the biosphere there is the noosphere … Among all the stages successively crossed by evolution, the birth of thought comes directly after, and is the only thing comparable in order of grandeur to, the condensation of the terrestrial chemism or the advent of life itself … And even today to a Martian capable of analysing sidereal radiations psychically no less than physically, the first characteristic of our planet would be, not the blue of the seas or the green of the forests, but the phosphorescence of thought.[22]

Níl aon mhíniú sásúil eile, ní shílim, agus ní théann an Cadhnach féin thairis an 'sílim' sin, don chur síos ag tús an scéil ar an ngréasán sin den chuimhne chomónta:

> Ní raibh an capall i n-ann a rá léi féin nach cuimhne a bhí aici. Ba dhóigh léi go mba ea. Ní raibh sí i n-ann a rá gur len a cloigeann féin a bhain a raibh ar siúl in a cloigeann anois, seachas le cloigne capall eile freisin. Ná gur leis na capaill a raibh aithne aici orthu é, a bhí ag dul timpeall anois. Ní raibh sí cinnte go raibh cloigne ná cuimhne capall inroinnte. In aon ollchloigeann amháin, in aon smaoine, in aon chuimhne chomhchoitianta amháin a shamhalaigh sí é. Chonaic sí uaithi in a súil mhór chapaill, capall síoraí,

capall a bhí ann i gcónaí siar go dtí an chéad chapall. Ba dhoiligh léi a méin chapaill féin a idirdhealú ó chapaill eile, nó ón gcapall buan sin.[23]

Sin a bhfuil de chomaoin ag de Chardin air, áfach, sa phointe tosaithe seo amháin, agus murab ionann agus an comóradh a dhéantar ar éabhlóid na hintinne chun feabhais i dtreo Omega in *The Phenomenon of Man* a mhalairt ar fad atá i gceist i scéal an Chadhnaigh: in ionad gluaiseachta i dtreo na foirfeachta sleamhnaítear chun barbarthachta, agus déantar cáineadh binbeach ar chruálacht an duine in ionad uaisleacht a chumas machnaimh a mhóradh. Ba mhaith mar d'aithin an Ríordánach bunmhianach seo an scéil agus bhreac nótaí cuimsitheacha mar leanas ina thaobh:

'Sraith Eile ar Lár'
Gulliver's Travels: 'A Voyage to the Country of the Houyhnhnms – in most herds there was a sort of ruling Yahoo' …
77 Teacht an Déchosaigh … an rud ab aistí uile ní ceathairchosach a bhí ann … leis síos a bhí an dá chois eile (cf. Swift agus herd) …
80 Ní raibh cead ag na staileannaí clocha ná slata a chéile a dhíthiú feasta (d'oir an daoirse) …
81 súile agus spiairí an déchosaigh i ngach áit (Troid na saoirse in Éirinn fa ghné capaill) …
88 Bráitheachas rúnda na gCapall .i. I.R.B. na gCapall. Tá siad fé mhionna agus is é a n-aonchuspóir praiseach a dhéanamh de bhléin an déchosaigh ó liath go leanbh agus an leanbh go háirid.
90 ag breathnú orm féin san uisce (na seoiníní ag aithris ar an déchosach)
91 Aicmí ar leith capall atá drochmheasúil leatromach ar a chéile a chothú (Divide and Conquer)
93 Aigne na Gaeltachta ag rá rud Galltachta

> Tá an Raibiléiseachas ag gabháil trí shaothar Uí Cadhain ar fad agus is deacair blúirí beaga iomlán den sórt san a phiocadh amach. 'Sraith Eile ar Lár'. Rat-race na gCapall. Na staileanna ag díothú, ag damáistiú baill ghiniúna a chéile – ag cur a chéile ó mhaith. Fíochmhaireacht, brúidiúlacht, míthrócaire an Rí-Stail a imríodh a toil mar ba roghain léi.[24]

Liostálann an Ríordánach na scríbhneoirí móra raibiléiseacha, dar leis, mar leanas: Shakespeare, Cervantes, Rabelais, Ó Cadhain. Agus ar eagla na míthuisceana, nó leis an míthuiscint a bhí ar dhaoine a cheartú, is mar seo a mhíníonn sé an téarma i litir chuig an *Irish Press*:

> Garbhach,
> Inis Carra,
> Co. Chorcaí.
> 4/2/69
>
> The Editor,
> *The Irish Press*
> … The qualities which I consider to be Rabelaisian and which are shared, I think, by all Rabelaisian writers, including Ó Cadhain, to a lesser or a greater extent, go to make the type of genius which is satiric, averse to philosophising, immensely learned, suspicious of enthusiasms and causes, and unlyrical, perhaps anti-lyrical.

Is maith mar d'aithin an Ríordánach an aoir raibiléiseach anseo ar shotal intleachtúil an duine agus is maith mar a thugann an chomparáid le Swift é sin amach.

Caibidil a ceathair de Gulliver's Travels[25] atá i gceist le 'A Voyage to the Country of the Houyhnhnms'. Mar seo a mhínítear na háitreabhóirí:

> The Word Houyhnhnm in their Tongue, signifies a Horse; and in its Etymology, the Perfection of Nature.[26]

Tá an Yahoo, an déchosach, ar an láimh eile:

> cunning, malicious, treacherous and revengeful. They are strong and hardy, but of a cowardly Spirit, and by Consequence insolent, abject, and cruel.[27]

Díreach faoi mar atá i scéal an Chadhnaigh go ndéantar na staileanna a choilleadh d'fhonn a gceansaithe, seo mar a bhí ag Swift:

> It put me to the Pains of many Circumlocutions to give my Master a right Idea of what I spoke; for their Language doth not abound in Variety of Words, because their Wants and Passions are fewer than among us. But it is impossible to express his noble Resentment at our savage Treatment of the Houyhnhnm Race; particularly after I had explained the Manner and Use of Castrating Horses among us, to hinder them from propagating their Kind, and to render them more servile. He said, if it were possible there could be any Country where Yahoos alone were endued with Reason, they certainly must be the governing Animal, because Reason will in Time always prevail against Brutal Strength.[28]

Agus seo mar atá ag an gCadhnach:

> Shíl stail óg fhuiliúil, Rí-Sheadaire na Groighe, éiriú ar a dhá cois deire agus fanacht amhala ag aithris ar an déchosach. Ba é an chéad ghníomh eile ag na déchosaigh é, scian dhá fhad mo choise, a chur glan eascartha thrí na magairlí ag an stail óg agus d'fhága sin ceannfoirt na

> groighe as láthar. Buaileadh muid, ghabh na déchosaigh fre chéile mar chreach muid agus d'fhuadaigh leo chun daoirse muid.[29]

Ba dhóigh le duine réasúnta gur mar sin a bheadh. Ach ní mar a shíltear a bhítear agus is léir ón litir mhínithe a chuir Swift lena shaothar gur chuige sin an aoir aige:

> But, as my sole Intention was the PUBLIC GOOD, I cannot be altogether disappointed. For, who can read of the Virtues I have mentioned in the glorious *Houyhnhnms,* without being ashamed of his own Vices, when he considers himself as the reasoning, governing Animal of his Country?[30]

Braitheann éifeacht na haoire ar an bpeirspictíocht nua droim ar ais seo a chuireann ar Gulliver gach rud a mhíniú agus a léiriú as an nua ar bhealach scanrúil. Cuireann an Cadhnach chuige bonn a bhaint den siúráltacht dhaonna trína chur orainn an uile ní a cheistiú, a shainmhíniú agus d'ainmniú as an nua. 'Déchosach', ainmhí barbartha, allta, aduain, seachas 'duine' atá againn, ach go dtugtar 'fear spéacláireach' uair amháin air i dtreo dheireadh an scéil.[31] D'fhonn brúidiúlacht an duine agus braighdeanas an chapaill a thabhairt amach leantar de théarmaíocht seo na daoirseachta:

Dhá fhonsa mhóra chruinne adhmaid a bheadh ag síorchasa faoin mbosca = rothanna;[32]
Cineál bosca a mbíodh sé ag troid as = carabad;[33]
Ag sceana na talún le inneall iarainn = ag treabhadh;[34]
Bothán broghach an iarainn chapaill = an chárta.[35]

Áitíonn scoláirí Rúiseacha ar nós Tomashevsky[36] gur sampla cruthanta d'aduainiú, nó díghnáthú, (*ostrananie*), nó *defamiliar-*

ization mar a thugtar air sa Bhéarla, atá sa mhalartú rólanna in *Gulliver's Travels.* Agus maíonn Sklovskij[37] go n-úsáideann Tolstoi an teicníocht seo d'fhonn spior spear a dhéanamh den stádas a thugtar don tsibhialtacht thar an nádúr. Sa chomhthéacs seo tagraíonn sé don scéal 'Xolstomer', reacairecht sa chéad phearsa, ó bhéal an chapaill, agus is trína shúile siúd ó lasmuigh a scrúdaítear iompar agus luachanna an duine. Agus áitíonn scoláirí eile fós go mb'fhéidir gur ó Tosltoi a fuair Orwell an inspioráid do *Animal Farm.*

Sa léirmheas cumasach aige ar *An tSraith ar Lár* ba mhaith mar d'aithin Críostóir Mac Aonghusa an chosúlacht idir scéal Uí Chadhain agus scéal Tolstoi:

> Agus tá scéal aige faoi chapall agus ar ndóigh, tá scéal ag Tolstoi faoi chapall.[38]

Níl an ceart aige áfach nuair a deir sé nach bhfuil 'gaol ná dáimh ag an dá chapall le chéile', óir tá cosúlachtaí móra stíle idir an dá iarracht. Osclaítear agus dúntar an dá scéal le hinsint sa tríú pearsa agus corp an scéil istigh ó bhéal an chapaill. Mar seo a thosnaíonn capall Tolstoi ag smaoineamh ar a staid féin:

> Thosnaíos ag smaoineamh ar thréithe an chine aisteach sin a bhfuilimid ceangailte leo ar a dtugaimid daoine – na tréithe sin ba chúis leis an stad ina rabhas ach nár thuigeas.[39]

Tá an aoir shóisialta ar an ndream buirgéiseach go láidir sa dá scéal chomh maith: ar mháistir ceanndána na rásaíochta agus ar an éirí in airde a bhain lena nósanna galánta ag Tolstoi: an mhí-úsáid bharbartha ar mhaithe lena phléisiúr féin a bhaineann an déchosach barbartha as ainmhithe uaisle. Ar an gcuma chéanna faigheann an duine lascadh binbeach de reitric an Chadhnaigh as mí-úsáid an chapaill:

> Ach bhí sé dona go leor ag an déchosach beithíoch an ualaigh a dhéanamh dhínn, a spailpín cogaíocht agus sclábhaíocht féin. Eisean an rí, an t-uasal, chaithfeadh sé crosáin, magadóirí, glamairí, a bheith aige, mar níl caitheamh a lóin ann gan anlann siamsa. Muide a bhí in ar ndíol gáirí, in ar mbothae, in ar muga maga aige: ag fiach an tsionnaigh dhó, beithíoch nach é an oiread sin seanriaráistí atá againn len íoc leis; ag cur faoi deara dhúinn óinmhidí sorcais a dhéanamh dhínn féin le bheith in ar n-ábhar gáirí aige; muid a chur amach go scláradh tarbh díbhirceach muid, i riocht is go bhféadfadh an déchosach an dórta fola is aoibhinn leis a fheiceáil. Bhí na nithe sin cuíúil go leor don mhada nó d'asail b'fhéidir, ach na beithígh is muide atá in íomhá an Chapaill Shlánaithe! Agus ansin muid a chur ag coimhlint siúil lena chéile! … Tá sé ar siúl fós sa darna leath den fichiú aois![40]

Sa dá scéal níl dabht ná gur leis an gcapall atá bá an léitheora a bhuíochas sin don reacaireacht chéad phearsa agus tagann an Cadhnach i dtír air seo d'fhonn teachtaireacht lárnach an scéil a chur abhaile orainn. Mar seo atá:

> An chéad rud eile a chaithfeas a bheith ag an sibhialtóir saothar fóinteach, rud is ionann agus saothar táir, don bheithíoch atá sé a dhéanamh sibhialta …. Fuair sé feisteas leathair le cur anuas faoin ar ndroim – tuille meáchain orainn – mar shocúl dó féin …. D'fhoirbhigh sé an rópa cinn … An tSrian a thugas muide air … Líon sé ar mbéal le daba mór dhe – an bhéalbhach a thugas muide air sin – … Fuair sé camalóid iarainn – is é comaoin an iarainn uilig atá aige orainn – le cur ar ar gcrúba. Crú a thugas muide ar sin. Is cinnte go gcosnaíonn an t-iarann sin ar gcrúba ar na cosáin ghéara chloiche atá déanta aige ó chuir sé faoi dhaoirse muid. Ach marach muide a chur faoi dhaoirse, faoi mháistireacht dó, níor chall dó na cosáin sin a

> dhéanamh ná a bheith aige ariamh, agus marach go bhfuil na cosáin ann níor call an t-iarann crúba. Chaith muid saoirse na gcianta mílte bliain dhá uireasa.[41]

Ní hé an seanfhreagra in aghaidh shibhialú lucht coilínteachta is tábhachtaí anseo, bíodh is go bhfuil san i gceist ann, ach teachtaireacht i bhfad níos réabhlóidí a thugann dúshlán theagasc morálta an iarthair ó aimsir Phlatóin i leith: comóradh ar dhúil bheo an nádúir, saor ó chuing agus ó cheangal cúng na moráltachta agus na sibhialtachta. Ó ré na sean-Ghréige i leith is ag an anam agus ag an intleacht a bhí an cheannasaíocht. Sa *Phaedrus* maíonn Platón go bhfuil an t-anam ina mháistir ar an gcorp, faoi mar a bhíonn an marcach ina mháistir ar an gcapall. Samhail lárnach de chuid Naomh Aguistín ina dhiaidh sin é mar mhíniú mar léiriú ar mháistreacht an anama ar an gcorp agus macallaíonn an tsamhail síos trí stair na cráifeachta go dtí an seachtú haois déag, mar a bhfaighimid sa sampla seo a leanas ó *Phárlaimint na mBan*:

> An té bheirios ar bhéal ar chapall stiúrann sé é mar is maith leis. Sin mar stiúrann an diabhal an craosach. Cuirimid srianta a mbéal na ccapull chun iad do bheith a n-oireamhuin dúinn. Cuirmís mar an ccéadna srian lé craos 7 lé hanmhianna na colla.[42]

Deintear an tsamhail a fhorbairt ina fhabhalscéal morálta sa dán cráifeach 'Cuir srian rem chorp, a Choimdhe', mar a mbaintear úsáid as gléasra na capallachta leis an dteagasc a iompar:

> Béalbhach trom don trócuire …
> Smeigiall d'aithrighe …
> Díolait shocair do ghrádh ghlan …
> Tiarach do dhóchas daingean …
> Uchtach dot fhírinne féin …
> Creasa crábhaidh is creidimh …[43]

A mhalairt ar fad atá i gceist leis an dtrealamh seo go léir i scéal an Chadhnaigh: b'áil leis srathar na sibhialtachta seo go léir a chur de agus imeacht le nádúr:

> Bhuail an capall a dhá cois tosaigh faoin talamh cho ropanta sin is gur bhain na cruite tine chreasa as cloch den bhóthar. Tháinig solas ní b'fhiáine ná an tine chreasa in a súile a bhí ag grinniú isteach thar an maolbhearna … Bhioraigh sí a cluasa … Saighdiúr ag coinneáil a láimhe ardaithe i modh umhalú. Nó ar cluais a bhí uirthi ag iarra teachtaireacht a chloisteáil ó áit i bhfad ó láthair, ó uair i bhfad ó láthair? … An t-aon rud a bhí ina ceann – ní raibh a fhios ar smaoine nó cuimhne é, ach go cinnte níor bhrionglóidí é – a bheith imithe ó ghliogar na slabhraí, ón leathar, ón bpúicín, ón mbosca, ón déchosach. Bhí a himeacht cho foréigneach sin is go mba gheall le aonad comhchorparaithe a bhí ann idir chapall, bhosca agus eile, aon dúil bheo thine-chreasach amháin … Bhí an fear spéacláireach tar éis éiriú le mála lán as éadan an phoill an tráth ar thosaigh an scaoll.[44]

Tá mórán Éireann macallaí anseo a bhaineann le saoirse is le réabhlóid, le nádúr is le briseadh an dúchais. Tá macallaí ón dá scéal thábhachtacha san de chuid Uí Fhlatharta: 'Bás na Bó' agus 'Teangbháil'; agus tá raidiciúlacht Levi-Strauss faoi uaisleacht an phrimitíveachais. D'fhág meán na fabhalscéal-aíochta, teicníocht na haduaine agus an tearmann a fuair sé i gColáiste na Tríonóide, saor ó bhagairt eaglaise agus stáit, ar chumas an Chadhnaigh friotal a chur ar an scáthánaíocht seo aige ar chúrsaí na hintinne, nó cúrsaí eipistéimeolaíochta, faoi mar ba chirte a rá. Tharlódh, cé ná deir sé é, gur luachanna sin-seartha den tsórt sin atá i gceist ag an Ríordánach nuair a thuair-imíonn sé gurb é atá anseo againn ná aigne na Gaeltachta ag rá rud Galltachta. Máisea, sí aigne na Galltachta aigne an *homo sapiens* sin atá i mbraighdeanas ag an réasún. Níorbh é an Cadhnach an chéad ollamh i gColáiste na Tríonóide a chuir traidsiún na fealsúnachta tóin thar cheann le teagasc raidiceach mar seo. Dhein George Berkeley lena *esse est percipi* é agus mhaígh fear Gaeltachta eile, Máirtín Ó Direáin, go raibh an ceart aige:

> Ach ó thosaigh na clocha glasa
> Ag dul i gcruth bríonglóide i m'aigne
> Níl a fhios agam, a Easpaig chóir,
> Nach tú féin a chuaigh ar an domhain
> Is nach iad na móir d'fhan le cladach.[45]

I measc na nótaí fánacha d'alt nó léacht dár teideal 'Foram don Scríbhneoir' in Aircív an Ríordánaigh tá an méid seo i dtaobh an Chadhnaigh:

> Uaireanta thuigfí duit ná fuil aon phlaosc uirthi [scríbhneoireacht Mháirtín] – go bhfuil an rud féin cruthaithe aige – nach aon saol laistiar dá chuid focal é – go bhfuil an saol dulta ins na focail ar chuma filíochta.
>
> Tá rud nua anso–cumarsáid – más cumarsáid é – de shaghas nua – gurb iad na focail féin – ins an bhfaisiún lena gcuirtear le chéile iad agus nach ins an domhan laistiar díobh atá an tábhacht. Pearsanaíonn na focail machnamh e.g. 'Fuíoll Fuine'.
>
> Cainteoir mór Ó C. líofa, dúchais, saibhir – ach nuair is mó a oibríonn a chuid scríbhneoireachta bíonn sé mar bheadh sé a d'iarraidh an teanga a mhúscailt nó pé intinn atá ag míogarnaigh inti a mhúscailt. Bíonn sé ag lorg rud seachas teanga sa teanga …[46]

Má thuigimse i gceart é 'sé tá i gceist ag an Ríordánach ná nach insint, ná aithris, ná caomhnú atá ar siúl ag an gCadhnach

ach cruthú, faoi mar a mhíníonn sé sa réamhrá cáiliúil le *Eireaball Spideoige,* nuair a thuair sé gurbh iad na scríbhneoirí a mhúsclódh an teanga. Dar ndóigh, is mar seo a bhí i gcónaí i gcás na mórscríbhneoirí, dar le hEliot, agus ní de ghlanseans é, déarfainn, gur cosúil gurb iad na seintimintí seo de chuid an Ríordánaigh faoin gCadhnach, an scríbhneoir ba mhó sa Ghaeilge, dar leis, atá mar phointe tosaithe ag Seán Ó Coileáin don dírbheathaisnéis liteartha is fearr a scríobhadh sa Ghaeilge riamh, mar atá, *Seán Ó Ríordáin: Beatha agus Saothar* (1982).

'Draíocht na filíocht agus ní fírinne údarásach' a luann an Cadhnach le pointe tosaithe an scéil seo aige ó Theilhard de Chardin, más fíor, agus is ag dréim le hiomas uileghabhálach seachas le hargóint intleachtúil atá an chonclúid, nach bhfuiltear ar aon intinn ina thaobh:

> Go deimhin ní raibh ann féin anois, fiú in a chosa arda díreach agus in a chosa aclaí, ach síne síos chun na talúna ar na rúin diamhar sin ba dhaingne dhosháraithe ná slabhra agus ná stábla ar bith. B'fhéidir gur brionglóidí eicínt, brionglóidí cianaosta a bhí san iomlán. Thit sí anuas ar a ceithre cosa. Ba chapall í ...[47]

Ghéill an Cadhnach do de Chardin a d'áitigh gurb iad na súile doras na hintinne agus bunchloch na tuisceana. As teagmháil idir súile an déchosaigh agus súile an chapaill umhlaíonn an déchosach go talamh i láthair na físe agus dearbhaítear an capall ina nádúr aiceanta. Níl aon oighre ar seo ach draíocht na filíochta ag an Ríordánach i gceann de na dánta móra fealsúnacha aige, nuair a impíonn sé: 'Gaibh i leith, arsa Turnbull, go bhfeicfidh tú an brón i súile an chapaill' – éachtaint dhiamhair na filíochta, nó, faoi mar a admhaíonn an Cadhnach féin faoi shaothar de Chardin: 'úire, oirearcas, draíocht na filíocht, agus ní fírinne údarásach.'

Nótaí

1. *An tSraith ar Lár,* Baile Átha Cliath 1967, 75. SL feasta.
2. Tá na sleachta ar fad de chuid an Ríordánaigh le fáil i measc a chuid páipéar, atá ar a gcoimeád i gColáiste na hOllscoile, Baile Átha Cliath. Féach faoi 'Ó Cadhain' in innéacs Mháire de Ghrás.
3. Baile Átha Cliath, 1987.
4. Baile Átha Cliath, 2002.
5. Baile Átha Cliath, 1991.
6. Baile Átha Cliath, 1969. PBPB feasta.
7. PBPB 30.
8. SL 49.
9. SL 55.
10. SL 27.
11. SL 247-8.
12. *Cadhan Aonair*, 279.
13. SL 175.
14. *Ag Samhlú Troda*, 253.
15. Denvir, G., agus A. Ní Dhonnchadha (eag.) Indreabhán, 2000.
16. SL 52.
17. PBPB 31-32.
18. London 1959.
19. *The Phenomenon of Man*, 170.
20. SL 79.
21. SL 82.
22. *The Phenomenon of Man*, 182-183.
23. SL 75-76.
24. Féach de Ghrás, op cit., faoi Swift.
25. *Gulliver's Travels,* Davies, Herbert (ed.), London 1965.
26. SL, 235.
27. SL 266.
28. SL 242.
29. SL 79.
30. *Gulliver's Travels*, 292.
31. SL 93.
32. SL 84.
33. SL 84.
34. SL 85.
35. SL 88.
36. Féach Tippett, Brian, *Gulliver's Travels*, 1989, 65.
37. Féach Erlich, Victor, *Russian Formalism*, Yale, 1965, 81.
38. *Comhar,* 1967, Nollaig, 26.
39. Aistriúchán liomsa ó 'Kholstromer: the Story of a Horse', in Norris (eag.), *Famous Russian Short Stories*, *ÁIT*, 1962.

40. SL 85-86.
41. SL 87-88.
42. Ó Cuív, Brian, *Párliament na mBan,* Baile Átha Cliath, 1952, 37-8.
43. Féach McKenna, Lambert, *Aithdioghluim Dána*, imleabhar 1, 1939, 307-9.
44. SL 93.
45. Féach, *Máirtín Ó Direáin: Dánta 1939-1979,* 121.
46. Féach de Ghrás, op. cit., faoi Ó Cadhain.
47. SL 95.

GAEILGE UÍ CHADHAIN[1]

Feargal Ó Béarra

'An uirnís liteartha is fearr a fuair mé ó mo mhuintir an chaint, caint thíriúil, caint chréúil, caint chraicneach a thosaíos ag damhsa orm scaití, ag gol orm scaití, de mo bhuíochas. Sí an cineál céanna í a thug Séamus Mhac Grianna leis. D'fhéach mé leis an locht atá dar liom ar an nGrianach a sheachaint. D'fhéach mé le mo chuid féin a spíona, a shlama agus a chíora, biseach beag a bheith i mo dhiaidh uirthi seachas mar fuair mé í.'[2]

Níl acht ná aimhreas ach gurb é Máirtín Ó Cadhain an scríbhneoir is mó, ón seachtú haois déag i leith, a d'fhág 'biseach beag' ina dhiaidh ar an nGaeilge. Creidim nach bhfuil aon scríbhneoir inchurtha leis maidir leis an tionchar a d'imir sé ar chumas na Gaeilge dul i ngleic le dáil na comhaimsire ó scríobh Seathrún Céitinn *Foras Feasa ar Éirinn* sa gcéad cheathrú den seachtú haois déag. Is é an scríbhneoir is mó é a d'fhéach leis an nGaeilge 'a scaga sa gcaoi go mbeidh chuile fhocal cruinn barrainneach, "*donner un sens plus pur aux mots de la tribu*", mar a dúirt Mallarmé, brí níos glaine a thabhairt do chaint na treibhe.'[3]

Is iad an dá cháil is mó a lean de Mháirtín Ó Cadhain le linn a bheo, agus a leanann de sa lá atá inniu ann chomh maith céanna, a cháil mar fhear cúise, agus a cháil mar scríbhneoir Gaeilge, Gaeilge arb í a deacracht, más fíor, a mórthréith.

Ach an oiread le cuid mhaith d'eachtraí a shaoil, bhain cuid mhaith seanchais le go leor dár scríobh an Cadhnach. Is é ráite go leor nach féidir *Cré na Cille* a léamh mar go bhfuil an Ghaeilge atá inti ródheacair. Ní aithníonn daoine go leor den chaint atá inti, nó má aithníonn féin, ní thuigeann siad í ó nach í a chleachtaíonn siad féin. B'fhéidir gurb é leithéid an léirmheasa úd le David Greene a chuir bréagcháil na deacrachta sin amach ar Ghaeilge Uí Chadhain: 'Nearly all of this book is in dialogue (which is just as well, considering the dreary fustian in which *Stoc na Cille* expresses itself at the beginning of each interlude) and *there are few pages without at least one word which is unfamiliar to me*.'[4] [Liomsa an bhéim.]

De dhéanta na fírinne, ó thaobh na Gaeilge de, ní bhaineann aon deacracht mhór, i ndáiríre, le *Cré na Cille* ná leis na gearrscéalta a chum an Cadhnach anuas go dtí 1953. Tá corr-shliocht in *Cré na Cille* atá casta, ach ar an iomlán, níl mórán ar bith inti nach dtuigfeadh cainteoir maith (a rugadh roimh 1960) a bhfuil Gaeilge Chonamara ó dhúchas aige. A chruthúnas seo an méid adúirt Breandán Ó hEithir:

> ... ach fós féin cloisfidh tú daoine a rá nach féidir le muintir na Gaeltachta an saothar seo [*Cré na Cille*] a léamh. Go gairid tar éis don leabhar a theacht amach thug mé mo chóip féin ar iasacht do bhean i mo bhaile féin Eochaill. As sin go ceann sé mhí shiúil an leabhar sin tithe as Eochaill, go Cabhrúch, go Baile na Creige, Fearann an Choirce agus siar go Baile na Seacht dTeampall. Chuaigh abairtí agus nathanna as sa chaint, agus, ar ndóigh mar adúirt an Cadhnach féin, bhí Tomás Taobh Istigh amháin ar a laghad i ngach baile a luaigh mé.[5]

Ní hí Gaeilge na Gaeltachta, ní áirím canúint Chois Fharraige, a bhí ag a bhformhór siúd a rinne léirmheas ar shaothar Uí Chadhain. Ba dhream iad lucht léirmheastóireachta na Gaeilge ag an am nár thuig 'an Ghaeilge chraicneach, an Ghaeilge nár chodail amuigh len a cnámha a strompa, a raibh bala na móna, an tinteáin, an phluid bharróige, an phoitín, uirthi ...'[6] Bhí léirmheastóireacht chriticiúil na Gaeilge ina seilbh siúd nárbh í an Ghaeilge a dteanga dhúchais, dream nár chleacht agus nár thuig fíorfhriotal na Gaeilge ná comhthionól Uí Chadhain, scéal nár athraigh mórán ó shin faraor.

Bhí mórbhua sin an duine Gaeltachta – bua na cainte – go smior sa gCadhnach: 'Bhí an-chumas comhrá aige i chuile rud dár scríobh sé; é in ann beirt nó níos mó ná sin a chur ag comhrá in áit ar bith go nádúrtha. Ní mór do scríbhneoir an comhrá a thionscaint agus cruth na fírinne a bheith air freisin. Bhí an cumas sin sa gCadhnach. Ina cheann sin, bhí féith an ghrinn ann, an greann sin a bhíonn sa bhfear Gaeltachta agus atá in ann báire grinn a chur le leathfhocal fánach féin.'[7]

Ba é easpa tuisceana lucht léirmheastóireachta agus ollscoile ar chaint bheo na Gaeltachta (ó nach í a chleacht siad féin) ba chúis, cuid mhaith, dar liomsa, leis an mí-léamh a rinneadh ar Ghaeilge Uí Chadhain. Is beag duine de bhunadh Gaeltachta a bhí (nó atá, go deimhin) ag gabháil do léann ná do léirmheas na Gaeilge, rud a d'fhág gur beag duine den aos léinn a bhí inniúil ar bhreithiúnas ceart a thabhairt ar a shaothar.

Ní dóigh liom gur thuig Daniel Corkery, mar shampla, a raibh i gceist ag an gCadhnach leis an bprós liteartha a chuir sé i mbéal Stoc na Cille ós rud é go ndeir Corkery gur chuid í sin 'nach ceart a bheith [in *Cré na Cille*] in aon chor'.[8] Deir sé: 'Samhlaítear dom ná fuil á dhéanamh ag an údar sna píosaí sin ach iarracht ar chúlráid rómánsach Ghallda a cheapadh d'fhonn an saothar go léir a mhóradh agus a dhéanamh domhain.' Is dóigh liom go raibh Corkery ag dul amú go mór. B'fhéidir *do bhunús* na samhlaíochta dar di an íomhá atá i gcuid de chaint an Stoic a bheith 'gallda' ach ní féidir sin a rá *faoin gcaint* a cuireadh i mbéal an Stoic. A leithéid seo mar shampla: 'Is seol dó an bruscar crannaí ar ar dhréim aislingeachaí an té údan a chuingrigh a charbad don réalt is gleoraí i mbuaic Nimhe, nó a bhain crobhaing den toradh is teiriúla sa duibheagán is doimhne' (*Cré na Cille* 142). Má bhí caint Stoc na Cille 'gallda', bhí sí gallda mar nach bhfacthas a leithéid sa Nua-Ghaeilge roimhe sin. Má bhí sí gallda, bhí sí gallda sa gciall 'coimhthíoch, nua' seachas sa gciall 'sasanach, neamhéireannach'. Bhí sí gallda mar go mba rud úr a bhí ann – friotal nua Uí Chadhain, friotal an té a thug suntas 'den chumas amhra sin a bhí sa nGaeilge chun samhaileanna a chumadh le comhfhocla: dos-chubhrach, solas-thiobraid, fon sreith sneacht-ghloin, agus rl' agus a shantaigh 'na bealaigh cainte sin nar [*sic*] mhiste do Ghaeilge an lae inniu níos mó aithri[s] a dhéanamh orthu', múnlaí ar nós 'iarna shilleadh dhó; a gcomhmaiseach do lánamhain, agus rl.'[9]

Feictear dom gur deas mar a chuir Tom Phaddy Mac Diarmada, go ndéana Dia trócaire air, síos ar shaothar agus ar Ghaeilge Uí Chadhain, cur síos nach dtiocfadh le haos léirmheasa a dhéanamh go brách ar an gcaoi a raibh sé i gceist ag Tom: 'Mura ndéanfaidh tú ach a ghoil síos bóithrín an Chnocán Glas [*sic*] agus féachaint uait soir agus siar, tá *Cois Caoláire* léite agat. Mar a chéile, má théann tú síos taobh thiar de dhá sheanbhean ar bhus Leitir Mealláin i nGaillimh, agus cluais le éisteacht a chuir ort, tá *Cré na Cille* léite aige chúns atá an bus thiar.'[10]

Scríbhneoir a bhí sa gCadhnach a bhí in ann 'an Ghaeilge a lúbadh agus a chlaonadh agus a athchumadh chun a thola.'[11] Ach ní hionann sin agus a rá gur chuir an Cadhnach roimhe saothar a scríobh a bheadh casta ar mhaithe leis an gcastacht ná doiléir ar mhaithe leis an doiléire. Is cuid de mhiotaseolaíocht na Gaeilge an chastacht seo – miotaseolaíocht lucht léirmheasa – agus is ceart deireadh a chur léi. Nach ndúirt sé féin: 'Tá cuid de lucht na Gaeilge tugtha do bhuanna liteartha a fhionnachtain in gach giota seanda scríbhneoireachta. Is minic nach mbíonn d'fháth leis seo ach luiteamas leis an tseandacht. Tugtar an cor neamhghnáthach san leagan faoi deara, agus moltar an leagan i ngeall ar an gcor sin. Is iondúil, daile, nach mbíonn *i gcoranna neamhghnáthacha* den tsórt sin ach máchail mhíofara a chuireas *an chiall chun doilléire i dteannta tuitim na cainte a chur as a riocht*.'[12] [Liomsa an bhéim.]

In áit eile, dúirt sé: 'Déarfainn go mbeadh Niall [Ó Domhnaill] chomh tuirseach céanna liom féin den chineál duine a théas ag tochailt i ngach canúint agus a thugas leis na rudaí arbh fhearrde gach canúint iad a bheith básaithe.'[13]

Is fiú a ndúirt Flann Mac an tSaoir (.i. Tomás Ó Floinn) ina dtaobh siúd a lochtódh an Cadhnach as cruas a chuid Gaeilge a lua anseo: 'Is tomhas agus meádh a leithéid sin ní hea ar a dhoiléire atá scríbhneoireacht an údair ach ar aineolas an léitheora ar an teangain Ghaeilge, ar a ainchleachtaithe atá sé an Ghaeilge a léamh ná a scríobhadh ná a chloisint ná a labhairt. Nach é is brí le athbheochaint na Gaeilge gach nath agus focal agus cor cainte agus tagairt agus leathagairt atá imithe i léig nó faoi thalamh a athmhúscailt, más oiriúnach dár gcás é!'[14] Ba é breith Chríostóir Mhic Aonghusa: 'An mhuintir a deir gur Gaeilge dheacair dhothuigthe a scríobos [*sic*] Mac Uí Chadhain is dream iad a d'fhág Gaeilge na tíre nó cuid mhaith dhi ina ndiaidh. *Tá Gaeilgeóirí sa nGaeltacht atá chuile orlach chomh líofa leis*.[15] [Liomsa an bhéim.] Ach tá an difear seo idir an fear seo agus Gaeilgeóirí eile. Tá litríocht na Gaeilge meabhraithe meáite aige, ionnús [*sic*] an rud a thigeas óna pheann féin go bhfuil sé chomh dúchasach leis an gcéachta Ghaelach.'[16]

Áitím, mar sin, gur easpa tuisceana ar chaint bheo na Gaeltachta ba chúis cuid mhaith leis an mbréagcháil a chuaigh amach ar Ghaeilge Uí Chadhain mar gur faoi lucht léirmheastóireachta nárbh í an Ghaeilge a dteanga dhúchais a fágadh an saothar a mheas. Luíodh sé le reason nár mhór don té ar mian leis saothar Uí Chadhain a thuiscint *i gceart* sárthuiscint a bheith aige ar chaint na muintire, sin é le rá caint na Gaeltachta mar a bhí sí sa gcéad leath den aois seo caite. Ní gá a rá nach tuiscint ar chaint go tuiscint ar shochaí agus ar shlí bheatha lucht a labhartha. Ach ar ndóigh, ní leor sin d'airm theanga lena shaothar a léamh agus a thuiscint. Le hais an eolais seo ar an nGaeilge mar a bhí sí á labhairt ag bunáite na ndaoine sa gcéad leath den aois seo caite, teastaíonn eolas ar an nGaeilge sheanbheo, an Ghaeilge eile sin ab ansa leis an gCadhnach agus a mbeidh trácht agam uirthi ar baillín. Teastaíonn beagán eolais freisin ar Ghaeilge na seanlitríochta .i. an tSean-Ghaeilge, an Mheán-Ghaeilge, an Nua-Ghaeilge Mhoch agus Chlaisiceach. Lena chois sin uilig, d'fheilfeadh do dhuine eolas a bheith aige ar Ghaeilge na gcanúintí, go háirithe ar chanúintí Chonnacht. Airm iad sin a theastaíonn le tuiscint chruinn bharrainneach a fháil ar an méid a bhí i gceist go díreach ag an gCadhnach, le teacht ar an athchiall a bhain le focal ar bith dár úsáid sé ina shaothar.

*****

Is minic ag smaoineamh mé ar an rud a spreag an Cadhnach leis an bhfriotal uathúil a bhí aige a chruthú. Meas tú nach raibh rud eicínt – seachas dúil sa scríbhneoireacht – a ghríosaigh an Cadhnach óg chun pinn? Creidim féin gurb é a leagan amach polaitiúil i dteannta a thuisceana ar ar éirigh do mhuintir na Gaeltachta, dá mhuintir féin, ó aimsir Chromail i leith, ba chúis (más go neamh-chomhfhiosach féin) leis an iarracht a rinne sé meán úr a chruthú sa nGaeilge. Cé nach féidir a bhfuil á mholadh agam a chruthú, scaoilfidh mé amach agaibh é mar sin féin.

Smaoiním ar an anchaoi a raibh muintir na Gaeltachta agus ar an gcrácamas croí a d'fhulaing an Cadhnach ar feadh a shaoil agus é ag lorg an Chirt dóibh. Smaoiním ar an rud adúirt Eoghan Ó Tuairisc faoi fhilleadh an Chadhnaigh ar Chonamara i 1926: '... he was shocked by what he saw. After the long struggle for Independence and the neurotic civil war which followed, the new Irish Government was wholly unable to supply the dynamic thinking necessary to save the Cois Fharraige 'American Strip' and all the other Irish-speaking strips from North to South along the Atlantic coast. They would have preferred to forget their existence. But O Cadhain [*sic*] was not the forgetting type.'[17]

Smaoiním ar an gcion a bhí aige ar a mhuintir féin, dream a bhí cloíte cuibhrithe sa saorstát gallda a d'fhéach le claí na muice duibhe a chur thart orthu. Is dócha gur thuig sé an tsáinn agus an gábh ina raibh muintir na Gaeltachta, oidhrí dlisteanacha aos léinn an tseanreachta óir is mar sin, cheapfainn, ab fhacthas don Chadhnach lucht seanchais is scéalaíochta, na filí tuaithe, agus aos léinn eile sin an bhéil bheo. Smaoiním gurb í 'teanga na muintire a shlánós an mhuintir.'[18] Cé gur iomaí ciall a bhainfí as an nathán sin (ciall pholaitiúil thar aon chiall eile, seans), creidim go mba chuid den chiallú sin aigesean go mbeadh an teanga *mar uirlis liteartha* ina cuid den slánú sin.

Cuimhnigh gurb é réimeas Shasana a bhí ar fud na hÉireann nuair a bhí an Cadhnach ag dul chun na scoile. Níorbh é léamh agus scríobh na Gaeilge ach an Bhéarla a bhí ag bunáite na ndaoine a fuair scolaíocht ag an am. Bhí an Cadhnach ar dhuine acu sin ar éirigh leo léamh agus scríobh na Gaeilge a fhoghlaim agus éalú as an ngábh sin. Tá an-léargas le fáil ar an easpa litearthachta sa nGaeilge a bhíonn ar chainteoirí dúchais Gaeilge sa bpíosa seo a scríobh Aindrias Ó Gallchóir, fear de bhunadh na Gaeltachta, i 1970:

> With the possible exception, probable indeed, of the sons and daughters of schoolmasters, no man or woman from any Gaeltacht writes home in Irish. Not even from the schools. For decades past, since the preparatory colleges were established the weekly envelope home was carefully addressed in Irish and inside, the letter, in simple, halting English. It began with the generation that has just passed away. They went to school in the last decade of the nineteenth century and for the majority, when they left school the only language they could speak was Irish and the only way they could read or write in was in English. And the man who went to school in the 1920s now receives letters from his sons and daughters who went through school in the 1950s and it's still the same despite the fact that both father and child left school quite literate in Irish. If they both live in this country it would be unreal for them to converse in English; it would be equally unreal to write the letter in Irish'.[19]

Dúirt an Cadhnach féin: 'Ní raibh aon *tradition* liteartha sa límistéar se'againne cés moite de na filí tuaithe, dream atá ann fós. [...] D'fhoghlaim mo sheanathair le Gaeilge a léamh i scoil scairte agus í a scríobh i *script* barbartha a raibh leagan dhe i gCorcaigh féin sa gcéad seo caite.'[20] Deir sé linn freisin i dtaobh an fhir chéanna, Seán 'ac Confhaola, athair a mháthar:

> Duine diaganta a bhí ann. Duine aisteach ar a bhealach féin. D'fhoghlaim sé le Gaeilge a léamh agus a scríobh i scoil fáil ... í a scríobh, i litriú barbartha, mar a deirtear, agus i gcló Rómhánach. Bhí láimhscríbhneoireacht álainn aige, agus churtaí bord amach i lár an tí nuair a bhíodh sé ag scríobh litreachaí go Meiriceá … litreacha breá Béarla, chuig a mhuintir agus chuig triúr nó ceathair iníon leis, agus mac, a bhí i Meiriceá. […] Agus bhíodh leabhar […] bhí leabhar a d'fheicfinn a léamh é. Fuair mé amach ina dhiaidh sin go mba iad *Seanmóirí Uí Ghallchóir* ... an Dochtúir Uí Ghallchóir a bhí inti.[21]

Ach ina dhiaidh sin féin agus uile, féach an rud adúirt Máirtín i dtaobh litearthacht sin a sheanathar: 'Ach ar éigin a thiúrfá *tradition* air sin.'[22]

Thuig sé an leanúnachas a bhain leis an traidisiún as ar fáisceadh é féin, traidisiún an bhéil bheo. Ag trácht dó ar na ceantair sin a raibh an Ghaeilge á tréigean iontu lena linn, deir sé gur '... chuala mé Gaeilge, Gaeilge chomh cumasach le aon Ghaeilge a tháinig anuas déarfainn, Gaeilge chomh cumasach le aon Ghaeilge atá scríofa sna leabhra, agus Gaeilge arbh oidhre díreach í ar an nGaeilge a cuireadh sna leabhra móra ar nós Leabhar na hUidhre agus Leabhar na Nua-Chongabhála agus mar sin ...'[23]

Tá leid le fáil maidir le dearcadh Uí Chadhain i leith na litearthachta, i leith na Gaeilge scríofa, i leith cheart na muintire ar a leithéid, sa bpíosa cáiliúil úd a scríobh sé faoi litríocht na Gaeilge, 'Tuige nach bhfuil Litríocht na Gaeilge ag fás?'[24] Féach gurb é an drochmheas a chaith sé orthu siúd a shíl go mba é an dea-rud é muintir na Gaeltachta a bheith 'slán ó thionchar na leabhar': 'Ba é mian croí na hIolscoile, an Institiúid, agus lucht Béaloideasa dá mbeadh naoi nó deich de chanúintí eile acu le bheith ag méiseáil ina dtimpeall. Chuirfeadh sé gliondar orthu freisin gan aon duine sna Gaeltachtaí a bheith i ndon scríobhadh ná léamh, nó gan iad a bheith i ndon a scríobhadh nó a léamh ach Béarla. D'fhágfadh sin go mbeadh a gcuid fuaimeanna, a gcuid focal, a gcuid gramadaí, a gcuid béaloideasa ar an íon-ghlaine is ionmhain leis an léann.'[25]

Is minic adeirtear gur beag rian de leagan amach polaitiúil Uí Chadhain atá le brath ar a chuid scríbhneoireachta, ach cá bhfios nárbh í an scríbhneoireacht féin mar uirlis, nó friotal na scríbh-neoireachta sin, rian a chuid polaitíochta ar a shaothar? Lena chur ar a mhalairt de chaoi, cá bhfios nárbh ionann ag an gCadhnach scríobh 'i dteanga arb é a cosúlacht go mbeidh sí básaithe roimhe féin'[26] mar adúirt sé i ndeireadh a shaoil, agus gníomh polaitiúil ar son na muintire sa teanga sin ba shlánú na muintire? Meas tú nár ghoill easpa an traidisiúin liteartha seo chomh mór air (ar an ábhar gur dhíspeagadh ar a mhuintir féin sin), gur leag sé roimhe tús a chur leis an traidisiún liteartha nua dá chuid féin an athuair?

Meas tú nár fhéach sé le friotal nua a chruthú a mbeadh sé le rá aige ina thaobh, faoi mar adúirt sé faoin nGaeilge féin: 'Is liom féin í, rud nach féidir liom a rá faoi mheán ar bith eile'?[27] Óir an rud ba leis an gCadhnach, ba lena mhuintir chomh maith céanna é. Meas tú nár fhéach sé le rud a thabhairt dá mhuintir agus d'Éirinn, rud nach raibh acu cheana le fada fiannach an lá?

Ba é tuairim Sheáin Uí Thuama go raibh rud amháin a dhealaigh an Cadhnach amach ó scríbhneoirí iomráiteacha eile: '... bhí cuspóir curtha roimhe aige ina shaol agus ina shaothar nach luaitear a leithéid, de ghnáth, le húdair mhórchlú na hEorpa: is é sin, an teanga a raibh sé ag scríobh inti – agus dá bhrí sin an náisiún dar de í – a thárrtháil ón duibheagán.'[28]

Is éard a chuir Máirtín Ó Cadhain roimhe, mar sin, a chuid

féin den 'uirnís liteartha is fearr' a fuair sé óna mhuintir, an chaint thíriúil, chréúil, chraicneach úd, 'a spíona, a shlama agus a chíora' agus biseach beag a bheith ina dhiaidh uirthi seachas mar fuair sé í.[29] Mar adúirt an Tuamach: 'Ní raibh aon duine eile in Éirinn a raibh eolas chomh hiomlán agus chomh scolártha aige ar a chanúint féin. Chomh maith bhí eolas fairsing aige ar chanúintí eile na Gaeilge, in Albain agus in Éirinn; agus bhí, ba dhóigh leat, gach rud ab fhiú a léamh sa Ghaeilge, ó nua go sean, léite aige. Ag tarraingt as na foinsí sin ar fad dó, mhúnlaigh sé dó féin stíl phróis a bhí ardaclaí uaireanta, agus tuathallach go maith uaireanta eile. Ach cibé lochtaí a bhí uirthi, ba stíl í i gcónaí a bhí mórthaibhseach scóipiúil paiseanta.'[30]

Má bhain gné pholaitiúil le cruthú an fhriotail nua seo ba bhun leis an an traidisiún liteartha nua seo, is cinnte gur bhain gné theanga leis chomh maith. Cé air a raibh an friotal úrnua seo bunaithe nó cén tuiscint ar dhúchas na Gaeilge ba bhun leis? Cén gaol a bhí le cruthú feasta idir Gaeilge na gcanúintí agus Gaeilge na seanlitríochta? Cé go ndúirt sé féin[31] gurb í 'mo chanúint féin mo fhriotal bunaidh scríbhneoireacht', is cinnte nach taobh le paróisteachas canúna a bhí úrfhriotal Uí Chadhain óir nárbh í a thabharfadh beatha ná slánú don Ghaeilge. Níor leor an Ghaeilge chanúnach leis an nGaeilge (is lucht a labhartha) a thabhairt slán: 'Is beag má scríobhadh ach Gaeilge chanúnach le leathchéad bliain. Is ar an scoth dhi a thugas muidne an Ghaeilge 'ghlan' inniu. Céard a thiúrfadh Lughaidh Ó Cléirigh, an Céitinneach, Flaithrí Ó Maolchonaire, Ó Bruadair, De Hendeberg, ar an scoth sin? Gaeilge thuatach: dramhaíoll.'[32]

Is maith a thuig Ó Cadhain an scéal: 'Cén chanúint a bhí ag Lughaidh Ó Cléirigh, ag Dubhaltach Mac Firbisigh [*sic*], ag Flann Mac Aodhagáin? Cén chanúint a bhí i *Seanmóirí Uí Ghallchobhair*, i d*Teagasc Criostaí* [*sic*] Mhic Éil? B'fhéidir gur "ag gleic fón easair fhalaimh" a bhí "Lughaidh Tadhg agus Torna" ach ní faoi Ghaeilge na Mumhan ná faoi Ghaeilge Uladh a bhí a n-iomarbhá. Bhíodar tuathúil gan a bheith tuatúil. Ba "coin go n-iomad bhfeasa" [*sic*] iad, gan fios ar bith faoin nGaeilge Bheo.'[33]

Deir an Tuamach nárbh 'aon dia beag aige caint na ndaoine, fiú amháin caint a cheantair féin. Ba ghá caint na ndaoine a úsáid, ar ndóigh, i gcomhrá cainteoirí dúchais; ach deimhníonn Ó Cadhain – agus an ceart aige – nach bhfuil sa chaint seo ar deireadh ach an bonn íogair ar a mbunófaí aon scríbhneoireacht shibhialta. Dá réir sin, tarlaíonn sé gurb é Ó Cadhain, thar scríbhneoirí eile na NuaGhaeilge, is mó a rinne gléas comhachtach so-lúbtha den teanga, gléas a fhéadfadh freastal ar mhothú agus ar mhachnamh na linne seo.'[34]

Tá eithne na hurlabhra úire seo le feiceáil sa méid seo a chuir sé i litir chuig Tomás Bairéad ar an 30 Márta 1944: 'Is mór an cás liom nach féidir Gaeilge *Acallaimh na Senórach* a scríobh inniu, nó nach dtuigfeadh mórán í dá scríobhtaí, agus is rímhór an feall, mar bhí scéimh uirthi. Ach ó tharla nach gar an rud sin a dhéanamh, feicthear dom nach bhfuil ann ach a dhul chomh gar di agus is féidir óna bhfuil fágtha den Ghaeilge atá againn.'[35]

Dúirt sé ina dhiaidh seo gur chuid den obair seo '... an Ghaeilge a scaga sa gcaoi go mbeidh chuile fhocal cruinn barr-ainneach, '*donner un sens plus pur aux mots de la tribu*', mar dúirt Mallarmé, brí níos glaine a thabhairt do chaint na treibhe.'[36]

Bhí gá lena leithéid ar an ábhar go mbíonn 'cuid mhaith focla doiléar don chainteoir dúchais féin. Ní mór don scríbhneoir a bheith i n-ann breathnú timpeall na gcoirnéil, siúl faoi gcuairt den fhocal. Ní cúrsa don fhile amháin é seo: féachaimse len a dhéanamh freisin.'[37]

Ba mhór é a dhóchas as an bhfriotal nua seo: 'Cuimhnigí gur meán úr í, agus gur féidir na fearta a dhéanamh léi a bhíos ar chumas an mheáin úir.'[38] Ba mhian leis, creidim, cumhacht an fhocail, agus údarás na cainte mar earra lena bhféadfaí nádúr an duine a chur i gcéill, an méid sin a shainiú agus a chinntiú ar bhealach nárbh ann dó riamh nó le fada, rud a thabharfadh údar mórtais agus misnigh arís don mhuintir.

*****

Ar cheann de chisil na cainte uilig ba chuid den fhriotal nua seo, bhí Gaeilge an bhéaloidis. Ba í Gaeilge an bhéaloidis an chéad bhia sa sliogán ag an gCadhnach óg. 'Bhí mé féin i n-ann na scéalta sin a inseacht ag éirí suas dhom. Ba iad an t-ábhar is túisce iad a d'fhéach mé le scríobh.'[39] Liodán faoin tráth seo againn é gurb as 'saol an bhéaloidis, saol nach raibh mórán athrú air le míle bliain anuas' a fáisceadh é.[40] 'As an gcineál seo saoil, saol an tseanscéil, an tsean-amhráin, an tsean-ghnáis, na pisreoige más áil leat' a múnlaíodh an Cadhnach óg, agus 'na céadta glúin Gael.'[41]

Mar a chonaiceamar thuas, ní raibh aon traidisiún liteartha sa gceantar: 'Níor léigh mé comic ariamh ná leabhar ar bith den chineál a d'fheicinn ag mo chomhaoiseachaí i mbaile mór na Gaillimhe an tráth sin féin. Ach tá mé cinnte gur mhó go mór an borra faoi mo shamhalaíocht na rudaí seo ar fad a luaim ná léitheoireacht mo chomhaoiseachaí cathaireach. Is cuimhneach liom daoine gan scoil gan foghlaim ag cur síos, go háirid ar thaibhsí agus ar sprideannaí, ar bhealach nach sáródh ach na scríbhneoirí is cumasaí, Dante nó Shakespeare, b'fhéidir.'[42]

Ag éirí suas dó ina ghasúr sa gcomhthionól fuinniúil fuinte[43] (mar a bhaist sé ar an *local organic community*), chaitheadh sé na hoícheanta ag dul sna tithe airneáin, ag éisteacht le fiannaíocht is le scéalaíocht, le hamhráin, agus le seanchas na muintire. Bhí an Cnocán Glas agus na bailte máguaird ar maos leis an mbéaloideas – mar a bhí limistéir mhóra d'Éirinn san am. Níorbh iad *comics* na cathrach ach an béaloideas an bia intinne ba thúisce a fuair sé. Mar adúirt sé féin i dtaobh a óige:

> Is minic a tháinig cathú orm – dhá dtrian de shaothar an scríbhneoir is ag fuagairt cathú neamhghlan as a intinn é – cathú go scríobhfainn cuntas fada faoin gcaoi a ndeacha m'óige i gcion orm. Faoin toiriall tairiall dhá bhaint den chorp úr-ánlactha sa reilig le fannsholas tóinghealaí thiar. Faoin Adhastar Buí nach raibh mé i n-ann a shamhalú ach

> in a rópa cho fada len a raibh de rópaí i siopa Ruaín ag an bPóirse Caoch i nGaillimh, áit ar cheannaigh mé rópaí agus eangachaí in éindigh le mo mhuintir. Scríobh faoin leannán sí a mbíodh a chrobh fada sceirdiúil anuas an simléar le aint liom a scioba leis, a sciob as a dheire agus gan í ach cupla seachtain ar thalamh Mheireacá ag teithe uaidh ...[44]

Bhí saibhreas cainte thar cuimse le fáil i nGaeilge an bhéaloidis. Is maith an sampla den rud atá i gceist agam *An Mharthainn Phádraig*, sampla de rud 'ársa dothuigthe' mar a thug sé féin le fios.[45] Bhí eolas mór ar an bpaidir seo ar fud na Gaeltachta an uair úd cé nach móide go raibh 'fhios acu siúd a chuaigh ina tuilleamaí, tráth contúirte, gur féidir an Mharthainn a rianú siar go dtí an 14ú haois ar a laghad.[46] Má bhí duine ar bith ann, an uair sin, a bhí in acmhainn ársacht na cainte inti a thabhairt faoi deara agus a thabhairt leis, ba é an grabaire seanchríonna, Máirtín Ó Cadhain, é.

Is iad réimeanna teanga an bhealoidis is túisce a léirigh don Chadhnach a raibh de chaint is dá cineál le cloisteáil aige óna mhuintir. Má thuig sé go raibh difríochtaí beaga idir Gaeilge a mháthar agus a athar, is cinnte gur chuir sé cluais ghéar air féin agus é i dteannta a uncail, Máirtín Beag, nó ag éisteacht leis na comharsana a bhíodh isteach is amach acu. Is í caint agus friotal an bhéaloidis a ghéaraigh a intinn agus a chuir aclú agus líofacht ar a theanga féin. Ba é a thoradh sin go mbeadh sé le rá ag an mBairéadach ina thaobh: 'B'annamh a thug duine amháin an oiread Gaeilge, seanscéalta, seanchas, seanfhocail, béaloideas, stair áitiúil, filíocht agus seanamhráin síos i dtalamh leis is a thug Máirtín Ó Cadhain. Is astu a fáisceadh é.'[47]

Ach nach astu a fáisceadh go leor eile chomh maith céanna? Ba ea ach is cinnte go raibh éirim thar an ngnách sa gCadhnach óg. Buachaillín cúthail, dorcha a bhí ann, is cosúil.[48] Soir chuig scoil an Spidéil a chuaigh sé le hoideachas na leabhar a fháil. De réir na dtuairiscí sin atá againn ó chuid acu siúd a bhí ar scoil leis, is cosúil nach raibh cinneadh ar bith leis maidir le scríobh aistí, nó 'tráchtais', mar a thugtaí san am ar aistí bunscoile. Scoláirín díograiseach a bhí ann agus tá sé i seanchas na háite go mbíodh sé de ghnás ag an máistir an méid a scríobhadh an Cadhnach óg a thaispeáint dá chomhscoláirí agus don mhúinteoir eile.

Tá cur síos breá ag Nioclás Ó Curraoin, An Chrí Dhubh, ar fheabhas a chuid cumadóireachta, as Béarla chomh maith le Gaeilge. Is cosúil, agus é i rang a ceathair, gur scríobh Máirtín aiste i mBéarla faoin lá a ndeachaigh sé soir go Bleá'n Rí agus go raibh an aiste chomh maith sin gur léigh an máistir amach í. Mar adeir Nioclás: 'Chuir sé an-focla [*sic*] go deo Béarla isteach ann. 'Bhfuil 'fhios agat, ní raibh mórán cleachtaidh ag na gasúir an uair sin ar Bhéarla ná aon Bhéarla acu.' Ar cheann de na leaganacha a bhí sa tráchtas aige, bhí *to and fro*: *There's a lot of people there going to and fro*. Mar adeir Nioclás 'Bhí sé aige as Béarla chomh maith le Gaeilge. Bhí sé!'[49] Buachaill ar bith a bhí in ann an méid seo a leanas a scríobh i dtaobh an cheoil a bhíodh ag aingle nimhe: 'Is binne a gceol ná bard ar chláirsigh agus ná píobaire ar théadaibh'[50] agus gan é ach i rang a sé, cén t-iontas go scríobhfadh sé ar scríobh sé de dhea-Ghaeilge ina dhiaidh sin agus é in inbhríocht fir.

Fear ar bith a raibh sé le maíomh[51] aige: 'Cuimhním ar dhánta an Chéitinnigh a fháil i mo ghasúr. Ba í an chéad leabhar ariamh í is dóigh a léas ó thús go deire. Má ba choimhthíoch liom cuid den chaint ní mórán di nár thuigeas,' cén t-iontas go scríobhfadh sé an sliocht seo a leanas agus gan é ach trí bliana fichead:

> Ó chaill na ceantair Ghállda an teanga ba dhual do Ghaedhil, ní rabhadar ach ar chosa bacóide in a gcuid urlabhra. [...] Agus léir mar theann an Galldachas leobh, – léir mar shéid máthair a[n] droch-ádhbhair ionnta, d'fhágadar slán ag Críocha na Sídhe ar fad. Sin nó ní raibh thar smear-aithne aca ar na rudaí a raibh aithne agus eolus aca

> orra roimhe sin. D'fhágadar na ndiaidh, gan breathnú siar aca orra, síoguidhthe – siabhraí, Finn Bheara – a theaghlach, púcaí agus 'adhastair bhuidhe' – cead súgradha – framsála aca i dtír smúiteach cheodhach, a raibh sidhe-ghaoitheanna a' bainnt crainnte dá lúdrachaí as a gléannta [*sic*]; ceo draoidheachta go hacht is go háithrid ar a cnuic; fir bheaga na gcaipíní dearg ag imirt cleis ar a bánta faoi spréachadh gealaighe gile; píobairí ag osgailt comhlaí do-fheicsiona ina cnuic le na gcuid ceoil; – a' mealladh na sluaighte a bhí gan fios na faillighe isteach; leannáin aist-eacha a' bréagadh ainnireacha áluinn – dá bhfuadach 'un na Bruighne; mná taiseamhla a bhí ar ghile an tsneachta séidhte, a' fuagairt le na ngéarsgréachaighil nimhe-neannta, go raibh seadaire eile den 'fhuil mhór' a' gabháil go cluain na marbh.[52]

De réir Thaidhg Uí Choincheannain, nuair a bhí Máirtín i gColáiste Phádraig 'of course they hadn't a clue as to what he was saying or writing in Irish; even the Professor had to be discreetly pretentious when correcting his Irish essays or when answering his questions. When somebody said to Máirtín one day that the Professor wasn't *au fait* with colloquial Connacht Irish Máirtín replied: "Ara what harm, doesn't my mother understand me." And he meant it; for his mother was the epitome of all those old, pure native speakers of his beloved Cois Fharraige.'[53]

Déanaim amach go gcaithfeadh sé go raibh tuiscint eicínt, dá mba caol féin é, ag an gCadhnach óg ar an gcumas thar an ngnách a bhí ann. Murach go raibh, ní móide go mbeadh sé d'acmhainn ann gach ar chum sé ina dhiaidh sin a cheapadh. Murach go raibh, ní móide go mbeadh sé de mhisneach aige, agus gan ach na sé bliana fichead slánaithe aige, pearsa mhór de chuid thraidisiún liteartha na Gaeilge, Conall Cearnach, a lochtú, go poiblí. I léirmheaisín a scríobh sé ar an aistriúchán a rinne Conall Cearnach ar *Dr Jekyll and Mr Hyde*, céard a dhéanfadh an Cadhnach ach cuid focal Chonaill Chearnaigh i dtaobh 'barbourous Irish' agus 'vulgarisms and English idioms, so deplorably frequent in the pages of even the best writers of the present day' a chasadh le fear a scríofa?[54]

'Furast' aithinte,' adeir sé, 'gur Béarlachas – fíor-dhearg-Bhéarlachas – é an tionntachán seo ó thús deire go tosuigh. Dar liom níl rádh-cainnte ó thosach go dtí deire an leabhair, a' bhfuil Gaedhilge cheart dhúchasach ann. [...] Creat ná craiceann Gaedhilge, níor chuir sé ar oiread – aon abairt amháin leis an sgríbhneóir Béarla.'[55] Déanaim amach gurb é a mhuinín as féin mar dhea-Ghaeilgeoir agus a dhílseacht don fhírinne a cheadaigh dó a leithéid a rá agus a dhéanamh. Óir deir sé i dtús an phíosa: 'Ach ar an gcóir chéadna, ní shílim go ndéanfa sé lá maitheasa ná a dhath tairbhe a dhul a' cur na fírinne as a riocht, aindeoin go mb'fhéidir dhi a bheith buille searbh fhéin.' I ndeireadh an ailt, deir sé 'Níl maith a dhul anonn ná anall leis: is mór an truailliú ar an nGaedhilge a mhacsamhail seo do leabhar.'

Tá tuilleadh de mhisneach na fírinne le feiceáil i ngitín léirmheasa a scríobh sé in *Inis Fáil*, irisleabhar a chuir Cumann Lorcáin amach, agus a raibh dréachtaí ann le Pádraic Ó Domhnalláin, Torna, Fiachra Éilgeach agus leis an gCraoibhín Aoibhinn. Scríobh sé sa léirmheas sin: 'Anois agus aríst, b'fhéidir go dtiocfadh cáir doithchill ar a' duine éiseallach i ngeall ar bhacaighil na Gaedhilge, ach ar ndóigh ba chóir go mbeadh fhios aige faoi seo, nach mbíonn na saoithe fhéin gan locht.'[56]

*****

Go bhfios dúinn, is é 'Siollántacht na Gaoithe' an chéad ghearrscéal leis a cuireadh i gcló. Faoin ainm cleite Aonghus Óg a tharla sin in eagrán Samhain–Nollaig na bliana 1926 de *An Stoc*, agus gan an Cadhnach ach scór bliain d'aois.[57] I 1934, foilsíodh athleagan[58] (murab ionann agus aistriúchán) a rinne sé de *Sally Kavanagh* le Charles J. Kickham. D'fhoilsigh sé riar beag gearrscéalta idir sin agus 1939, tráth ar foilsíodh an chéad chnuasach dá chuid, *Idir Shúgradh is Dháiríre*, leabhar a scríobh sé 'd'uireasa tada eile a bheith le déanamh agam.'[59]

Is í Gaeilge an bhéaloidis atá le fáil sna gearrscéalta luatha agus in *Idir Shúgradh is Dáiríre*, agus sa saothar a chum sé sular cuireadh i ngéibheann é. Dhá fheabhas í, ní móide gur meán ceart liteartha í – faoi mar a thuig an Cadhnach an téarma ina dhiaidh sin óir tá sí leamh agus eimhilt faoina hualach uamach strambánach nathanna seanchaite, le hais ar chum sé ina dhiaidh sin.

Deir Séamas Ó Murchú i dtaobh *Idir Shúgradh agus Dáiríre*:

> Tá tábhacht eile leis an leabhar seo, a bhaineann go dlúth leis an teanga ina bhfuil sé scríofa. Prós liteartha atá ann ar ndóigh, taobh amuigh de na sliochtanna comhrá. Ach is prós é atá bunaithe go hiomlán beagnach ar Ghaeilge cheantar an údair, ar nós mar tá prós 'Mháire', abair, bunaithe ar Ghaeilge na Rosann. Tá corr-mheafar de chuid an údair thall is abhus ann, ach is beag é le hais a bhfuil i leabhra eile leis. Ar an gcaoi chéanna tá corr-fhocal ársa ann, tríd is tríd níl ann ach stór focal na gnáth-chainte. Dá bharr sin tá léargas maith ann ar Ghaeilge cheantar Chois Fharraige, mar bhí sí agus í ina neart leath-chéad bliain ó shin.[60]

Ach dá ainneoin sin, tá rian na litríochta le sonrú ar Ghaeilge an leabhair. A chruthúnas sin gur minic, mar shampla, ainm briathartha an bhriathair shubstaintigh in úsáid aige ar lorg an réamhfhocail *ar* (.i. *ar a bheith*) san áit a mbeadh *nuair a bhí* sa gcaint: 'Ar a bheith ar siúl don rachlas, thit na milseáin …' (ISD 3); 'Ar a bheith ag ceann na claise dó, faoin gclaí, thosaigh sé ag braiteoireacht agus ag moilleadóireacht' (ISD 28); 'Ar a bheith gafa gléasta dó tháinig sé aniar sa gcisteanach gur bhreathnaigh air féin sa leacóigín de scáthán a bhí ar íochtar an drisiúir' (ISD 54).

Is beag dá chuid nua-fhocal féin atá le fáil sa leabhar cé gurb é féin, seans, a cheap an focal *fraighfhliuchas* (ISD 36). Tá teanga na scéalaíochta is na gnáthchainte le feiceáil i leaganach seanchaite ('Tháinig mo dhuine bocht abhaile ina bhromachán bliana gan Murcha gan Mánas'(ISD 3)) nó sa stíl uamach a chleacht sé: 'Chuala sé geoin is gáirí geala na ngarlach is iad ag giotú is ag mionú aráin, is á chaitheamh ina fianaise'(ISD 35); 'Bhí tír is talamh cruinn roimhe ag lathair an tslógaidh ag ceann bóithrín na Coille Báine. Níor fhan liath ná leanbh i bpobal na Cora Caoile nár éirigh amach an lá sin, is bhí broscán maith as pobal Aille an Chnoic féin ann' (ISD 58); 'Ba dhuine sé nó seachráin a bhí ann gan aon suaitheantas' (ISD 59); 'D'imir an chinniúint an cluiche claonach ar an druid, a thug an eang léi ón luch, is a shíl go raibh sí i reacht a saoil le linn a hoidhe' (ISD 43).[61]

Mar adúirt Tomás Bairead i dtaobh *Idir Shúgradh agus Dáiríre*: '… sé is gaire dho chaint na Gaeltachta é. A chruthúnas sin gur mhínigh mo mháthair féin dom rudaí nár chuala mé cheana.'[62] Ach is éard ba chirte dó a rá gurb é is gaire do *sheanchaint* na Gaeltachta, do sheanchaint Mháirtín sular thug sé faoin bhfriotal nua a chumadh as sin go ceann deich mbliana. I bhfocail eile, i leaba focail a thógáil lom díreach as an tseanlitríocht, ba mhó a thóir feasta ar a chuid féin a dhéanamh den méid a bhí ar eolas aige agus nuafhocail a chumadh de réir mhúnla na seanlitríochta. Tá a leithéid le fáil ar fud *An Braon Broghach*, agus ar fud na cainte a chaitheann Stoc na Cille in *Cré na Cille*.

Más í Gaeilge an bhéaloidis a thug meán don Chadhnach le dul i mbun scéalaíochta, ní hí a dhéanfadh scríbhneoir de. Más rud é seo nár thuig sé seo tráth ar foilsíodh *Idir Shúgradh is Dáiríre*, is cinnte, faoin mbliain 1953, go mba suaithní dó nach ndéanfadh an cineál sin scríbhneoireachta cúis dó dá mba uaidh a bheith ina mhórscríbhneoir: 'Is rud eile gan a scríobh ach deilíní seanchaite. Scríbhneoir ar bith a chothaíos na deilíní sin thar a chéad iarrachtaí tá sé dhá dhealú féin amach ó shamhlaíocht shíorchruthaitheach an phobail. Ní bheidh ann choíchin ach maide marbh.'[63]

Creidim gurb shin thuas an mhórthuiscint a tháinig don Chadhnach ar an ní is friotal mórscríbhneora ann, idir 1939 agus deireadh na gceathrachaidí – tráth ar foilsíodh *An Braon Broghach* agus *Cré na Cille*. Is sa tréimhse idir 1939 agus 1949, tréimhse an ghéibhinn, tréimhse an *Academy* nó 'Ardscoil an Churraigh' (mar a thug Tomás de Bhaldraithe uirthi) a tharla an t-athrú. Ba léir do Thomás Bairéad an t-athrú seo: 'Nuair a léigh mé scríbhinn *An Braon Broghach* faoi Bhealtaine 1944, thug mé faoi deara an difir a bhí idir é féin agus *Idir Shúgradh agus Dáiríre*. *Academy* an Churraigh ba chiontach leis!'[64]

Más í Gaeilge an bhéaloidis ba bhonn leis an bhfriotal inar chum sé an luathshaothar, ba í an léitheoireacht fhairsing a rinne sé sa ngéibheann ba bhonn, cuid mhaith, leis an bhfriotal úr seo a chruthaigh sé. Tháinig athrú ar fhriotal na cumadóireachta aige gur chaith uaidh na 'deilíní seanchaite' agus gur chrom ar fhriotal nua a chumadh dó féin ina mbeadh meascán maisiúil de chaint na muintire, de chaint na litríochta agus de chaint na Bé.

*****

Is minic gurb iad na focail ba dhlúth don fhriotal sin is ábhar dua do lucht léite Uí Chadhain. Ceist mhór is ea cá bhfuair sé na focail a bhíodh in úsáid aige ina shaothar. Tá beagán eolais maidir lena raibh á léamh ag an gCadhnach agus é faoi ghlas ag Gaelaibh le baint as na litreacha a sheol sé chuig Tomás Bairéad. Bhain sé rudaí as *An Béal Beo* 'nár thuig muintir Chois Fharraige' nuair a léigh siad aige iad ina dhiaidh sin, más fíor don Bhairéadach.[65] Deir sé go mbíodh *Annála Beaga as Iorrus Aithneach* á léamh aige don rang.[66] Luann sé i gceann eile de na litreacha go raibh sé ag léamh *Silva Gadelica*.[67] De réir Phádraig Uí Shionnacháin, poblachtánach a tógadh é féin aimsir an chogaidh, ba í *Silva Gadelica*[68] an téacsleabhar a bhíodh in úsáid ag Máirtín san ardrang Gaeilge a mhúin sé agus iad i ngéibheann.[69] Chuile sheans gur ann a fuair sé an focal *niamhghlanadh*, mar shampla, focal ar thug sé ciall nua dó, seachas mar a bhí aige in *Aidheadh Fhearghusa Mhic Léti*, an téacs as ar bhain sé é.[70]

Cúpla bliain tar éis a shaortha, d'éirigh leis post a fháil i Rannóg an Aistriúcháin. De réir Shéamuis Dhaltúin, a bhí in aon oifig leis: 'Nuair nach mbíodh an brú oibre ró-throm bhíodh sé ag féachaint ar leabhra Sean-Ghaeilge agus ar leabhra de shaghas Desiderius. Bhí sé an-tugtha d'Fhoclóir de Shean-Dlíthe na hÉireann. Bhíodh Máirtín ag tarraingt astu sin agus ag méadú ar chumas a chuid Gaeilge.'[71]

Deir sé féin gur '[m]húin filíocht an 17ú céad déag – cé nach mbeadh duine ag súil leis seo – rudaí áirid faoi stíl dhom, leas a bhaint as an aidiacht i leaba an ainm-fhocail mar shompla, an santach in áit an duine santach, nó an santachán, an bréagach, an formadach agus mar sin. D'fhéadfainn é sin a fhoghlaim, cuir i gcás, ó sheanfhocla ar bhéal na ndaoine, ach b'ansiúd ba thúisce a thug mé suntas dó.'[72]

Tá chuile sheans ann gur thug sé focail leis as an tsraith dar theideal 'Téarmaigheacht na Meadhon Ghaedhilge'[73] a bhíodh ar *An Stoc* agus a bhfuil fáil ann ar fhocail ar nós *aigéad* agus *tionchar*, focail nach raibh i bhfoclóir Uí Dhuinnín ach atá i scríbhinní an Chadhnaigh agus nach móide iad a bheith sa gcaint bheo agus é ag éirí aníos ina stócach dó.

Ach súil a chaitheamh ar Bhailiúchán Uí Chadhain a bhronn Iontaobhas Uí Chadhain ar Leabharlann na Tríonóide, feicfear dánta leis na filí seo a leanas i measc pháipéir Uí Chadhain: Godhfraidh Fionn Ó Dálaigh, Giollabrighde Ó hEoghusa, Fearghal Mac an Bhaird, Eoghan Rua Mac an Bhaird, Fear Flatha Ó Gnímh, Tadhg Óg Ó hUiginn, Muireadhach [Mór] Ó Dálaigh, Muireadhach Albanach, mar aon le go leor dánta eile le hEochaidh Ó hEoghusa.

Ní raibh aon fhaitíos air focail a tharraingt as an litríocht. Dúirt sé féin é: 'Duine ar bith a scríobh Gaeilge bhain sé rudaí siar as an litríocht. Dar a shon nach mbainfeadh. Teagasc Críostaí a scríobhadh i lár an chéid seo caite agus ar chosúla le saothar Louvain é a bhí agam féin ag an scoil. Bhí an Ghaeilge tórúil ariamh ar rudaí ársa dothuigthe agus tá fós, "An Mharthainn Phádraig" mar shampla. Má theastaíonn focal uaim agus gan é agam ach é sa litríocht, nó más dóigh liom gur fearr an focal atá agam ón litríocht ná focal ó chanúint eile nach móide go mbeidh a bhrí go barrainneach agam, is as focal na litríochta a bhainim leas.'[74] Cuimhnigh ar a ndúirt an Cadhnach faoi ghaol seo na cainte leis an litríocht: 'Má tá dhá fhoirm sa gcaint ach ceann acu a bheith aosta sa litríocht bíonn fonn orm tús a thabhairt do cheann na litríochta. Is iomaí caoi i gcanúint ar bith le *in aonacht* nó *in éindí* a rá. Ní aithníonn daoine ar chóir ní b'fhearr a fhios a bheith acu gur focal cianaosta sa litríocht, focal atá beo i mo chuid cainte féin, "ab uil a chéile".'[75]

Ba shean-eire ar fhormna na teanga beo an chuid sin den Ghaeilge a bhí i gceist ag an gCadhnach agus é ag trácht ar an nGaeilge sheanbheo. Is éard a bhí i gceist aige leis an bhfocal *seanbheo* focal a bhí fós sa gcaint, dá mba ar éigin féin é, ach nach raibh coitianta ar chor ar bith. Is iad na focail sheanbheo seo is mó a chriogann lucht a léite, go fiú cuid de mhuintir na Gaeltachta féin.

Cé nach luann sé aon cheann de na focail sheanbheo seo, seans maith gurb éard a bhí i gceist aige leo focail a bhain leis 'an chaint chomhaontaithe liteartha ... ar coinníodh dá saothrú forleathan go leor amach i bhfad san ochtú céad déag, agus a bhfuil fuíoll dhi in aon seanscéal nó laoi Fiannaíochta dá maireann fós in aon Ghaeltacht.'[76]

*****

Tús tuisceana ar Ghaeilge Uí Chadhain tuiscint a fháil ar aigne an Chadhnaigh. Óir ní leor dul chuig an bhfoclóir ar thóir na bhfocal, sin, ar ndóigh, dá mbeidís le fáil sa bhfoclóir. Creidim nach féidir tada ar fónamh a rá faoi Ghaeilge Uí Chadhain gan tuiscint cheart ar aigne Uí Chadhain. Níl rud is bunúsaí faoin duine ná a theanga. Mar adúirt sé féin: 'Ní hé an rud atá ar chraiceann an duine a bhfuil an tábhacht ann, ná fiú an craiceann féin, ach an rud a bhfuil sé ag siúl timpeall leis istigh in a cheann. Is mó atá a fhios againn faoi réalta Nimhe ná faoin a bhfuil ar siúl istigh faoin mblaoisc bheag sin le t'ais.'[77]

Anois ó tá páipéir[78] Mháirtín i Leabharlann na Tríonóide, tá deis ag lucht léinn agus ag an bpobal, agus ag a mhuintir féin chomh maith céanna, léargas a fháil ar intinn Mháirtín Uí Chadhain. D'uireasa na gcáipéisí seo, ní éireoidh linn an t-eolas ceart a chur ar intinn an Chadhnaigh ná ní éireoidh linn léargas a fháil ar a raibh 'ar siúl istigh faoin mblaoisc bheag sin'.

Ní dóigh liom gur féidir dul i ngleic le Gaeilge Uí Chadhain mar is ceart mura dté duine i dtuilleamaí an chomhair, comhar de dhea-Ghaeilgeoirí is de Shean-Ghaeilgeoirí, de lucht litríochta, de shanasóirí cáilithe, ach thar aon ní eile de chaint-eoirí dúchais as chuile chearn de Ghaeltacht na hÉireann a chuireann suim agus spéis i ngaoth an fhocail. D'fhéadfadh an dream seo scéim taighde a stiúradh, scéim a d'fhéachfadh le ciallú ceart a dhéanamh ar a raibh i gceist le go leor de na crua-fhocail sin ar bhain an Cadhnach leas astu. Ní taobh leis an gcomhar deonach is ceart oidhreacht Uí Chadhain a fhágáil. Tá dualgas ar leith ar an aos léinn sna cúrsaí seo. Ba chóir maoiniú ceart a éileamh le haghaidh na hoibre seo. Tá sin dlite ag an gCadhnach. Mura nítear anois é, ní dhéanfar go brách é óir tá glaise ghágach na Gaeilge beo ag dul i ndísc go tréan.

Baineann práinn leis an obair seo. Tá sé os cionn cúig bliana fichead ó dúirt Caoilfhionn Nic Pháidín: 'Ag an am céanna is i ndoiléire atá Máirtín, an duine, ag dul. Tá glún tagtha in aois nach bhfaca agus nár chuala riamh é, nár chuir aon aithne ar an bhfear tionóil agus timirisc, an t-óráidí, an fear coiste, an t-oide, an ceann pobail. Cailleadh é deich mbliana is an tráth seo. Ní miste go dtabharfaidís siúd, a raibh aithne acu air chun cuimhne é agus ag an am céann go gcuirfeadh glúin eile fós aithne éigin air, más féidir sin.'[79]

Ná fágtar Máirtín Mór Ó Cadhain, an gabha focal is mó dar mhair ó aimsir Chéitinn, fíogaí gach focail ó Alpha go Omega agus fuirseoir a gcéille, ná fágtar ar áitín shuarach dhreancaideach mhíolach na leithphingine é. Ná fágtar rí an fhocail ná focail an rí faoi cheilt ar áit na leithphingine cheal an té a mhíneodh dúinn iad. Ná fágtar saothar liteartha Uí Chadhain ag lobhadh san áit ar fágadh litríocht na Sean-Ghaeilge cheal an té a chlaidhfeadh a feart nó a sháfadh a lia. Cuirtear Rí na bhFocal ar 'Áit an Phuint, ar Áit an Phuint!'

Nótaí

1. Leisce na bréige, seans nach mise an té is oilte a ghabhfadh ag caint ar an ábhar seo: bainim le glúin eile, glúin nach raibh ach á caitheamh ar an sop agus an Cadhnach ag dul i gcré. Ach ó fuair mé an cuireadh, níor mhaith liom é a ligean ar cairde. Ba mhaith liom mo bhuíochas a ghabháil leis an Ollamh Ruairí Ó hUiginn as an gcuireadh sin. Níl agam anseo ach beagán den méid atá le rá faoin ábhar seo óir ceal deis cheart leis an taighde a theastódh a dhéanamh, níor éirigh liom dul chomh mion sa scéal agus ba mhian liom. Níl agam anseo, dá bhrí sin, ach iarracht ar chúpla gné de Ghaeilge Uí Chadhain a tharraingt anuas agus a chur i láthair. Foilseofar amach anseo toradh an scagtha atá ar siúl agam ar na cineálacha Gaeilge a chleacht an Cadhnach in imeacht a shaoil. Ba mhaith liom buíochas a ghlacadh leis na daoine seo a leanas: Seán Ó Cadhain agus Máirtín (Joe) Ó Cadhain ó Iontaobhas Uí Chadhain a thug cead dom Bailiúchán Uí Chadhain i Leabharlann na Tríonóide a cheadú, an tOllamh Cathal Ó Háinle, an Dr Éamonn Ó Ciosáin, Ciorcal Léitheoireachta an Ghaelacadaimh sa Spidéal, Bríd Nic Dhonncha (Acadamh na hOllscolaíochta Gaeilge), agus Leabharlann na Tríonóide, Baile Átha Cliath.
2. *Páipéir Bhána agus Páipéir Bhreaca*, Baile Átha Cliath, 1969. Athchló 2003. PBPB feasta. PBPB 15.
3. PBPB 17.
4. David Greene, 'Talk of the Dead', *The Irish Times*, 1950, 27 Bealtaine.
5. *Thar Ghealchathair Soir* (Cumann Merriman a d'fhoilsigh), 1973, 3-4.
6. 'Úr agus Críon', *An tSraith ar Lár*, Baile Átha Cliath 1967, 50.
7. 'Máirtín Ó Cadhain, an Gearrscéalaí', léacht a thug Pádraig Tom Ó Neachtain agus a craoladh ar 8.12.1980. Cartlann RTÉ Raidió na Gaeltachta CD 0189.07.
8. Léirmheas ar *Cré na Cille*, *Feasta*, Bealtaine 1950.
9. Léirmheas le Máirtín Ó Cadhain ar Imleabhar a III de *Agallamh na Seanórach*, in eagar ag Neasa Ní Shéaghdha, *Feasta* 1949, Eanáir, 13.

10. 'Máirtín Ó Cadhain agus a thrí mhuintir', léacht a thug Tom Phaddy Mac Diarmada ag Éigse 1972 i gColáiste Lurgan, Co. na Gaillimhe. Cartlann RTÉ Raidió na Gaeltachta.
11. Flann Mac an tSaoir, 'Máirtín Ó Cadhain (An Dara hAlt)', *Comhar* 1952, Meitheamh .
12. Léirmheas le Máirtín Ó Cadhain ar Imleabhar a III de *Agallamh na Seanórach*, in eagar ag Neasa Ní Shéaghdha, *Feasta*, 1949, Eanáir, 13.
13. Léirmheas ar *Forbairt na Gaeilge* le Niall Ó Domhnaill, *Feasta* 1953, Nollaig.
14. 'Máirtín Ó Cadhain (An Dara hAlt)', *Comhar*, 1952, Meitheamh.
15. Ar ndóigh, tá riar cainteoirí maithe fanta thiar i gcónaí a bheadh in ann chuile fhocal, mórán, de Ghaeilge Uí Chadhain a thuiscint agus, níos tábhachtaí fós, iad *a mhíniú*. Mar adúirt fear amháin as an gCnocán Glas liom i dtaobh Ghaeilge Uí Chadhain, 'Tuigfidh tú í cé nach b'í atá agat féin anois.' Bíodh sin mar atá, tá athrú mór tagtha ar Ghaeilge na Gaeltachta, fiú ina measc siúd a chleachtaíonn dea-chaint agus cruinneas cainte. Is teanga choimhthíoch ag bunáite an aosa óig Gaeilge Uí Chadhain agus ní hé an mhórchuid di a thuigfeadh go leor díobh siúd a bhaineann le mo ghlúin féin, iad siúd a rugadh an bhliain ar bhásaigh sé. Is é an Béarla caint na muintire ag go leor den ghlúin óg i nGaeltacht Chois Fharraige, agus is é atá ag óige an Achréidh uilig anois agus le 50 bliain anuas. Is ionann Gaeilge Uí Chadhain ag an nglúin a rinne an Ardteistiméireacht in 2006 agus Béarla Shakespeare ag Béarlóirí Shasana, ach gur 50 bliain seachas 400 bliain atá idir an t-am ar cumadh í agus an té a fhéachfas lena tuiscint.
16. Críostóir Mac Aonghusa, Léirmheas ar *An Braon Broghach*, *Comhar* 1949, Márta.
17. *The Road to Brightcity*, Dublin 1981, 7-8.
18. *Gluaiseacht na Gaeilge: Gluaiseacht ar Strae*. Baile Átha Cliath 1970, 10.
19. 'On being from the Gaeltacht', *The Irish Times* 1970, 30 Iúil.
20. PBPB14.
21. *Máirtín Ó Cadhain sa gCnocán Glas*, clár a rinne Aindreas Ó Gallchóir do RTÉ, agus a craoladh ar 13 Feabhra 1967.
22. PBPB 14.
23. 'Árainn is Conamara Feasta'. Comhrá idir Máirtín Ó Cadhain agus Breandán Ó hEithir, *The Irish Times* 1969, 30 Iúil.
24. 'Tuige nach bhfuil litríocht na Gaeilge ag fás?', *Feasta* 1949, Samhain.
25. 'Tuige nach bhfuil …' 12.
26. PBPB 40.
27. PBPB 41.
28. Seán Ó Tuama, 'Tiomna Roimh Bhás', *Comhar* 1980, Deireadh Fómhair.
29. PBPB 15.

30. Seán Ó Tuama, 'Tiomna roimh bhás', *Comhar* 1980, Deireadh Fómhair.
31. PBPB 17.
32. 'Tuige nach bhfuil …' 20.
33. 'Tuige nach bhfuil …' 12.
34. 'Tiomna roimh bhás'.
35. *As an nGéibheann: Litreacha chuig Tomás Bairéad*, Baile Átha Cliath 1973, 133.
36. PBPB 17
37. PBPB 17.
38. 'Tuige nach bhfuil …', 20.
39. PBPB 8
40. PBPB 8.
41. PBPB 7.
42. PBPB 9.
43. PBPB 9.
44. PBPB 8.
45. PBPB 16.
46. Níl aimhreas dá laghad ann nach bhfuil sa Marthainn Phádraig ach leagan truaillithe den bhriocht atá le fáil ag deireadh an scéil *Altram Tige Dá Medar*. Féach Kuno Meyer, 'Der Schluß von Altram Tige Dá Medar', (Mitteilungen aus Irischen Handschriften), *Zeitschrift für celtische Philologie* 13, 1921, 17.
47. *As an nGéibheann* 32.
48. Is éard adúirt a dheartháir Tom ina thaobh: 'Bhuel, duine an-chúthal a bhí ann. Ní féidir liom a rá nach ea, ... Bhí sé cineál dorcha. Fear cineál dorcha a bhí ann. Na blianta deireanacha dá shaol, ní raibh sé chomh dorcha … Ach nuair a bhí sé ina dhuine óg ... ní mórán go labhródh sé istigh sa teach 'chor ar bith … le duine ar bith ach … gurb éard a bhíodh sé i gcónaí ... ag léamh … Sin é an sort duine a bhí ann, 'bhfuil 'fhios agat. Ach bhí sé an-dorcha.' Ní raibh sé leath chomh cúthail ar fhágáil an ghéibhinn dó adúirt Tom: 'Sea ... Bhuel, bhí sé i bhfad Éireann … níos caintí ... nuair a tháinig sé as an ngéibheann … Faoi dheireadh, bhí sé an-mhaith ag caint [le daoine], thar cionn ar fad …' 'Máirtín Ó Cadhain: mo Dheartháir', clár a craoladh ar 17.11.1980. Cartlann RTÉ Raidió na Gaeltachta.
49. 'Máirtín Ó Cadhain Cois Caoláire: Daoine a chuaigh ar scoil le Máirtín Ó Cadhain', clár a craoladh ar 17.11.1980. Cartlann RTÉ Raidió na Gaeltachta CD 0189.15.
50. Pateen a' Ghabha Ó Droighneáin, Coileach, An Spidéal, agus é ag caint ar an gclár 'Máirtín Ó Cadhain Cois Caoláire: Daoine a chuaigh ar scoil le Máirtín Ó Cadhain', a craoladh ar 17.11.1980. Cartlann RTÉ Raidió na Gaeltachta CD 0189.15.

51. 'Caighdeán', *The Irish Press* 1955, 7 Feabhra. Luaite in *De Ghlas-chloich an Oileáin* 76.
52. 'Fainic!!!', *An Stoc* 1929, Nollaig.
53. Tadhg Ó Coincheannain, 'Memories of Máirtín Ó Cadhain', *The Irish Times*, 1 Nollaig 1970. Meas tú nach é seo an t-ollamh céanna atá i gceist sa scéilín atá ag Tomás Bairéad (*As an nGéibheann*, 14) faoi Mháirtín agus an focal *basach*? Mar adúirt an Bairéadach i dtaobh an fhocail seo: 'Is maith a thuigfeadh na Gaeilgeoirí nach ndeachaigh ar scoil riamh é ...' Féach go bhfuil sé i gcló ag deartháir Mháirtín, Joe, in *An Stoc* (Seosamh Ó Cadhain, An Cnocán Glas, An Spidéal, 'Gluais', *An Stoc*, 1929, Aibreán): '*basachán* 'Duine bheadh basach; duine a mbeadh a chosa iompuighthe isteach air a chéile nó a mbeadh lán (.i. ládhan) aige ionntu.'
54. M. Ó C., 'Dr. Jekyll agus Mr. Hyde', *An Stoc* 1930, Samhain.
55. 'Dr. Jekyll agus Mr. Hyde'.
56. 'Inis Fáil', *An Stoc*, 1930 Feabhra. 'M. Ó C.' atá luaite mar údar leis an bpíosa.
57. *An Stoc*, 1926 Samhain–Nollaig & 1927, Eanáir.
58. Féach Nóilín Ní Iarnáin, *Aistriúchán nó Athleagan? Máirtín Ó Cadhain, Sally Cavanagh agus Saile Ní Chaomhánaigh*. Tráchtas M.A., Ollscoil na hÉireann, Gaillimh, 2002.
59. PBPB 26.
60. Séamas Ó Murchú, 'Nóta ar an eagrán nua d'*Idir Shúgradh is Dáiríre*', *Comhar* 1980, Deireadh Fómhair, 41.
61. Tá riar maith de nuafhocail nó d'fhocail as an litríocht aige: 'Tar éis *ceapaire* a leagan síos a bhí Máire Rua, agus í anois ag giotamáil léi anonn agus anall sa gcisteanach'(4); 'Níor *dhrochfháithlia* ar bith í Máire Rua. B'fhíor di é, nuair adúirt sí go seasfadh an sioc go ceann tamaill' (9); 'Ar an dá luas is a raibh an corp curtha, agus na scraitheacha deisithe ar an uaigh, d'imigh an chuid is mó den *mhathshlua* ina mbealach, bog te' (9-10); 'Thiocfadh *mathshluaite* as gach uile chearn den phobal, is den phobal ba ghaire dó ann, arae bhí tabhairt amach is *caithréim* mhór le bheith ag na hóglaigh, le hollghairdeas don fhéile. Bheadh buíonta ceoil is *marcshlua* ann, is *meirgí* go buacach faoi eití na gaoithe' (49); 'Ach dá aistreánaí míthapúla dá raibh an bealach, bhí *scoth-mhathshlua* tigh Cháitín roimhe' (10); 'Agus an oíche ar tháinig scéala abhaile gur cuireadh trí bliana ar Pháidín Bhairtliméid faoi *dhúnorgain*, dúirt Meaig Mhicilín liom, ós aici atá gach uile scéal, nárbh é ba chiontaí, ach a bhean Nóra Mharcais;' (17-18); '... agus cér mhilleán ar fhear a raibh *lá go n-oíche* trosctha aige de thobac a bheith cantalach drisíneach ...' (21); 'Agus bhí seachtain mhór fhada trosctha ag Micil, agus gan *an lá go n-oíche* baileach, trosctha aige féin fós!' (21); 'Agus *mhaígh* gach re strainc air!' (23); '... b'fhéidir go *maidhmfeadh* an pobal ina mullach' (63); 'Air sin, nó ar a mhacasamhail a bhí an spideoigín *bhroinndearg* ag cuimhneamh ...'

(33); 'Bhí feadán a guile mar a bheadh sé ag at nó go mbeadh sé i gcruth pléasctha, is a *hionathar* ag calcadh fearacht screamhóg aráin a bheadh seachtain fuinte' (33); 'Ba *churadhmhír* iad [.i. cúig lugach de chúig phéist mhóra dhearga] don éan a mbeadh sé de dhánaíocht nó de shonntacht ann drannadh leo' (41); 'Cat mór bán an tí a bhí ar aon dath leis an sneachta *faoi gcuairt*' (43); *timchuairt* (38); *sirtheoireacht* (41); *timire* (51); *sladmhargadh* (52); … ag imeacht *as a chranna cumhachta* (56); *slógadh* (56); *suaitheantas* (59); *oirchill* (60); *aitheachthuatha* (60); *i ndolbhadh míleata* (61); *tánaiste* (65).

Tá tús na dubhfhoclaíochta (a raibh an oiread sin tóir aige uirthi ina dhiaidh sin) le sonrú cheana féin: '... strainceanna plucacha, strainceanna boilsceannacha, strainceanna glúiníneacha, strainceanna círíneacha, agus strainceanna ilchruthacha' (23-4).

62. *As an nGéibheann*, 33.
63. Léirmheas ar *Forbairt na Gaeilge* le Niall Ó Domhnaill, *Feasta* 1953, Nollaig.
64. *As an nGéibheann* 34.
65. *As an nGéibheann* 32.
66. *As an nGéibheann* 88.
67. *As an nGéibheann* 64.
68. S. H. O'Grady (eag.), *Silva Gadelica: a Collection of Tales in Irish, with extracts illustrating persons and places*, London 1892.
69. 'Máirtín Ó Cadhain i ngéibheann. Currach Chill Dara', clár a craoladh ar 5.01.1981. Cartlann RTÉ Raidió na Gaeltachta CD 0189.06.
70. *Silva Gadelica* I, 240.
71. *De Ghlaschloich an Oileáin* 71.
72. PBPB 17-18.
73. Féach *An Stoc* 1927, Aibreán, mar ar cuireadh tús leis an tsraith.
74. PBPB 16-17.
75. PBPB 17. Is é an feall nár luaigh sé níos mó dhá chuid foinsí linn. In PBPB (16-17), deir sé: 'I *gCath Mhuighe Léana* a fuair mé 'báire baoise': Eoghan ar a báire baísi a coimideacht a oide ann'. Thuigfí é mar tá an dá fhocal sean-bheo fós, cé nach i gcuingir a chéile mar sin é sílim.'
76. Léirmheas ar *Forbairt na Gaeilge* le Niall Ó Domhnaill, *Feasta* 1953, Nollaig. Ainm eile ar na focail sheanbheo seo, ar ndóigh, an rud a dtugtar 'an tsean-Ghaeilge' nó 'an tsean-Ghaeilge cheart' air thiar. Tá an téarma le fáil sa sliocht seo a leanas as *Cré na Cille*, más go magúil féin é:
— … Eanaigh a thugas sibh ar na moingeanna ar chlár gléigeal an Achréidh, a Dotie. Chuala mé freisin gur 'fiagaí francach' atá agaibh ar chat agus 'mac an teallaigh' ar thlú... Ó go deimhin a mh'anam a Dotie ní hí an tSean-Ghaeilge cheart í ...' (*Cré na Cille* 42). Tá sampla eile de níos faide anonn sa leabhar: — ... *Monsieur Churchill a dit qu'il retournerait pour libérer la France, la terre sacrée. Mon ami*, gabhfaidh na Francaigh

Gaullistes agus *les Américains* agus *les Anglais la France*. Tá sin *promis* ag *Messieurs Churchill et Roosevelt ... Sin prophétie ... prophétie ...* Tairngreacht, *je crois en Irlandais ...*
—An tairgín a thugas muide ar chlár gléigeal an Achréidh uirthi. Sin í an tSean-Ghaeilge cheart...
—Óra, an gcluin sibh arís í ...' (*Cré na Cille* 213)
77. PBPB 31.
78. Ar na cáipéisí eile dá chuid atá againn agus ar cheann de na cinn is mó a thabharfadh léargas dúinn ar an tuiscint a bhí ag an gCadhnach ar chúrsaí teanga, tá an dá fhoclóir de chaint Chois Fharraige a thiomsaigh sé. Liosta focal atá i gceann acu ina bhfuil *c*. 4,000 cinn de chártaí clóscríofa. Tá cóip de (dar uimhir thagartha A26) i gCartlann na gCanúintí, An Coláiste Ollscoile, Baile Átha Cliath. Is cosúil gur thiomsaigh sé foclóir Gaeilge-Gaeilge ina bhfuil 1223 leathanach, ach nach bhfuil againn anois ach cóip de. Ina theannta sin, creidim go bhfuil bailiúchán (dar uimhir thagartha B02) de chrostagairtí don chnuasach seo a tógadh as saothar Uí Chadhain a chuir Máirtín féin i dtoll a chéile. Is iontach an léargas atá le fáil sna liostaí seo ar intinn an té a bhí in ann 34 leathanach A4 a bhreacadh faoi fhocal amháin (*ainm*). (Tá mé buíoch den Ollamh Seosamh Watson, An Coláiste Ollscoile, Baile Átha Cliath, as an eolas seo).
79. Caoilfhionn Nic Pháidín, Eagarfhocal, *Comhar*, 1980, Deireadh Fómhair.

MÁIRTÍN Ó CADHAIN AGUS SAOL AN BHÉALOIDIS

RÍONACH UÍ ÓGÁIN

'B'as saol an bhéaloidis, saol nach raibh mórán athrú air le míle bliain anuas a fáisceadh mé.'[1] Is cinnte go bhfuil an abairt seo in *Páipéir Bhána agus Páipéir Bhreaca* feicthe agus cloiste go rímhinic ag lucht léite shaothar Mháirtín Uí Chadhain. D'fhéadfaí a rá go dtug sé aitheantas san abairt do thábhacht agus do thionchar an bhéaloidis ina chúlra féin. I ngeall ar ar scríobh sé faoin mbéaloideas agus an leas a bhain sé as, gan trácht ar ar bhailigh sé, i ngeall ar ar chuir sé ar caomhnú, agus i ngeall ar an ugach a thug sé do dhaoine eile a bheith ag bailiú, is cinnte go bhfuil curtha go mór aige le léann an bhéaloidis. Tá staidéar déanta agus léargas tugtha cheana féin ar an mbéaloideas ina shaothar cruthaitheach agus é pléite agus léirithe gur bhain an Cadhnach an-úsáid as ábhar béil sa saothar sin. Ní miste mar sin, b'fhéidir, san aiste seo díriú den chuid is mó ar an mbaint a bhí aige le saol an bhéaloidis i gcaitheamh a shaoil.

Dhá réir sin, ní miste ach an oiread, breathnú ní hé amháin ar a thuiscint ar an mbéaloideas ach ar a ndearna sé leis an mbéaloideas a chur chun cinn, agus súil a chaitheamh freisin ar ábhar a bhailigh sé féin, ar ábhar a thug sé d'Institiúid Bhéaloideas Éireann agus do Choimisiún Béaloideasa Éireann, agus ar an gcaidreamh a bhí aige leis na forais sin. B'fhéidir gur chóir chomh maith súil a chaitheamh ar chuid dá bhfuil tugtha síos faoin mbéaloideas sa saothar cruthaitheach aige. Dúirt sé féin: 'Is beag leas dháiríre a bhain mé as an rud seo a dtabharfaí béaloideas anois air.'[2]

San alt 'Béaloideas: Máirtín Ó Cadháin'[3] cheistnigh an t-údar sin agus scríobh: 'Cén fáth a ndéarfadh sé é sin? Arb é an chaoi ar cheap sé nach raibh baint ró-dhlúth ag 'béaloideas' leis an gcomhthionól fuinniúil fuinte arb as é féin agus gurb shin é an léiriú a thug sé orthu nó arbh amhlaidh nach raibh tuiscint an-mhaith aige don rud a dtabharfaí béoloideas [sic] anois air?'[4] Sa dá chuid den alt sin pléann an Máilleach sainmhíniú ar an mbéaloideas i gcomhthéacs an Chadhnaigh, ach b'fhéidir gurb é an rud is suntasaí go léiríonn sé an saibhreas béaloidis atá i gcuid mhór de shaothar cruthaitheach an Chadhnaigh. Rinne an Máilleach scagadh ó thaobh ábhair de ar chuid mhór de na gnéithe éagsúla béaloidis a thagann chun solais. Tagraíonn sé do nathanna faoin mbás, mar shampla 'an té a mbíonn grá na ndéithe air, básaíonn sé óg'.[5] Luann sé nósanna a bhaineann le tórramh – leithéid leagan amach an mhairbh, an chroch chéasta ar a bhrollach agus paidrín ina láimh, agus an nós go gcrochtar bráillíní os cionn na leapan faoi mar atá luaite ag Seán Ó Súilleabháin sa leabhar *Caitheamh Aimsire ar Thórraimh*.[6] Tagann mná caointe, cúrsaí óil ag tórramh agus nósanna eile a bhaineann leis an mbás i gceist sa saothar cruthaitheach. Áirítear leanaí gan baiste á gcur ag claí teorann an bhaile fearainn, creidiúintí faoi Liombó, an áit dhorcha gan aon phian, creidiúint faoi Bheag-Árainn maille le nósanna a bhaineann leis an imirce.

B'fhéidir, sa gcomhthéacs seo, go gcabhróidh cúpla abairt le léiriú a dhéanamh ar an mbéaloideas atá le fáil sa saothar cruthaitheach. 'Bhí gach uile shórt ann (insa trunc): caorán sceallóg den tinteáin' agus arís 'níor chuimhnigh an mháthair nár chuir sí aon cheo de mhaith na circe ann, ná i mbalcaisí na hiníne ach an oiread'.[7] Tagann an tobar beannaithe i gceist, agus an turas agus an dóchas go bhfaighfí leigheas.[8] Luaitear an drochshúil chomh maith. Déantar cur síos ar nósanna a bhaineann leis an bpósadh.[9] Tagann cúrsaí cleamhnais i gceist agus daoine nach gcasfaí ar a chéile iad go dtí an oíche roimh a bpósta. Tagann an dinnseanchas chun solais agus ábhar ar nós an chur síos ar Chromail ar a dtugann Ó Máille 'bréagstair': 'Caibiléara a bhí i gCromail thall i Londain. Thit na bróga uilig de amuigh i gCoill Sáile. Rinne leathbhróg acu dhá leith. Sin iad trí oileán Árainn riamh ó shin.'[10]

Is iomaí seanfhocal sa saothar cruthaitheach ag an gCadhnach. Tá seanchas cráifeach ann freisin, mar shampla scéal béaloidis faoi shaolú Mhac Dé. Tá tairngreachtaí agus scéalta bunúis ann, mar shampla an chúis a bhfuil an spideog beannaithe. Foilsíodh leagan de scéal san iris *Béaloideas* a bhailigh Ó Cadhain ina cheantar dúchais féin faoi Cholm Cille agus Éinne a bheith ag troid.[11] Léirigh Peadar Ó Máille go bhfuil go leor béaloidis i saothar cruthaitheach Uí Chadhain. Dúirt sé freisin 'Tá mé cinnte dearfa gur bhain Máirtín níos mó leas as béaloideas Chonamara ná a d'amhdaigh sé i bPáipéar [sic] Bhána agus Páipéir Bhreaca.'[12]

Is dóigh gur cheart breathnú ar an tuiscint a bhí ag an gCadhnach ar an mbéaloideas agus breathnú air ó thaobh na tréimhse ina raibh sé ag maireachtáil agus ag bailiú é féin. Is fiú cuimhneamh, b'fhéidir, nach raibh léann ná staidéar an bhéaloidis ach i dtús a ré in Éirinn nuair a scríobh Máirtín an chéad scéal Fiannaíochta síos agus é ocht mbliana d'aois i gCois Fharraige ag tús an chéid seo caite. Dúirt sé go raibh sé féin in ann na scéalta faoin Domhan Thoir agus faoi thobar dheireadh an domhain a inseacht ag éirí suas dhó. Ba iad an t-ábhar is túisce iad a d'fhéach sé le scríobh.[13]

Is léir as a ndearna an Cadhnach agus as tagairtí aige féin go raibh dúil iontach sa mbéaloideas aige agus má bhí dúil aige i ngné amháin ar bith de, is dóigh gur in amhráin na ndaoine a bhí an dúil sin. Léirítear sna litreacha a scríobh an Cadhnach chuig Tomás Bairéad as an gcampa géibhinn ar an gCurrach idir 1940 agus 1944 go raibh sé ag súil le hábhar béaloidis a fháil le léamh. Ar an 3.07.1941 bhí sé ag lorg na hirise *Béaloideas*. Faoi mar a scríobh sé, 'má tá Béaloideas agat (an ceann a bhfuil na hamhráin as Iorrus ann) bheinn buíoch ach í a fháil go ceann tamaill.'[14] Ar an 28.09.1941 dúirt sé go bhfuair sé *Béaloideas* agus ina dhiaidh sin arís go raibh 'chuile cheann de na hamhráin léite' aige. Seo ábhar in imleabhar X, uimh. ii. de *Béaloideas* ina bhfuil 'Amhráin ó Iorras' ag Micheál Ó Gallchobhair agus bhí alt dar teideal 'An Dara Tiachóg as Iorras Aithneach' le Seán Mac Giollárnáth agus 'Seanchas ón gCeachainn' curtha i láthair ag Seán Ó Súilleabháin san eagrán céanna. Rinne Ó Cadhain léirmheastóireacht dá chuid féin orthu seo i litir chuig an mBairéadach:

> Ba chumasach an chaoi a raibh an Gallchobhrach údan ag scríobh amhrán chomh luath údan – 1886! Tá cuid acu nach mórán maitheasa iad, agus tá ceann orthu atá go maith. Níor thaitnigh cuid de na scéalta údan as Iorrus Aithneach liom. Measaim go ndeacha 'comaoin' orthu in áiteacha. Sílim go raibh cuid de na scéalaithe in áiteacha eile ag déanamh aithris ar na 'Gaeilgeoirí!'. Ach bhí údar léitheoireachta iontu mar sin féin. Chinn orm na dréachta ón seanchaí údan as Iar-Chorcaigh nó Ciarraí a léamh chor ar bith, th'éis a bhfuair sé de mholadh ón eagarthóir.[15]

Bhí gean iontach do na hamhráin ag an gCadhnach. Faoi mar a scríobh sé ar an 23.3.1942:

> Tá mé tar éis filíocht Yeats a léamh, agus tá a lán luifearnaigh inti measaim. Na dánta faoi Éirinn agus filíocht tús a shaoil is fearr. Tá riar den chuid eile go maith ach níl sí go cumasach. B'fhearr liom 'Maighréad Ní tSuibhne Bháin' nó 'Domhnall Óg' nó 'Muirisc' ná cuid ar bith di.[16]

Agus arís sna litreacha sin ón ngéibheann léiríonn sé a thaitneamh d'amhráin na ndaoine agus do ghnéithe eile den litríocht bhéil. San am céanna léiríonn sé amhras faoi thionchar scoile ar an ábhar béil. Scríobh sé ar an 26.11.1942:

> Tá cuid d'fhilíocht Villon as mo bhéal agam – foghlaimím cúpla ceathrú ar céalacan chuile mhaidin – ríscoth na gáirsiúlachta í agus tá sí an-chosúil le cuid Riocaird Bairéad

> nó Mhichíl Mhic Shuibhne in áiteacha. ... Léigh mé an *Duanaire Finn* le goirid. Má's leat sméar-mhullaigh na Fiannaíochta a fháil caithfidh tú í a léamh. Chuala mé cuid de na laoithe mar atá siad inti ag Seán Mhac Confaola as Doire Geimle, an seanchaí a fuair bás i mbliana. Léigh mé leabhar ó Phort Láirge – *Cainnt an tSeana-Shaoghail*– tá sí maith go leor, ach tá a lán rud aisteach inti a thugas dom aimhreas a bheith agam uirthi. *Out-Celtic Twilight*eáileann sé an *Celtic-Twilight* in áiteacha. Mura raibh sé ag an scoil casadh na scoláirí dó.[17]

Bhí sé fiosrach faoina raibh ag tarlú faoi fhoilsiú na n-amhrán agus ag iarraidh theacht ar leabhra. Agus ar ndóigh b'iad amhráin an iarthair a bhí uaidh. Chuir sé iarratas chuig an mBairéadach:

> Ar tháinig tú trasna ariamh ar leabhar an Raghallaigh –*Filí agus Filidheacht Chonnacht*? Ba mhór an babhta orainn é nár leigeadh an leabhar sin chun na poiblíochta, tá sé ag cinnt orainn filí Connachtacha ar bith aimsiu dá huireasa – ach Raifteirí agus Riocard Bairéad.[18]

Ní léir cén uair a chuir Séamus Ó Duilearga aithne i dtosach ar an gCadhnach ach tharlódh nuair a thug an Duileargach léacht thiar i gConamara sna fichidí go raibh Máirtín Ó Cadhain i láthair, mar de thoradh na hócáide sin a chuir Seosamh Ó Cadháin, deartháir Mháirtín, scéal síos ó bhéal agus a sheol go dtí an Duileargach é. An chéad fhianaise a tháinig chun solais ó thaobh teagmhála de is litir ón gCadhnach chuig an Duileargach atá inti agus is léir go raibh litir scríofa ag an Duileargach chuig Ó Cadhain roimhe sin. Bhí ábhar béaloidis á sheoladh isteach chuig Institiúid Bhéaloideas Éireann in éineacht leis an litir. An 27.11.1930 dáta na litreach agus an seoladh Camas, Casla, Contae na Gaillimhe léi. Bhí sé ag súil b'fhéidir casachtáil ar an

Duileargach thiar le cúrsaí béaloidis agus an bailiú a phlé. Faoi mar a dúirt sé sa litir:

> Ba mhaith liom a dhul go Baile Átha Cliath agus píosa cainte a bheith agam leat faoin scéal ar fad, ach sílim nach mbeidh mé in ann srianadh suas anois go ceann fada. Is gearr ó bhí mé ann go deireanach agus níl gnaithe dhá laighead agam ann. Meastú an mbeifeá in ann tíocht go Gaillimh? Bheinn in ann a dhul fá do chomhair ansin uair ar bith a dtogrófá é, agus dhá mba mhaith leat a thíocht amach Conamara bheinn in ann na seanchaithe ar fad nó cuid mhaith acub ar chuma ar bith a fháil amach duit. Más féidir leat a thíocht Gaillimh, tig liom a bheith ann romhat deireadh seachtaine ar bith.
>
> Ní mór dhom mo bhuíochas a chur i gcéill dhuit fá do leitir eolgach, thaitneamhach,
>
> Is mise,
> Le mórmheas
>
> Máirtín Ó Cadhain[19]

Is cinnte nuair a cuireadh bonn le Coimisiún Béaloideasa Éireann i 1935 go raibh an Duileargach ag cuimhneamh ar bhailitheoirí feiliúnacha a fhostú agus tá cáipéisí ag an Roinn Oideachais a thugann le fios go raibh an Duileargach ag smaoineamh ar an gCadhnach a fhostú ina bhailitheoir lánaimseartha thart ar 1934 agus 1935.[20] Is cinnte go mbíodh an Duileargach thiar minic go leor agus dá réir seo gur fhan sé i dteagmháil leis an gCadhnach. Samhradh na bliana1942 b'fhiú le Máirtín a lua gur casadh Séamus Ó Duilearga air agus iad ar an traein:

> Bhuel d'ól mé mo sháith go bínn ar an traein. Bhí ionú againn i gCill Dara agus i mBéal Átha Luain – triúr againn le chéile as an bpríosún – agus casadh Séamus Delargy

> agus tuille liom ar an traein, agus tá faitíos orm gur roinn mé an onóir leis an duine bocht.[21]

Le linn an chogaidh bhí ar an Duileargach taisteal ar thraenacha agus ar rothar. D'inis sé leagan den scéal céanna sin ina aghaidh féin nuair a dúirt sé go raibh sé ag dul ar an traein go Cathair na Mart agus go raibh an traein plódaithe. Bhí sé deacair suíochán a fháil agus chuaigh sé fhad leis an mbialann ar an traein. Shuigh sé síos. Cé bhí ar a aghaidh amach ach an Cadhnach. Labhair an Cadhnach: 'Ar thusa Delargy?' Dúirt sé go mba é. D'fhiafraigh an Cadhnach de: 'An bhfuil tú ag dul don mhoga mhagadh sin de bhéaloideas i gcónaí?' Is dóigh go léiríonn seo an acmhainn grinn ag an gCadhnach agus ag an Duileargach freisin gur inis sé an scéilín.[22]

An chéad phíosa béaloidis a scríobh an Cadhnach, bhí seo le rá aige faoi:

> Le deireannas sa mbaile tháinig me treasna ar shean-chóip-leabhar ar fhéachas le scéal fiannaíochta a scríobhadh ann in aois mo hocht mblian.[23]

Bhí tuiscint aige agus é ina ghasúr óg is cosúil ar bhailiú agus ar chaomhnú i ré nach raibh taifeadtaí fuaime ann go coitianta. Ba é an modh bailithe aige an t-aon bhealach a bhí ar fáil go forleathan san am – peann agus páipéar agus scríobh de láimh. De réir mar a lean sé leis an mbailiú ba léir go raibh tuiscint leathan aige ar chomhthéacs agus ar thábhacht na timpeallachta maidir leis an ábhar a bhailiú. San am céanna agus é ag bailiú thuig sé go raibh tábhacht le pé méid a bhí ar fáil a bhailiú de réir mar a bhí sé ag teacht ar an ábhar féin.

I 1928 a foilsíodh an chéad ábhar béaloidis a bhailigh an fear óg ón gCnocán Glas. Liosta seanfhocal a bhí ann agus in *An Stoc* a foilsíodh é.[24] B'shin tús le foilsiú a chuid obair bhailitheoireachta. Maidir le cineál an ábhair a chuir Máirtín chuig

Institiúid Bhéaloideas Éireann, ar foilsíodh cuid de san iris *Béaloideas* ina dhiaidh sin, tá leagan den amhrán 'Siobhán Ní Eidhin' ar an bpíosa is túisce uaidh agus nóta leis i bpeannaireacht duine eile 'must for April issue'.[25] Níl sonraí chomhthéacs an leagain seo tugtha seachas go mba é Máirtín a scríobh síos. Ach an chéad bhailiúchán eile a chuir sé chuig an Duileargach bhí nótaí cuimhsitheacha comhthéacsa leis. Mar seo atá an t-eolas sin tugtha:

> Máirtín Ó Cadhain, Cois Fharraige, Gaillimh. Ó Mháirtín Ó Cadhain (60) a fuair mé an scéal seo, 19.12.1930. Ó Thomás Mór Ó Cuirrín, rísheanchaí atá básaithe le fiche bliain a chuala sé é agus chreid an Curraoineach go mb'fhíor é. Ón mBánrainn Bháin in aice Thobair Cholm Cille ó thús don Churraoineach agus sin é an áit ar tharla an scéal.

Foilsíodh an bailiúchán seo i *Béaloideas*[26] cés moite de na hamhráin a bhí ann. Ní léir cén fáth nár foilsíodh na hamhráin go háirithe ós rud é go raibh luí chomh mór ag an gCadhnach féin leo, thar ghné ar bith den bhéaloideas. Cuireadh an bailiúchán seo go dtí an Institiúid i 1933. Tá suas le caoga leathanach foilsithe ann agus an méid seo ag an Duileargach leis na nótaí a chuir sé féin leis an mbailiúchán: 'The contribution is one of outstanding merit and interest.'[27]

In amannaí ceapann daoine nach bhfuil sé chomh héasca sin ar fad ábhar a bhailiú óna muintir féin ach ní cosúil go raibh aon deacracht ag an gCadhnach. Bhailigh sé ábhar óna athair, Seán, óna mháthair, Bríd, agus óna mhuintir ach ba óna athair agus a uncail Máirtín Beag Ó Cadhain a thóg sé formhór mór an ábhair. Uathusan a thóg sé mar shampla cur síos ar ghnásannaí agus chleasanna ar thórramheachaí, an t-údar atá le drochshúil, seanchas faoin mbás agus go leor eile. Mar is léir ón dáta atá leis an mbailiúchán, an 22 Nollaig, is dóigh gur le linn shaoire na Nollag a scríobh sé an t-ábhar seo síos.

I measc an ábhair a bhailigh sé agus nár foilsíodh san iris *Béaloideas* tá seanchas faoi na hamhráin 'Seán Ó Duibhir an Ghleanna' agus 'Frinseach Thír Eoghain' a fuair sé óna athair. Scríobh sé focail an amhráin 'Carraigín an Fhásaigh' i 1931 óna athair. Óna mháthair scríobh se síscéalta, cuntas faoi Chailleach an Chlocháin agus cuntas faoi luibheannaí agus a gcáilíochtaí agus scéilíní futhu. Sa mbailiúchán áirithe sin tá seanchas agus scéalta faoi na hábhair seo – an mhaighdean mhara, bréidín chailleach an adhairc, bean an abhrais, Donncha mór an chroí bhig, bean mhín agus fear borb, an deargdaol, an Chailleach Bhéarra, nuair is crua don chailligh, Pádraig Labhráis, easógaí, baiste, pósadh, Dónall Ó Conaill, an sionnach, an fhírinne agus an bhréag, agus an Galrach Coileánach. Bhí Seosamh, deartháir Mháirtín, ag bailiú i gcónaí agus chuir sé cnuasach 'Sláintí agus Fáiltí' chuig an Institiúid maille le leagan den amhrán 'Trí scór a bhí Naomh Seosamh'.[28] I 1929 a bhailigh Máirtín scéal faoi Dháithí Rí agus in éineacht leis tá scéal faoin áirc a bhuil nóta ag an Duileargach leis: 'do not publish'.[29] Bhailigh Máirtín seo ó Mháirtín Beag Ó Cadhain agus chuir nóta leis:

> Deireann tuilleadh gurb é an fiach a chuir Noa amach agus tugann sin bunúdar an tseanfhocail dhúinn a chloisfeá anseo go minic 'teachtaire an fhiaich Noa ón áirc'. Sin duine a chuirfeá i dteachtaireacht, agus nach dtiocfadh lena scéal féin ná le scéal aon duine eile.[30]

Chuir an Cadhnach an scéal 'Darbí Beag Prodhim' isteach agus nóta aige leis:

> Scéal inspéise é seo, ainneoin a bhfuil de bhrocamas cainte ann. Corr-uair a chloisfeá rá Béarla ar bith i seanscéalta agus ansin tá áit áithrid luaite ann, rud nach iondúil ach oiread, cés moite d'Almhain is don Teamhair agus mar sin. Dar liomsa, is píosa fonóide é, faoi bhéasa na dtiarnaí talún

> san am a raibh 'Éire agus Gaeil bhochta cloíte' agus go mbíodh bean agus clann iníon an tionónta faoina mhullóig ag an tiarna, chomh maith le cíos a bhó, agus a ghiodán talún. Cuireadh isteach ann cleasanna an tseanscéil 'an greamú' le slacht a chuir air, agus barr-barrúlachta a bheith san ámhailleacht.
>
> Ó Mháirtín Beag Ó Cadhain a scríobhas, Nollaig 1929. Dúirt sé gur fadó an lá a chuala sé é.[31]

Ach oiread le bailitheoirí eile a bhí ag saothrú an ghoirt ina gceantar dúchais féin, chabhraigh ní hé amháin an tuiscint ar an ábhar ach an t-eolas áitiúil go mór leis in obair seo an bhailitheora. Chuir sé nóta le sampla d'iomarbhá nó caismirt an fhile Micheál Mac Suibhne le mnaoi agus dúirt 'Tá go leor den chineál seo le cloisteáil, ainneoin gur maith an scéal dóibh nach bhfuil siad ar fad chomh tútach, gáirsiúil leis an gceann seo. Ó m'athair a thóigeas. Nollaig 1929.'[32] Thug sé a chuid tuairimí féin faoi chuid den ábhar a bhí á bhailiú aige. Mar shampla scríobh sé faoi phíosa amháin:

> Ó mo mháthair a scríobhas síos e seo, 14.8.30. Dar liom tá síneadh éicint ar iarraidh ann. Léigheas do m'athair agus do dhaoiní eile é agus dúradar liom gur mar sin a chualadar ariamh é.[33]

Agus maidir le dhá leagan de scéal idirnáisiúnta faoi na teidil 'Rí an Domhnaigh' agus 'Rúinnín agus Sprúillín', dúirt sé:

> Ó m'uncail – Máirtín Beag Ó Cadhain, Cnocán Glas, Spidéal, Co. na Gaillimhe, a scríobh mé síos an chéad leagan den scéal agus ó mo mháthair a scríobh mé síos an leagan eile 14.8.30 … Is léar go bhfuil an t-inseacht roinnt bearnaithe sa scéal seo, ach bhí cinnte uirthi é thabhairt chun cruinnis ceart – tá sé deich mbliana fichead ó d'inis sí

é go deireanach. Fuair mé leagan níos fearr air ó Thomás Mac Con Iomaire, malrach scoile, Camas, cé nach baileach gur mara chéile na heachtraí sa dá leagan.[34]

Tá thart ar 350 leathanach a bhailigh Máirtín i gcnuasach Bhéaloideas Éireann a bhfuil cuid mhór de foilsithe.[35] Maidir leis an ábhar nár cuireadh i gcló, chomh maith leis na hamhráin nár foilsíodh, tá scéalta a bhailigh sé óna athair, mar shampla leagan de 'Seán Mhic Séamuis', scéalta dar teideal 'An Bheirt Deirfiúr', 'An Fear ar Cailleadh a Bhean', 'An Bhó', 'Fear an Chapaill' agus leithéid orthaí agus altú an tobac.[36]

Le linn dó a bheith ag múineadh bunscoile i scoil Chamais bhailigh sé cuid mhór amhrán. Tús na bhfichidí a bhí Máirtín féin nuair a thosaigh sé ar bhailiúchán Chamais. Is cinnte go ndeachaigh amhránaíocht Bheairtle Rua Uí Fhlaitheartaigh i gcion go mór air mar gur thóg sé os cionn dhá scór amhrán uaidh.[37]

Is minic a shamhlaítear na hamhráin, an scéalaíocht agus faisnéis an bhéaloidis a bhfuil leaganacha údarásacha acu ann le daoine fásta agus go háirithe le seandaoine. Ach bhailigh Máirtín ábhar ó shean agus ó óg. Scríobh sé amhráin ó Thomás Mac Con Iomaire, ó Cholm Ó Flaitheartaigh agus ó Bhríd Seoighe a bhí sa mbunscoil i gCamas san am agus ó iníon le Beairtle Rua féin. Cuireann na píosaí seanchais a thóig an Cadhnach ó Bheairtle Rua go mór leis na hamhráin. Cuireann an t-ábhar breise seo ar an eolas muid go raibh Beairtle bródúil as a chuid amhrán agus as a dhúchas ceoil féin agus léirítear sna píosaí seo go mba chuid thábhachtach de na hamhráin féin an seanchas, an chaint agus an síorphlé a bhí agus atá ag roinnt leo. Scríobh Máirtín an t-ábhar seo ar fad de láimh agus cúpla bliain ó shin bhí cuimhne fós ag iníon Bheairtle Rua, Mary Ghriallais, ar an gCadhnach ag tíocht ag cuartaíocht tar éis a lá oibre sa scoil agus ag scríobh amhrán óna hathair. Léiriú atá sa mbailiúchán ní hé amháin ar spéis an Chadhnaigh sna hamhráin agus sa seanchas a bhíonn ag roinnt leo ach léiriú é freisin ar a thuiscint ar an tábhacht a bhaineann leis an traidisiún béil a bhailiú. Is fiú a thabhairt i gcuimhne gur bailíodh na hamhráin seo idir 1926 agus 1932 roimh bhunú Choimisiún Béaloideasa Éireann, is é sin sula raibh bailitheoirí lánaimseartha agus páirt-aimseartha dhá n-íoc as an mbéaloideas a bhailiú.

Rinne sé féin cur síos ar an modh bailithe aige agus é ag scríobh chuig an Duileargach as Camas ar an 27.11.1930:

> Gheobhaidh tú anseo roinnt eile den bhéaloideas a chnuasaigh mé in m'áit dhúchais sa Spidéal. Nós an chéad chuid a chuireas chugat, tá na scéalta seo scríofa focal ar fhocal ó bhéalaithris agus ní dhearna mé athrú dhá laighead orthub ach féachaint leis an bhfocal a litriú réir mar dúradh é gan é a chuir as a chruth ar fad. Tá an mhaith agus an t-olc anseo. Sna scéalta deiridh atá sa gcnuasacht, tá gráistínteacht agus gársúlacht agus beagán tútaíl chainte ach ní agamsa ná ag na scéalaithe a bhí neart air sin. Is éard a bhí mé ag iarraidh a dhéanamh go háithrid, ar chnuasacht na scéalta seo dhom, na cinn nach gcloistear ach go hannamh agus nach gcuireann na scéalaithe mórán suime ar bith iontu a chuir síos, ar fhaitíos go ndéanfaidís dearmad glan amach is amach orthub nuair a thiocfadh tuilleadh dhá n-aois. Agus ansin, chuireas síos roinnt mhaith scéalta gearra uathu agus dréachtaí inspéise agus araile arae cuirim féin níos mó suime iontu sin ná sna scéalta móra fada. Dhá mba iad sin a bheinn a iarraidh gheobhainn neart díobh agus b'fhusa agus b'fhearr le na scéalaithe iad a thabhairt uathu ná an cineál atá anseo. Ní raibh fúm na cinn i ndeireadh an chnuasachta seo … a chuir chugat chor ar bith i dtosach ach ó tharla go rabhadar agam i dteannta na codach eile d'aithscríobhas iad agus ansin cheapas go raibh sé chomh maith dhom iad a sheoladh chugat. Is é thuigim agus mheasaim féin, gur inspéisiúla go mór iad ainneoin a

> gcuid brocamais ná cuid mhaith eile dá bhfuil sa gcnuasacht; ach ar ndóigh is agat féin is fearr a fhios sin.
>
> Maidir le bailiú an bhéaloidis mar dúirt tú in do litir, déanfaidh mé mo dhícheall duit. Tá spéis mhór agam féin san mbéaloideas agus bím ag éisteacht le na seanchaithe agus ag bailiú bloghannaí eolais faoi uair ar bith dhá bhfághaim an deis. Ba cheart go n-éireodh liom roinnt a dhéanamh sa scoil. Beidh mé féin in ann cuid mhaith a bhailiú faoin Nollaig seo le cúnamh Dé, ainneoin go bhfuil mé gnaitheach thairis.[38]

Mar sin, ach oiread le bailitheoirí eile, is le linn laethanta saoire a d'éiríodh leis an bailiú a dhéanamh cuid mhór. Nuair a d'aistrigh an Cadhnach mar mhúinteoir go Carn Mór choinnigh sé air ag obair ar a raibh bailithe aige. Seo mar a scríobh se chuig an Duileargach ar an 29.5.33:

> A Shéamais, a chara
>
> Tá an cnuasacht seo ceartaithe agam – is ar éigin a bhí tada contráilte ann …. Nuair a scríobhas iad seo, rinneas iarracht cloí le urlabhraíocht na háite agus an duine a bhfuaireas uaidh iad, chomh maith agus d'fhéadas, agus gan an litriú a chur as a riocht san am céanna.[39]

Agus áit sa téacs a raibh comhartha ceiste curtha ag an Duileargach, scríobh Máirtín Ó Cadhain go raibh sé faoi mar a dúirt sé a bheith: 'Dílis don chainteoir – ní thuigim é, ach mar sin a dúirt an scéalaí é …'.[40] Sa litir a scríobh sé ar an 27.11.30 agus a sheol sé isteach in éineacht le bailiúchán a bhí déanta ina cheantar dúchais féin dúirt sé 'Tá na scéalta seo scríofa focal ar fhocal ó bhéalaithris, agus ní dhearna me athrú dhá laighead orthub'.[41] Tá tuiscint bheacht ar a thábhachtaí is atá an trasscríobh cruinn anseo agus an mhacántacht i leith an lucht faisnéise, atá ag teacht freisin le treoracha a cuireadh ar na bailitheoirí. Agus é i gCarn Mór dúirt an Cadhnach freisin go raibh:

> go leor seanchaithe curtha le bonn agam anseo agus tá mé ag tógáil síos beagnach gach tráthnóna ó fhear amháin ann – Seán Ó Briain – agus tá roinnt de ghasúir na scoile ag bailiú agam freisin. Beidh mé in ann roinnt mhaith a dhéanamh idir sin agus samhradh. Ach caithfidh mé iad ar fad a scríobh amach arís, mar ní bheadh duine ar bith in ann a léite in mo dhiaidh, cé is moite dhíom féin....[42]

Is léir gur thuig sé cuid de na deacrachtaí a bhain leis an mbailiú agus go raibh faisnéisoirí ag déanamh gar do na bailitheoirí agus d'Institiúid Bhéaloideas Éireann san am. D'fhiafraigh sé den Duileargach sa litir chéanna seo an mbeadh seisean in ann

> ... aon cheo a dhéanamh i dtaobh ardú sa bpinsean a fháil don seanduine seo ... a bhfuil mé a fáil na scéalta uaidh faoi láthair? D'iarr sé orm é agus gheallas dó agus dúirt sé go dtabharfadh sé gach scéal dá bhfuil aige dhom dá bhfághainn dhá scilling eile sa bpinsean dó. Ar ndóigh sin é an deacracht i gcónaí – níor mhór dhuit rud eicín a dhéanamh dóibh, sula mbíonn siad sásta agus suí síos le cead a thabhairt dhuit scéal a scríobh. D'inseochaidís amach ceart go leor é, agus is dua mhór, foighid a bheith acu, go scríobhfá é.[43]

Cé nach raibh, is cosúil, guth ceoil ag an gCadhnach bhí d'fhadradharc aige blianta ina dhiaidh sin, taifeadadh fuaime a dhéanamh ar théipeanna spóil d'fhocla na n-amhrán a bhí bailithe i gCamas aige agus ní hé amháin sin ach chuir sé seanchas nó cúlra an amhráin faoi mar a bhí ag Beairtle Rua ar an taifeadadh in éineacht le ceathrúnaí gach uile amhráin. Le cur lena thábhacht mar bhailitheoir béaloidis, idir na blianta 1955 agus 1965 rinne sé bailiúchán mór téipeanna a bhfuil baint acu ar fad leis an traidisiún béil agus a bhfuil ina chuid de seo saibhreas mór amhrán orthu. Thaifead sé ábhar, ar ndóigh i gCois Fharraige, óna lucht aitheantais agus a ghaolta féin. Thóg sé ábhar óna dheartháir féin. Thóg sé amhráin ó Sheosamh Ó hÉanaí. Anuas ar an saibhreas sin ó thaobh an bhéaloidis de, thuig sé mara ndéanfadh sé taifeadadh fuaime ar an gcaint féin nárbh fhada go mbeadh sé ró-mhall a leithéid a dheanamh in áiteacha áirithe in oirthear na Gaillimhe, mar shampla in Áth Cinn, i mBaile Chlár na Gaillimhe, i dTuam, agus i gCreachmaoil. B'amhlaidh freisin i gContae an Chláir nuair a chuaigh sé i mbun ábhar a bhailiú thart ar Bhaile Uí Bheacháin agus i gContae Lú in Ó Méith. Thaifead sé cainteoirí dúchais i gContae Shligigh. Bhí sé i Maigh Eo, i dTír Chonaill agus in Inis Meáin agus thug sé cuairt ar Oileán Leòdhais áit a ndearna sé cuid mhór a bhailiú.[44] Tá 136 uair a chloig d'amhráin agus de scéalta, de sheanchas agus de chaint ann.

I measc an ábhair tá scéalta ar nós 'An Dearg Mór' agus scéalta ar thaibhsí, shióga agus leipreacháin. Tá filíocht áitiúil ann freisin maille le cuntais faoi iascach, eascannachaí, Raiftearaí, scéalta leighis, scéalta faoi Dhónall Ó Conaill, cuntas faoi dhéanamh poitín, na Dubhchrónaigh, an Gobán Saor, scéalta bunúis, cluichí tórraimh, paidreacha, tairngreachtaí, luibheanna, dathú éadaí, deiseanna iompair, naomhsheanchas, an Fhiannaíocht, gnásanna Nollag agus beagán ceoil ar a bhfuil ceol fidile agus portaireacht bhéil. Níl mionchlárú déanta fós ar an ábhar ach léiríonn an méid sin féin an réimse leathan a bhailigh sé agus freisin a leithne is atá an béaloideas. Cé go bhfuil go leor gnéithe den bhéaloideas i gceist sa mbailiúchán tá spéis Mháirtín i ngnéithe faoi leith de soiléir. In aghaidh gach scéil agus píosa seanchais tá dhá amhrán agus in amannaí níos mó ná sin. Tagann a spéis sa gcaint, san fhoclóir agus nathanna agus struchtúir na cainte chun solais sa gcomhrá aige leis an lucht faisnéise. Ar ndóigh, ceann de thréithe an dea-bhailitheora béaloidis a bheith in ann daoine a chur ag caint.

Léargas ar a chuid oibre agus ar an gcúram a rinne sé den obair bailithe seo go scríobhadh sé nótaí le rudaí a mheabhrú dó féin. Sa mbailiúchán atá i gColáiste na Tríonóide tá cóipleabhar ar a bhfuil 'Nótaí fánacha – 1925-1930' scríofa aige.[45] Ba éard a bhí anseo ainmneacha daoine a raibh scéalta acu, chomh maith le hainmneacha nó achoimre ar na scéalta a bhí acu. Tugadh leaganacha amhrán ann a bhí le bailiú aige agus daoine a raibh amhráin acu go háirithe thart ar Chamas agus i nGleann Trasna. Treoir a bhí anseo dó féin – mar a d'fheicfeá ag bailitheoirí eile ag glacadh nótaí roimh agus i ndiaidh obair páirce. Scríobh sé leithéid: 'Faigh amach a bhfuil an ghlas ghaibhleann ag aon duine anseo.' Scríobh sé liostaí cainteoirí maithe agus thug eolas fúthu, mar shampla, 'Gaeilgeoir maith – Máirtín Ó Neachtain' agus a sheoladh: Corannaí, Camas. Bhí liosta déanta amach aige de scéalta faoi na naoimh a bhí bailithe aige nó a bhféadfadh sé a dhul ar a dtóir. Bhí nótaí aige faoi shiógaí agus cúrsaí ainmnithe – púca, siabhra, leipreachán, an slua sí agus na nósanna a shamhlófaí leo. Cóipleabhair scoile a bhí aige agus bhí sé rífheiliúnach sa gcás gurb é a bhí priondáilte ar chlúdach roinnt de na cóipleabhair: 'Ár dTír Féin: Sraith Leabhair' agus 'gothar Éireannach' agus 'Páipéar Éireannach' ar a thosach; agus scríofa aige féin 'Máirtín Ó Cadhain: Lámhscríbhinn, Amhráin'.[46]

In ainneoin go raibh cúraimí an tsaoil air, go raibh saol acadúil, saol an scríbhneora agus eile aige choinnigh sé air leis an mbailiú agus an obair páirce. In ainneoin freisin go raibh an cáineadh ar siúl aige in amannaí faoi bhailiú an bhéaloidis, choinnigh an Cadhnach air ag bailiú ábhair cé nach raibh sé fostaithe ina bhailitheoir. Chomh maith le hábhar a bhailiú agus a fhoilsiú is fiú b'fhéidir a chuimhneamh gur roinn sé a chuid béaloidis féin go flaithiúil. Nuair a bhí sé sa gcampa géibhinn scríobh sé go raibh an t-amhrán '"Máire Dheois" múinte agam don dream atá in aon chábán liom. An chéad *chlassic* eile a fhoghlaimeos siad "Fuisce ó Raidailiom Rau" '.[47] Bhain sé leas chomh maith as scéalta ó Chonamara sa rang agus ba mhó a mheas air ná leithéid an leabhair *An Béal Bocht* a raibh an méid seo le rá aige faoi: 'B'fhearr liom go fada na hAnnála beaga as Iorrus Aithneach. Feicthear dom go bhfuil cuid acu go maith. Bím dá léamh do mo rang.'[48]

Cé gur chaith sé ceithre bliana ar bheagán comhrá le muintir Chois Fharraige fhad is bhí sé sa gcampa roinn sé cuid mhór le príosúnaigh eile. Scríobh sé:

> Bhuel, bím cruógach go maith idir ranganna agus a dhul chuig ranganna, agus tá Feis le cur ar siúl anseo … duine ag foghlaim an 'Ghiolla Deacair', duine eile 'An Ceithearnach Caolriabhach,' duine eile 'Aithrighe Raifteirí', duine eile 'Sceachín Átha Cinn' agus tá as cionn leathchéad ceathrúna de 'Dhomhnall Óg' ag duine amháin. Ní mé ar tháinig tú trasna ar aon cheathrú den amhrán sin nach mbeadh agam? Tá a bhfuil i g*Ceol na nOileán, Amhráin Ghaeidhilge an Iarthair, Amhráin* [*Ghrádha Chúíge Chonnacht*], *Céad de Cheoltaibh Uladh* agus eile agam farras dhá leagan a bhí agam féin di, agus fuair mé cúpla ceathrú i leabhar Albanach.[49]

Is dócha gurbh é Seosamh Ó Duibhginn an duine a raibh os cionn leathchéad ceathrúna de 'Dhomhnall Óg' aige. Ba é Ó Duibhginn a scríobh an leabhar *Dónall Óg*[50] agus dúirt sé go mba ar an gCurrach a fuair sé eolas ar an amhrán ar dtús. Faoi mar a scríobh sé: 'Bhí rang Gaeilge ag Máirtín [Ó Cadhain] agus mhúin sé an t-amhrán ann.'[51]

Bealach eile a raibh ábhar bealoidis á chur i láthair agus á tharchur ag an gCadhnach ba ea an ról a bhí aige sa dráma raidió *The Changeling*, a bhí cóirithe ag David Thomson agus Séamus Mac Aonghusa, agus léirithe ag David Thomson. Clár uair a' chloig a bhí ann. Craoladh ar an BBC *Third Programme* é ar an 4 Eanáir 1954[52] nuair a bhí Mac Aonghusa ag obair sa BBC. Ba é an scéal a bhí sa dráma 'how a child was being spirited away by the fairies but was saved'. Orthu sin a ghlac páirt ann bhí Frances Gregg, Harry Hutchinson, Seamus Kavanagh, Marie Kean agus Harry Towb. D'inis Michael Corduff, Máirtín Ó Cadhain, Pádraig Mac Gréine, Pádraig Ó hIarnáin agus daoine eile na scéalta agus ba iad Frank Cassidy, Michael Boyle agus Séamus Mac Aonghusa na ceoltóirí. Sa dráma bhí cuntais faoi iarlaisí agus lucht sí. Ní léir as an gcur síos i mBéarla[53] arbh é Máirtín Ó Cadhain a bhailigh an bunábhar nó a chuir Béarla air. Tá cuid mhór focla Gaeilge thríd agus míniú ar na focail, focail is dual don ábhar atá i gceist – síofraí, fuadach, bruíon, Sliabh na mBan agus saighead. Focail iad seo ar ndóigh a raibh liosta déanta ag an gCadhnach de chuid díobh agus spéis léirithe aige iontu agus é ag bailiú ábhair thiar i gConamara blianta roimhe sin.

Is dóigh gur san alt cáiliúil faoin mbéaloideas a foilsíodh san iris *Feasta* in 1950 atá an léargas is géire agus is iomláine ar thuairimí an Chadhnaigh faoin mbéaloideas agus na ceisteanna a bhí aige faoin mbéaloideas. San am, b'fhíor dó cinnte a ndúirt sé faoi, nárbh áibhéil a rá gur bhrainse den bhéaloideas í obair na Gaeilge, go háirithe ó foilsíodh an chéad eagrán den iris *Béaloideas* ina raibh béim leagtha san eagarfhocal ar an gceangal idir an Béaloideas agus an Ghaeilge.[54] Cé go bhfuil alt an Chadhnaigh agus eagarfhocal an chéad eagráin sin de *Béaloideas* pléite ag go leor daoine ní miste b'fhéidir breathnú air i gcomhthéacs obair Mháirtín mar bhailitheoir. Is dóigh go bhféadfaí a rá gur i ngeall ar an nGaeilge a tháinig sé ar a thuiscint ar an mbéaloideas mar ábhar den chuid is mó. Is fiú a lua freisin nach raibh an béaloideas san am sin ach i dtús a ré mar ábhar léinn sa tír seo agus nach raibh sé ina ábhar léinn as féin á theagasc mar ábhar ollscoile in Éirinn go dtí na seachtóidí. Sula raibh léachtaí agus cúrsa iomlán sa mbéaloideas á dtairiscint in ollscoil ar bith in Éirinn ná leabhair chritice á bhfoilsiú, cé go raibh téacsanna á bhfoilsiú, ba bheag anailís ag béaloideasaithe Éireannacha a bhí á bhfoilsiú.

Chreid Ó Cadhain go raibh an béaloideas ag cur síos ar athrú saoil agus creidimh agus samhlaíochta. Léiriú ar a thuairim cuid d'alt a scríobh sé faoi scéalaí a bhí i Ros Muc:

> Bhí seanfhear as Ros na Muc a gcruinníodh muid inár ngasúir ag éisteacht leis ar bhord a bháid. Is cuimhneach liom go háirid ceann dá chuid scéalta banríon óg ar dearnadh muc di le slaitín dhraíocht an Toircín Duibh. Scéal critheagalach é ar a bhealach féin – cluain, ceilteamas, bleachtaireacht, an éigeandáil, an cuaille comhraic, an teagmháil leis na colg-ghuairí. Le cúnamh Chailleach na gCearc agus Mhucaí na Muc d'éirigh leis an mbanríon an Claidheamh Solais a chuir an Toircín ó raith. B'iomaí uair agus áit ar tharla mí-fhortún don bhanríon. Ní cuimhneach liom ach beagán den mhí-fhortún sin anois. Is iad logainmneacha an scéil – Muicinis, Muicineach, Log na Cléire, Coill an Bhanbh, Léim an Aird, Gleann Toircín, Leaba na Céise, Ceathru an Chollaigh, Bléin an Toirc Bhig a mhairfeas go húr i mo chuimhne i gcónaí.
>
> Cé an chiall go gcreachtar uainn ceol sí ár n-óige? Chreid mise tráth sa ríon álainn éigiontach, sa Toircín Dubh agus ina shlaitín dhraíocht. Leis an aimsir d'innis seandall glic eicint dom nach é scéal Ros na Muc amháin é. Faoi mhalairt ainme, is scéal é a insítear faoi gach áit sa tír agus faoi gach tír…
>
> Ma tá cnoc agus gleann ar ár mbéal agus os cóir ár súl ó mhaidin go fuín, ní bhíonn muid sásta gan toircín a chur ar an gcnoc agus maighdean sa ngleann. Ansin tosaíonn an dráma, aoibheall fiáin an bhéaloideasa.[55]

Níor leisc leis a bheith ag fonóid faoi lucht an bhéaloidis – an Duileargach, Coimisiún Béaloideasa Éireann agus bailitheoirí.

Ba mhinic greann agus searbhas anseo. Thar aon rud eile chuir iarrachtaí a rinneadh ábhar béil 'a thabhairt slán' isteach go mór air nuair a chreid sé féin go mba cheart déileáil leis an aimsir láithreach agus leis an aimsir fháistineach, go háirithe ó thaobh na nGaeltachtaí agus na Gaeilge de. Is cinnte go raibh an Cadhnach tuirseach den 'olagón' faoi mar a dúirt sé a bhíodh ar siúl ag an Duileargach faoi mheath an traidisiúin bhéil. 'Níl aon cheird ann ach an tseancheird. Níl aon léann ann ach an léann atá ag seandaoine gan aon léann. Ní hé tábhacht na Gaeltachta gur féidir Gaeilge a fhoghlaim inti…Beag baol. Is inti a chleachtaítear na sean-nósanna. Is inti is mó atá béaloideas. Níl sa nGaeltacht ach brainse den mbéaloideas.'[56]

Tuigtear go mbíonn an béaloideas ag athrú de shíor agus is cinnte go raibh tuiscint ag an gCadhnach ar an méid seo. Ach chreid sé freisin go bhféadfadh ábhar éirí faoi mar a shíl sé é a bheith spíonta, críochnaithe. Ach níor shíl se go raibh na hamhráin thiar ag éirí tur nó nach rabhadar ag athrú. A mhalairt tuairime a bhí aige mar gur chreid sé go raibh amhráin agus filíocht bhéil Chonamara ag síorathrú agus cheap go mba chomhartha dóchais é seo. Is cosúil má thigeann deireadh le béaloideas ar bhealach amháin go bhfoilsíonn sé é féin as an nua ar bhealach eile.[57]

Faoi mar a dúirt Diarmuid Ó Giolláin: 'I ngach glúin sa saol nua-aoiseach, tuigtear go bhfuil deireadh sheansaol na tuaithe tagtha.'[58] Luann Ó Giolláin freisin an chaoi a bhfaca an Cadhnach an rud ar ar thug an scoláire béaloidis Lauri Honko 'dhá bheatha an bhéaloidis':

> Bhain an chéad bheatha leis an mbéaloideas mar chuid nádúrtha de shaol pobail, chomh nádúrtha sin gur ar éigin a thug an pobal faoi ndeara é. Bhain an tarna beatha ar an láimh eile le nochtadh an bhéaloidis ag stróinséirí – scoláirí, ealaíontóirí, polaiteoirí. Chuaigh suim na stróinséirí sa mbéaloideas i bhfeidhm ar an bpobal ionas gur

tugadh faoi ndeara anois é agus thuig an pobal gur rud luachmhar é a bhí acu féin agus a bhí caillte ag aicmí eile nó i ndúthaí eile. As sin, baineadh míniú nua as an mbéaloideas, mar fheiniméan a léirigh luach fealsúnach nó náisiúnta nó ealaíonta. Dar le Honko, ciallaíonn 'tarna beatha an bhéaloidis' ábhar de chuid an bhéaloidis a bheith á úsáid i gcomhthéacs nach ionann agus a bhunúsáid nádúrtha i saol pobail.[Honko, L. (1991) 'The Folklore Process' *Folklore Fellows Summer School Programme.* Turku: 43]. Tugann Máirtín Ó Cadhain sampla breá greannmhar den tarna beatha sin: 'Shíleas bliain eile go maródh beirt a chéile le dhá shúiste ar an ardán. Is cleasach an cheird í an tsúisteoireacht. Níor mhór duit a bheith ag dul di achar is faide ná seachtain roimh an Oireachtas! Sa nGalltacht a chonaiceas féin ar siúl go deireanach í, chúig bhliana ó shin. An Musaem an áit deiridh a bhfacas súiste'. (Féach Ó Laighin (1990:149).[59]

I ngeall ar an stair a bhaineann le cur as seilbh in Éirinn, imirce agus eisimirce go háirithe, thuig an Cadhnach go raibh athruithe móra ag tarlú don traidisiún os comhair a shúile agus nósanna ag athrú bun barr. Chonaic sé féin na nósanna seo aistrithe go Sasana i measc na nÉireannach i Londain agus Birmingham. Dúirt sé agus é ag scríobh sna caogaidí: '... during the last twenty-five years the traditional life has changed more than in the previous thousand years'.[60]

Ar ndóigh, tá a leithéid seo ráite ag cuid mhór agus tá sé fós á rá. Bhí Ó Cadhain ag tabhairt faoi deara go raibh nósanna a bhain leis an ngnáthshaol ag athrú. Na croiseanna Bhríde a bhíodh ag a mhuintir– a athair, a sheanathair agus a shinseanathair– bhíodar imithe. Chonaic sé an chaoi a raibh creidiúint agus nósmhaireacht ag imeacht. Agus bhí daoine ag rá leis nár chreideadar ní ba mhó sna pisreogaí ná sna nósanna. Bhí damhsa, toibreacha beannaithe, turasanna, féilte ag athrú agus 'an dara beatha' seo ag roinnt leo go han-mhinic.

Tá sé cúig bliana is seachtó ó bhailigh Máirtín Ó Cadhain béaloideas agus tá athrú saoil agus athrú i léann an bhéaloidis tagtha chun cinn ó shin. Faoi mar a dúirt Diarmuid Ó Giolláin: 'Chuir an litearthacht….go mór le meath na scéalaíochta, rud a léirigh an bhaint a bhí riamh aici leis na daoine ba bhoichte agus ab ísle céim shóisialta.'[61] Ach thuig Máirtín Ó Cadhain go raibh tábhacht i gcónaí leis an scéalaíocht agus leis an ábhar logánta. Faoi mar a scríobh sé:

> … it is somewhat too slick nowadays to disparage history proper and say the important thing is the history of the folk, of the ordinary people, something like what we have been hearing tonight. In my opinion they are not exclusive but complementary. To me, Irish history is the history of great men and great deeds and great moments. Peasants are peasants. Over where I come from the people have never entered history. …While the G.P.O was in flames men over in my country still told stories of Finn Mac Cumhaill and prophecied the coming of Ball Dearg Ó Dónaill.[62]

Bhí sé ag iarraidh an rómánsachas a sheachaint agus theastaigh uaidh a bheith réadúil, praiticiúil faoi chúrsaí na Gaeltachta seachas a bheith ag breathnú siar agus ag glacadh leis go raibh saol i bhfad ní b'fhearr ann roimhe nuair a bhí an scéalaíocht agus gnéithe den bhéaloideas i bhfad ní ba shaibhre faoi mar a chonacthas do chuid de bhéaloideasaithe agus de bhailitheoirí béaloidis an Choimisiúin. Faoi mar a scríobh Diarmuid Ó Giolláin: 'Dá mba spéisiúil ann féin é an béaloideas dar leis an gCadhnach, ba dhríodar é a bhí ina bhac lena aisling a chur i gcrích: náisiún neamhspleách nua-aoiseach a mbeadh saorántacht chultúrtha iomlán ag a bhaill.'[63] Tá sé seo ag teacht go mór lena shaol polaitiúil agus le gluaiseacht chearta sibhialta agus ar an dóchas a bhí aige agus é ag tabhairt misnigh do mhuintir na nGaeltachtaí. Is cinnte gur fíor nuair a cailleadh

Máirtín Ó Cadhain gur cailleadh duine a raibh a chroí is a anam sa nGaeilge agus inar bhain léi. Faoi mar a dúradh i marbhna amháin:

> Bhí fíormheas aige ar an bpobal Gaelach agus ar an gcuid ab fhearr dá nósa maireachtála. Níor cheil sí [sic] riamh a dhúchas ach shaothraigh sé le meas ceart orthu féin is muinín astu féin a chothú i muintir na Gaeltachta.[64]

B'fhéidir gur i ngeall ar go mba chuid de shaol seo an bhéaloidis é, go raibh dílseacht iontach do mhuintir na Gaeltachta aige, agus gur thug sé tús áite do dhul chun feabhais shaol mhuintir na Gaeltachta, a thug sé le tuiscint in amannaí go raibh sé go mór in amhras faoi obair Choimisiún Béaloideasa Éireann. Is fiú cuimhneamh go raibh sé ar dhuine den triúr múinteoir a dhiúltaigh ardú deich faoin gcéad sa tuarastal a bhí ag dul dóibh as bheith ag teagasc sa nGaeltacht agus a dúirt gur cheart an t-airgead a thabhairt do mhuintir na Gaeltachta féin. Faoi mar a scríobhadh faoi:

> His political commitment, particularly to the language and to the Gaeltacht, as a constant in his life, helps to explain his lack of sympathy with any sort of Gaelic and folkloristic scholasticism that offered nothing to Gaeltacht people.[65]

Ba mhaith leis muintir na Gaeltachta a fheiceáil ag déanamh dul chun cinn agus thuig nárbh fhiú nós a choinneáil i ngeall ar a ársaíocht amháin:

> If the spade as a method of cultivating the land survives in Conamara and Leitrim and is the *cas crom* in parts of Scotland it is because there was no easier or better way discovered to deal with that kind of land so far.[66]

Dúirt sé gur dóigh go gcruthófaí tarracóir beag a bheadh in ann an talamh a threabhadh. Dúirt sé 'I am not attached to sentiment for sentiment's sake or to any old world.'[67] An míníonn an abairt seo a dhearcadh? Agus an fíor go hiomlán an ráiteas sin uaidh? Nó arb é nár mhaith leis go samhlófaí le maoithneas é? Maoithneas a chonaic sé ag muintir Choimisiún Béaloideasa Éireann? Is deacair a rá. Agus maidir lena dhearcadh faoin mbéaloideas, seachas ar bhailigh sé, nuair atá deireadh ráite is dóigh go bhfuil an-bhunús leis an tuairim a léirigh Diarmuid Ó Giolláin nuair a dúirt sé faoin gCadhnach agus an béaloideas: 'ní dóigh liom go bhféadfadh sé é a shamhlú mar eolaíocht.'[68] Is cinnte go ndeachaigh a chuid scríbhneoireachta, a chuid teagaisc agus an obair bhailithe a rinne sé chun leasa an bhéaloidis. Bhí sé ní ba ghaire don traidisiún ná mar ba mhaith leis b'fhéidir agus ná mar a cheap sé. Feictear an t-ealaíontóir sa saothar cruthaitheach agus tharlódh gurbh é féith an ealaíontóra a tháinig chun cinn uaireanta agus é ag caint faoin mbéaloideas. Bhí breithiúnas á thabhairt aige in amannaí ar an mbéaloideas ó thaobh an scríbhneora agus an ealaíontóra de. Chuile sheans gur chuidigh sé le dearcadh staidéartha a choinneáil i measc lucht an bhéaloidis: gan a bheith ag breathnú ar an mbás, breathnú ar a bhfuil ann agus a bhfuil romhainn amach seachas a bheith ag breathnú siar agus ag olagón faoina bhfuil ag imeacht nó imithe uainn.

Nótaí

1. Ó Cadhain, Máirtín *Páipéir Bhána agus Páipéir Bhreaca*, Baile Átha Cliath 1969, 7. PBPB feasta.
2. PBPB 9.
3. Ó Máille, Peadar, 'Béaloideas: Máirtín Ó Cadhain', *Leas* 2. 1973, Nollaig 4-8, 15 agus 1974 Samhradh, 2-9.
4. 'Béaloideas: Máirtín Ó Cadhain' 1973, Nollaig, 4.
5. 'Béaloideas: Máirtín Ó Cadhain' 4.
6. 'Béaloideas: Máirtín Ó Cadhain' 5.
7. 'Béaloideas: Máirtín Ó Cadhain' 7.
8. 'Béaloideas: Máirtín Ó Cadhain' 8.
9. 'Béaloideas: Máirtín Ó Cadhain' 1974, 2-3.

10. 'Béaloideas: Máirtín Ó Cadhain' 3.
11. Déanann Ó Máille comórtas idir an scéal a bhreac an Cadhnach don iris agus leagan *Chré na Cille*. Ó Máille, 'Béaloideas: Máirtín Ó Cadhain', 1974, 3.
12. 'Béaloideas: Máirtín Ó Cadhain' 9.
13. PBPB 8.
14. Ó Cadhain, Máirtín, *As an nGéibheann,* Baile Átha Cliath, 1973, 71-2.
15. *As an nGéibheann* 71-2.
16. *As an nGéibheann* 98.
17. *As an nGéibheann* 113.
18. *As an nGéibheann* 126.
19. CBÉ (Cnuasach Bhéaloideas Éireann, An Coláiste Ollscoile, Baile Átha Cliath). Tá an t-ábhar seo á fhoilsiú le caoinchead cheann Scoil na Gaeilge, an Léinn Cheiltigh, Bhéaloideas Éireann agus na Teangeolaíochta.
20. Tá mé faoi chomaoin ag Micheál Briody as an eolas seo agus eolas eile faoin gCadhnach agus an mbéaloideas a roinnt liom agus as a cheadú an t-ábhar seo a thabhairt síos anseo.
21. *As an nGéibheann*, 109-110.
22. Tá mé faoi chomaoin ag an Oll. Séamas Ó Catháin a roinn an scéal seo liom faoi mar a d'inis an Duileargach dósan é tamall de bhlianta ó shin agus a cheadaigh dhom a thabhairt an athuair anseo.
23. Tá an abairt seo in Ó Cadhain, Máirtín, 'Béaloideas', *Feasta* 1950, Márta, 9. Tá an t-alt ina iomláine ar 9-12, 19-25 den eagrán sin den iris agus nóta roimh an aiste mar seo a leanas: 'Seo ina hiomláine an léacht a thug an Cadhanach do Chumann na Scríbhneoirí ar 11 Feabhra,1950'.
24. *An Stoc* Eanáir 1928, sraith nua, leabhar 4, uimh. 7, Gaillimh, 3.
25. CBÉ 79: 357.
26. Ó Cadhain, Máirtín (1935) 'Cnuasach ó Chois-Fhairrge' *Béaloideas* V, uimh.11, 219-72.
27. 'Editorial notes and summary' in Ó Cadhain, 1935, 268.
28. CBÉ 79:328-31.
29. CBÉ 303:514.
30. CBÉ 303:516.
31. CBÉ 303:538.
32. CBÉ 303:540.
33. CBÉ 1239:268.
34. Ó Cadhain, Máirtín 'Dhá Sgéal' *Béaloideas* 6, 1936, 97-103.
35. CBÉ 79:357-358; 290:1-265; 303: 509-41; 1239:267-90.
36. CBÉ 1239: 283-289.
37. Tá an bailiúchán seo ar fail in Ó Cadhain, Seosamh & Ríonach uí Ógáin (eag.) *Faoi Rothaí na Gréine* Baile Átha Cliath, 1999. Sa mbailiúchán seo freisin tá leaganacha d'amhráin a bhailigh Máirtín Ó Cadhain i

gceantar an Spidéil óna mhuintir féin ó Mhicheál Ó Cadhain agus ó Mháire Ní Chadhain agus ó Tom Shéamuis Ó Cadhain.
38. CBÉ comhfhreagras.
39. CBÉ comhfhreagras.
40. CBÉ comhfhreagras.
41. CBÉ comhfhreagras.
42. CBÉ comhfhreagras 29.5.1933.
43. CBÉ comhfhreagras.
44. Tá an t-ábhar bunaidh seo i gColáiste na Tríonóide (CnaT) agus cóip de i gCnuasach Bhéaloideas Éireann (CBÉ T 1511 – T 1574). Rinne Máirtin Mac Donncha sraith 18 de chláir den ábhar a léiriú agus a chraoladh ar Raidió na Gaeltachta faoin teideal 'Bailiúchán Uí Chadhain'. Craoladh an chéad chlár ar an 10 Meán Fómhair 2000 agus an ceann deireanach ar an 7 Eanáir, 2001. Cé nach raibh caighdeán fuaime iontach maith i gcónaí sna buntaifid roghnaigh Máirtín Mac Donncha píosaí ón mbailiúchán a léiríonn cuid d'obair bhailithe seo an Chadhnaigh.
45. CnaT 15/C/1/1. Tá mé faoi chomaoin ag Iontaobhas Uí Chadhain as ceadú dom an t-ábhar seo a léamh agus a thabhairt anseo.
46. Ibid.15/C/3/4d.
47. *As an nGéibheann* 84.
48. *As an nGéibheann* 88.
49. *As an nGéibheann* 132.
50. Ó Duibhginn, Seosamh *Dónall Óg.* Baile Átha Cliath, 1960.
51. Nóta in Ó Duibhginn, Seosamh, *Ag Scaoileadh Sceoil.* Baile Átha Cliath 1962, 186.
52. CnaT 10878/W/2/7.
53. CnaT W/2/3.
54. Eagarfhocal *Béaloideas* 1, 1928, 3.
55. Ó Cadhain, Máirtín 'Caiscín' *The Irish Times,* 15.12.1954, 6.
56. Ó Laighin, Seán) *Ó Cadhain i bhFeasta,* Baile Átha Cliath, 1990,149.
57. 'Béaloideas', 25.
58. Ó Giolláin, Diarmuid *An Dúchas agus an Domhan*, Corcaigh 2005, 16.
59. *An Dúchas agus an Domhan*, 121.
60. CnaT 10878/L/53/E,8. I bhfreagra ar léacht a thug A. T. Lucas.
61. *An Dúchas agus an Domhan*, 129.
62. CnaT 10878/L/53/E,3-4.
63. *An Dúchas agus an Domhan*, 134.
64. de Bhaldraithe, Tomás *The Irish Times* 1970, 22 Deireadh Fómhair 1970.
65. Ó Giolláin, Diarmuid *Locating Irish Folklore*, Cork 2000, 149.
66. CnaT 10878/L/53/E, 16.
67. CnaT 17.
68. *An Dúchas agus an Domhan*, 134.

AISTRIÚCHÁN MAR THÉACS[1]

Jan Erik Rekdal

Saothar aistriúcháin atá i g*Cré na Cille*. Aistrúchán go Gaeilge Chois Fharraige atá i gceist. Is aistriúchán é a rinne Máirtín Ó Cadhain go Gaeilge Chois Fharraige a linne. Ach cé as a d'aistrigh sé é? D'aistrigh sé ó ghlór na cré – glór na marbh – é. Ós rud é go mbíonn glór na marbh ina thost, is guth ar thost na marbh atá ag an gCadhnach ina aistriúchán.

Is féidir tost na marbh a mheas mar theanga nach labhraítear níos mó agus nach gcloistear níos mó. Ciallaíonn sé sin gur aistrigh Ó Cadhain tost na marbh go teanga a linne fhéin – go caint Chois Fharraige. Ní i bhfoirm scéal traidisiúnta de chuid na cainte sin a d'aistrigh sé é, ach rinne sé litríocht den chaint sin. Ní minic a rinneadh é sin roimhe, má rinneadh riamh. Taispeánann aistriúchán Mháirtín Uí Chadhain nach bhfuil i dtost na marbh ach macalla na teanga a bhí ag na mairbh nuair a bhí siad beo.

Ar leibhéal eile is féidir a rá nár chuir Ó Cadhain guth *ar* thost na marbh ina iomláine má shamhlaíonn muid guth le fonn, mar ní scaiptear an tost go hiomlán le guth an aistriúcháin ná ní aiséiríonn na mairbh go fírinneach i litríocht. Ar an gcaoi chéanna a ngabhann tost le guth, gabhann éadóchas leis an teanga mar a labhraítear san úrscéal í – éadóchas nach dócha a bhaineanns le tost na marbh. Ar an gcaoi chéanna a bhfuil éadóchas taobh thiar den chaint, tá tost greamaithe den chaint.

Más mar seo a fhéachann muid ar aistriúchán, is aistriúchán ar thost chuile aistriúchán. Cuireann aistriúchán guth ar ghlór a bhí marbh go dtí go dtugtar beatha dó san aistriúchán. Is cineál aiséirí aistriúchán de shaol atá caite ach ní aiséirí an tsaoil fhéin atá ann ach an saol mar a shamhlaítear don aistritheoir é. Léiríonn sé seo gur cuid den mhodh oibre a bhfuil an litríocht bunaithe air atá i bpróiseas an aistriúcháin fhéin ó theanga go teanga. Mar sin, níl an dá chineál aistriúcháin chomh difriúil sin óna chéile.

Impleachtaí an aistriúcháin

Tá fadhb áirithe ag baint le haistriúchán a dhéanamh ar leabhar atá scríofa i dteanga atá faoi scáth theanga an tromlaigh – teanga atá infheicthe ar éigean ag formhór na ndaoine taobh amuigh den cheantar agus den tír ina labhraítear í, ar nós na Gaeilge.

Nuair a bhí mé ag tabhairt faoi *Cré na Cille* a aistriú, ba léir dom go raibh dhá rud le déanamh agam: scéal an Chadhnaigh a aistriú go hIoruais agus é a dhéanamh sa gcaoi go dtuigfí ón aistriúchán nach i mBéarla ach i nGaeilge a insíodh an scéal i dtosach. D'fhormhór na ndaoine san Iorua ciallaíonn 'úrscéal Éireannach' úrscéal scríofa i mBéarla, mar níl mórán eolais acu faoi Ghaeilge a bheith ann. Go hiondúil ceapann na hIoruaigh go gciallaíonn *the Irish language* Béarla áirithe atá dúchasach in Éirinn.

Cibé scéal é, ní féidir gan *Cré na Cille* a léamh mar nochtadh teanga an mhionlaigh mar a labhraítear go dúchasach í, ní hionann agus an chaoi a n-úsáidtear í (an Ghaeilge) mar chruthú ar an bhfíornáisiúnachas in óráidí agus i gcáipéisí oifigiúla. Ní minic a nocht úrscéalta Gaeilge ná litríocht Ghaeilge ar bith caint na ndaoine mar a nocht *Cré na Cille* í go dtí sin ná ina dhiaidh.

Is iad na daoine a chuireanns iad fhéin in iúl anseo, an dream a bhíonn ina dtost de ghnáth, iadsan atá curtha sa reilig. Agus is sna headarlúidí a dhéanann siad é mar tugtar 'eadarlúid' ar na caibidlí san úrscéal. Tá guth tugtha ag Ó Cadhain dá dtost, fiú mura raibh sé ar a chumas ina leithéid d'úrscéal Gaeilge géar, mírómánsúil, sa ré náisúnaíoch, iad a chur ag caint sna seánraí liteartha ab airde sa chanóin, ach sna 'headarlúidí' – (mar ní raibh spás sa chanóin in Éirinn, ná i mórán tíortha eile ag an am, do litríocht den chinéal seo). Ach i ndeireadh na dála ní féidir píosa litríochta chomh bríomhar misniúil le *Cré na Cille* a choinneáil taobh amuigh de chroílár na litríochta ar fad – mar brúnn ealaín mhór shuaiteach í fhéin isteach i ngach uile choirnéal de shaol an phobail. Ach éalaíonn úrscéal mar sin isteach ina ghníomh i ngan fhios dá chuid criticeoirí, in ainneoin, nó de bharr, an méid a chuirtear ina aghaidh. Mar sin, is féidir a rá gur aistríodh na daoine a chaith a saol ina gcónaí sna headarlúidí isteach i ngníomh an úrscéil – rud nach dtarlódh lasmuigh den scéal. Aistrítear an duine sa litríocht óna ghnáthchomhthéacs go comhthéacs an tseánra murab ionann agus an duine i scéal béaloidis, fiú má thugann an insint scéil cuntas air ina ghnáth-chomhthéacs.

Nuair a aistrítear píosa litríochta go teanga nua aistrítear go comhthéacs nua é san am céanna. Tugann an t-aistritheoir faoi lena bhagáiste feasach – baineann sé ciall as an scéal atá aige le haistriú le huirlisí intleachtúla a bhaineann lena chomhthéacs fhéin. Cén chaoi a n-aistríonn tú 'teach ósta' nuair nach raibh a leithéid i mbailte beaga na hIorua ag am an úrscéil, mar shampla? Tá go leor rudaí sa mbuntéacs nach bhfuil inaistrithe ach atá inaitheanta go leor mar rudaí eachtrannacha, agus mar sin feictear dom gurb é an rud is fearr iad a fhágáil mar atá – mar loirg isteach sa tír aineoil ina bhfuil an t-úrscéal suite ó bhunús. Uaireanta is é an t-aistriú is fearr gan gach rud a aistriú.

Teanga Uí Chadhain – an stíl

Ní foláir don aistritheoir scrúdú a dhéanamh ar theanga an bhuntéacs i gciall níos leithne ná gramadach lom an bhuntéacs, le stíl oiriúnach chomhfhreagrach a aimsiú do theanga an aistriúcháin. Tá dualgas ar an aistritheoir teanga an bhuntéacs a aithneachtáil go hiomlán agus é ag fiosrú cén bhaint atá aici le canúintí réigiúnacha agus sóisialta na tíre. Ní féidir teacht suas lena macasamhla sin i dteanga nua an aistriúcháin gan an méid sin a bheith déanta aige sara dtosaíonn sé ar an saothar.

Tá *Cré na Cille* scríofa i gcanúint Ghaeilge. Ní i bprós le blas canúnach air atá sé scríofa ach i ngnáthchaint na ndaoine in áit áirithe i gConamara. Is teanga labhartha an chuid is mó de theanga an úrscéil. Ó tharla go raibh an t-úrscéal críochnaithe i 1949, is i gcanúint a labhraíodh glúin daoine roimh an gCogadh Mór a rugadh go mórmhór sa dara leath nó ag deireadh na naoú haoise déag, má rugadh ariamh iad! Is é sin le rá, leagan na canúna a bhí ag dul as i ndeireadh na seascaidí agus ag tús na seachtóidí nuair a bhí fuílleach na glúine sin ag fáil bháis – le teacht na teilifíse. Ó tharla gur monalóg nó dialóg mórchuid d'insint an úrscéil, feictear don léitheoir go mbaineann tábhacht áirithe leis an gcanúint. Ach ní raibh rogha ag an scríbhneoir dá mb'áil leis a leithéid d'úrscéal a scríobh ach a theanga dhúchasach fhéin a úsáid. Ní raibh aon Ghaeilge eile ann dó nuair nach raibh aon chaighdeán feidhmiúil scríofa ann i gcás na Gaeilge ag an am. Má bhí a chosúlacht ann, ba chaighdeán é a bhí bunaithe ar phrós liteartha an Phiarsaigh agus Uí Chonaire. Ba phrós é sin a bhí gann in insint dhíreach agus flúirseach in insint neamhdhíreach – prós a bhí ag iarraidh canúint, nó caint réigiúnach, a sheachaint le go mbreathnódh sé chomh liteartha is a d'iarr an litríocht ar údair liteartha lena ré.

Maidir le stíl Uí Chadhain, ní stíl shimplí í. Nuair a scrúdaíonn muid an teanga labhartha feiceann muid go bhfuil saibhreas ar leith ag baint léi. Ní hamháin go bhfuil sí beoga, saillte le heascainí bríomhara, ach taobh istigh den chaint sin, tá focail, seanfhocail agus leaganacha cainte seanda scaipthe tríd an scéal. De bhrí go dtagraíonn go leor acu siúd don traidisiún scéalaíochta – don bhéaloideas – léiríonn siad don léitheoir go bhfuil seanchultúr litríochta, bíodh gur litríocht bhéil í, taobh thiar de chaint na bpearsan san úrscéal – de chaint Chaitríona Pháidin cuir i gcás. Is macasamhail de thraidisún na scéalaíochta í leis an tsíor-aithris ar na scéalta céanna, an síor-athrá a bhíonn ar siúl ag pearsana an úrscéil.

Tá stíl shainiúil an úrscéil seo bunaithe ar rithim áirithe atá beoga agus géar agus eascraíonn an rithim sin as an athrá atá sa gcaint mhaol, thútach. Sa gcaoi sin, is meascán d'urlabhra íseal agus uasal, atá saothraithe go healaíonta, stíl inste an scéil seo. Nuair a chuireanns muid san áireamh, ina theannta sin, an aoir a dhéantar dá bhfuil le rá ag Stoc na Cille agus dá nós labhartha, is léir go gcuirtear an t-íochtar in uachtar agus go gcuirtear uasal le híseal anseo.

Rinne Máirtín Ó Cadhain éacht úrnua i ndomhan liteartha na hÉireann: lig sé don ghnáthdhuine labhairt os ard faoi na rudaí nach labhraítí os ard fúthu go dtí sin, má labhraítear os ard fúthu sa lá atá inniu ann. Mar sin, nuair a thaispeáin an t-údar a phearsana trína gcuid cainte amháin, b'éigean dó é a dhéanamh le teanga a bhí ar a chumas agus ina theanga fhéin. Mar sin fhéin, ní fhágann sé sin gur scéal canúnach, réigiúnach atá i scéal Uí Chadhain. Mar cuirtear an coinníoll céanna orainn uile sa reilig: ní féidir le haon duine againn cor a dhéanamh pé brí cén áit a bhfuil muid curtha – 'Áit an phúint, na cúig déag nó na leathghine'.

Ar ndóigh bhí roinnt Gaeilge á labhairt go poiblí ag na daoine móra i mBaile Átha Cliath agus i gcathracha móra eile na hÉireann ag an am – le bolscaireacht a dhéanamh ar an dearcadh ceart polaitíochta. Ní labhraíodh an gnáthdhuine, a raibh Gaeilge ó dhúchas aige, Gaeilge go poiblí sna háiteachaí sin. Níorbh aon chuid de shaol na mbailte móra í an Ghaeilge – sin é a d'airigh an duine a raibh Gaeilge ó dhúchas aige. Níor fríothadh in aon áit acu siúd reilig ná cill lán le daoine a raibh Gaeilge acu, mar a fríothadh thiar i gConamara mar shampla. Formhór na ndaoine a raibh Gaeilge á labhairt acu sna bailte móra, Béarla a labhróidis sa gcill. Ach ina dhiaidh sin, is baile leis féin í an reilig, baile taobh istigh an bhaile ar leis í. Níos doimhne arís tá baint ag an mbaile reilige sin leis na bailte reilige ar fud an domhain, agus ar an leibhéal sin aontaítear an cine daonna sa reilig.

Is léiriú ar shochaí iomlán na hÉireann é an t-úrscéal agus réamhionad tugtha do na gnáthdhaoine lena gcuid suarachais. Ar an dromchla tá cosúlacht idir é agus úrscéal a tháinig amach fiche seacht mbliain roimhe sin – *Ulysses* le James Joyce – ach nuair atá deireadh ráite, ní gnáthdhaoine amach is amach iad Mr Bloom ná Stephen Dedalus, murab ionann is Caitríona Pháidín agus Tomás Taobh Istigh. Is í an difríocht is mó atá idir *Cré na Cille* agus *Ulysses* ná an easpa athraithe agus easpa dialóige. Níl aon chomhrá ar siúl in insint Uí Chadhain. Is baile ceart críochnaithe san iarthar timpeallacht na cille. Tá an baile sin i gcónaí traidisúnta in ainneoin chor-rud nua-aimseartha atá ar tí teacht isteach in éineacht leis an gcogadh. Is pobal beag tuaithe traidisúnta Gaeilge atá sa mbaile úd ar leis an chill. Ach san am céanna meabhraíonn an dream adhlactha seo dúinn, lena n-easpa iomlán comhrá agus caidrimh, sochaithe coimhthíocha na gcathracha móra ar fud an domhain sa lá atá inniu ann.

Rogha teanga

Cén rogha teanga a d'fhág an léamh thuasluaite sin agam? Agus cén rogha a bheadh le déanamh san Iorua? Tá dhá chaighdeán scríofa san Iorua – ceann bunaithe ar na canúintí a bhí ann ó bhunús agus ceann eile arb ionann é agus caighdeán scríofa na Danmhairgise ach í athchóirithe agus athcheartaithe le blianta anuas de réir Ioruais na príomhchathrach. Dá bharr sin tá difríocht shuntasach inniu idir caighdeán scríofa na Danmhairgise agus caighdeán na hIoruaise, cé go bhfuil an dá theanga scríofa sin níos gaire dá chéile ná an teanga labhartha. Tugtar 'Nynorsk' (Nua-Ioruais) ar an gcaighdeán atá bunaithe ar na canúintí agus scríobhadh go leor litríochta tábhachtach ann ó bunaíodh é. Canúint réigiúnach an údair is mó a chuirtí i mbéal na ndaoine sa litríocht sin, fiú dá mbeadh an prós tuairisciúil de réir an chaighdeáin scríofa.

Bhí traidisiún liteartha réigiúnach san Iorua ag tús an chéid seo chaite agus roinnt mhaith de scríofa sa gcaighdeán Nua-Ioruaise. Traidisiún réigiúnach, náisiúnach, rómánsach agus níos measa ná sin maothintinneach. Dá n-aistreofaí *Cré na Cille* go Nua-Ioruais chuirfí béim ar ghné réigiúnach nach mbaineann leis an ábhar, i mo bharúilsa. Bheadh macalla ann d'óráid i mbéal ard-stáitseirbhísigh ar son Nua-Ioruaise ag ócáid oifigiúil sa bpríomhchathair – macasamhail óráid Ghaeilge i mbéal ard-stáitseirbhísigh i mBaile Átha Cliath sna daichidí. Leis na tagairtí sin a sheachaint roghnaigh mé caighdeán scríofa atá gar do theanga labhartha na príomhcathrach, nó do theanga labhartha chathracha móra eile na tíre, bíodh go bhfuil aiceann beag ar an teanga labhartha atá ag na daoine sna cathracha eile úd.

Bhí traidisiún scéalaíochta béil riamh in oirthear na príomhchathrach freisin, cé nach raibh sé chomh láidir leis an gceann amuigh faoin tír. Ach níor tugadh mórán airde ar scéalaíocht na cathrach mar ní raibh aon cháil uirthi, ós rud é gur bhain sí le lucht oibre a bhí bocht – fhad is a mhair an traidisiún. Níor tuigeadh gur bhain sí le dream a raibh go leor acu tar éis bogadh isteach ón tír timpeall na cathrach ag tóraíocht oibre. Ba chainteoirí canúintí éagsúla iad go dtí gur lig siad a gcuid canúintí i léig leis an náire a bhain leo a sheachaint – ba leor dóibh a bheith bocht. Níor tuigeadh an bhaint a bhí idir an traidisiún scéalaíochta agus an chanúint. Fiú má tá an traidisiún sin imithe i léig le lucht oibre an tseansaoil, d'fhág sé a lorg ar theanga labhartha Oslo. Is ón traidisún sin a fuair mé na heascainí is saibhre.

B'shin é an fáth gur roghnaigh mé an caighdeán scríofa a úsáidtear sna cathracha móra le haghaidh an aistriúcháin. Is sa gcaighdeán sin a scríobhtar an chuid is mó de litríocht an lae inniu san Iorua. Nuair a labhraíonn na pearsana sa leagan Ioruaise de *Chré na Cille* teanga Oslo, is mar sin is fearr a nochtar saol na ndaoine uaigneacha a léiríonn Ó Cadhain ina úrscéal faoi chraiceann shaol na tuaithe.

Agus is í an chúis ar mheabhraigh scéal Uí Chadhain scéalta Bheckett do na léithoirí agus do na léirmheastóirí óga a scríobh go díograiseach faoin aistriúchán nuair a foilsíodh é ná go bhfaca siad a mhacasamhail i Máirtín Ó Cadhain. B'úrscéalaithe óga an bheirt ba mhó a mhol an saothar. Thosaigh duine acu,

Terje Holtet Larsen, á rá 'go bhfuil sé cineál aisteach má scríobhaim go bhfuil leagan Ioruaise againn i ndeireadh thiar thall de 'Kirkegårdsjord' (sin é an teideal atá air san Ioruais), úrscéal Mháirtín Uí Chadhain, de bhrí nár chuala mé trácht riamh ar an údar agus nár airigh mé uaim é.'[2] Leanann sé leis á rá 'nach bhfuil a fhios againn céard a d'airigh muid uainn nó go bhfuil sé againn.' Cuireann sé é i gcomparáid le Beckett, ar nós na léirmheastóirí eile. Luann sé an chosúlacht shonrach go bhfuil an sprioc chéanna acu lena scéalta: gan pearsana a chruthú atá inchreidte ó thaobh na siceolaíochta de ach gur íomhánna iad de shantacht, de shuarachas agus de neamhbhrí, is é sin, tréithe follasacha an chine dhaonna – fíu amháin agus iad san uaigh. Cuireann sé beagán as dó go gcuirim fhéin úrscéal Uí Chadhain i gcosúlacht le húrscéal mór Joyce, *Ulysses*, gan Beckett a lua i réamhrá m'aistriúcháin. Ag maíomh a bhí mise gurb iad an dá úrscéal is tábhachtaí iad a scríobhadh sa bhfichiú haois in Éirinn agus gur foilsíodh iad ag amanna tromchiallacha i stair na tíre le linn an chéid sin.

Ach tá mé ar aon intinn le Terje Holtet Larsen, ar ndóigh, gurb é is mó a théanns i bhfeidhm ort, ó thaobh na litríochta de, ná an gaol soiléir atá idir saothar Bheckett, *Molloy*, agus *Cré na Cille*. Tháinig an dá úrscéal amach timpeall an ama chéanna. Bhí Ó Cadhain dhá bhliain chun tosaigh ar Bheckett, mar níor foilsíodh na bunleaganacha Fraincise de *Molloy* agus *Malone Dies* go dtí 1951. Thug Breandán Ó Doibhlin faoi deara an chosúlacht a bhí idir *Molloy* agus *Cré na Cille* i *Léachtaí Cholm Cille* tríocha bliain ó shin.[3] Ní raibh mórán cainte ar Bheckett ag am foilsithe *Cré na Cille*.[4]

Ba chomhaois Beckett agus Ó Cadhain, gan ach bliain eatarthu. Cé go mb'as aicmí difriúla iad, chaith siad beirt a saol ag coraíocht le teanga – duine acu lena theanga a choinneáil – an duine eile lena theanga a fhágáil. Bhí Máirtín Ó Cadhain ag iarraidh a theanga dhúchais a chosaint ar an mBéarla agus Samuel Beckett ag iarraidh éalú óna theanga dhúchais. Ar thaobhanna contrártha d'Éirinn a tógadh iad, duine acu le Gaeilge agus an duine eile le Béarla, agus ar thaobhanna contrártha den Bhéarla a shaothraigh siad a gcuid litríochta. Mar bhalla dosháraithe bhí an Béarla eatarthu, de réir cosúlachta, ach dá ainneoin sin d'iompaigh na pearsana ina gcuid scríbhinní amach an-chosúil lena chéile i ngan fhios dóibh. Saol spailpín a bhí ag an nGaeilge in Éirinn, an tír ar léi í, agus saol spailpín a bhí ag Beckett sa bhFraincis, teanga nár leis í.

Nótaí

1. Tá mé buíoch de Phádraig Ó Cearbhaill is Rita Bhreatnach as a gcabhair leis an pháipéar seo.
2. Dagbladet fredag 15. desember 1995.
3. 'Athléamh ar *Chré na Cille*', *Léachtaí Cholm Cille* V, 1974, 40-53, 46.
4. A. Cronin, *Samuel Beckett: The Last Modernist*, London 1996, v-vi.

MÁIRTÍN Ó CADHAIN, AN STAIR AGUS AN PHOLAITÍOCHT: ATHMHACHNAMH

GEARÓID Ó TUATHAIGH

Beagnach scór bliain ó shin thugas faoi ghnéithe áirithe de smaointeoireacht Mháirtín Uí Chadhain ar an bpolaitíocht a chíoradh.[1] Ó shin i leith tá cuid mhaith ábhair nua foilsithe a bhaineann, a bheag nó a mhór, leis an téama céanna. Ar an ábhar nua seo, tá cnuasaigh dá shaothar iriseoireachta,[2] aistí léirmheasa,[3] saothar fada dá chuid ar bhunfhoinse é ar a dhearcadh i leith na staire,[4] tráchtas taighde,[5] agus saothar bunúsach anailíse Aindréis Uí Chathasaigh.[6] Thug an t-ábhar nua seo ar fad lón athmhachnaimh dom, gan trácht ar an athrú peirspictíochta a thagann le haois agus le himeacht na haimsire. Sin é, mar sin, atá san aiste seo, athmhachnamh ar chuid de smaointeoireacht Uí Chadhain ar an bpolaitíocht agus ar an stair.

Is é a chuireas romham san aiste seo, beachtú éigin a dhéanamh ar mhúnlaí tuisceana Uí Chadhain ar an stair, stair na hÉireann ach go háirithe; a pháirt féin inti, mar a bhain sí lena gheasa agus lena bhearta polaitíochta; é féin ina oidhre ar stair na hÉireann agus ina ghníomhaire inti. Sin, agus athchóiriu éigin ar an gcomhthéacs comhaimsire inar féidir agus inar chóir polaitíocht Uí Chadhain a mheas agus a mheá. Cur chuige croin-eolaíoch, den chuid is mó, a bheidh agam, leis an tráchtaireacht snaidhmthe tríd an gcuntas, de réir mar a fheileann. Arís, scríbh-inní polaitiúla amháin a bheidh faoi chaibidil agam san aiste, cé go ngéillim go hiomlán don bhreithiúnas gur aon bheartas réabhlóideach amháin é, i gcomhthéacs phráinn na teanga, gach ar scríobh Ó Cadhain. Beidh mé ag díriú ar thréimhsí agus ar eachtraí áirithe, seachas a chéile, i saol Uí Chadhain, go háirithe ar na deich mbliana deireanacha dá shaol. Glacaim leis nach gá dom dul chun leadráin le sonraí beathaisnéise ar feadh an ama.

Síneann an chéad tréimhse de shaol Uí Chadhain óna óige go dtí gur fhág sé Currach Chill Dara sa bhliain 1944. Beidh eolas fairsing ag léitheoirí na haiste seo ar chreatlach an scéil. Ar bhealai áirithe, bhí gnáthóige stócaigh Ghaeltachta i mblianta tosaigh an fhichiú haois ag Ó Cadhain. Thóg sé an béaloideas leis ón gcliabhán. Bheadh impleachtaí móra ag an taisce béaloidis seo dá thuiscint ar stair agus ar sheanchas na tíre, dá shamhlaíocht staire. Is léir óna insint féin gur aithin Ó Cadhain an-luath ar fad an dá mhórcheist a ndearna sé iarracht i ndiaidh iarrachta ar a bhfuascailt agus ar iad a nascadh i gceart i bhfealsúnacht agus i bhfeachtas polaitíochta ar feadh an chuid eile dá shaol: ceist na teanga, arbh í ceist an náisiúin í, agus an cheist shóisialta nó an rangaithe aicme, iad fite fuaite ina chéile aige agus é ag iarraidh tuiscint agus réiteach a fháil ar chás agus ar chinniúint a mhuintire – muintir na Gaeltachta: 'Bhí an smaoine seo téaltaithe i m'intinn sul ar fhág mé an Ghaeltacht ná ar chuala mé caint ar Mharx ná ar an gConaolach riamh … Bhí an fuath aicmeach seo gríosta ionam …[7]

B'iad an dá cheist seo a spreag na bearta éagsúla polaitíochta a thriail sé c.1926-1945; '[b]a chall troid', mar a scríobhfadh sé ar ball. Cé na cineálacha gluaiseachtaí nó eagraíochtaí, más ea, ar bheartaigh sé páirt a ghlacadh iontu leis an troid seo a dhéanamh? Le harm na Poblachta (Óglaigh na hÉireann nó an IRA), cumann rúnda míleata, a chuaigh sé, tar éis dó teacht go Baile Átha Cliath le dul faoi oiliúint mar oide scoile i gColáiste Phádraig i nDroim Conrach. Dhealródh sé gur tháinig sé go mór faoi anáil an pháipéir *An Phoblacht*, a raibh blas láidir radacach air ag an am. Iar bhfilleadh ar Ghaillimh dó, ag múineadh scoile, bhí Ó Cadhain i gceannas na buíne i gCamus agus ina dhiaidh sin ar an gCarn Mhór, nó gur briseadh as a phost é san Achréidh is gur thug a aghaidh arís ar Bhaile Átha Chliath sa bhliain 1936, agus bliain is tríocha slánaithe aige.

Maidir lena rogha – dul sna hÓglaigh – agus maidir lena dhílseacht do na hÓglaigh ó lár na bhfichidí ar aghaidh, agus fiú nuair a scar sé leis an 'arm' ar ball, níor shéan sé riamh a ómós do mhisneach 'an óglaigh aonair' a rinne iarracht beart fóinteach a dhéanamh ar son shaoirse na hÉireann, is fiú, dar liom, suntas a thabhairt don Fhiannaíocht mar údar don rogha sin. B'iontach mar a chuaigh na scéalta Fiannaíochta i bhfeidhm ar Ó Cadhain agus é ina ghasúr agus ina stócach, agus go deimhin níos déanaí arís nuair a thosaigh sé ag léamh go tréan:

> Ba é Fionn agus Oisín leitríocht na mbocht. … Is minic a d'fhéachadh muid le dallamullóg a chur ar ár gcuid ocrais le gaiscí na bhFiann …[8]

Ní gá dul i bhfad scéil faoin a mhinice is a thagrann sé don Fhiannaíocht idir eachtraí agus phearsana ina chuid scríbhinní: scríbhinní de gach saghas. Tá a shaothar uile ar maos ar fad le tagairtí ón Fhiannaíocht: meafair i gconspóidí de gach saghas, an Ga Bolga agus a leithéid á lua aige arís agus arís eile. Taisce shaibhir dá shamhlaíocht agus dá chuid reitrice uile ba ea an Fhiannaíocht.

Nuair atá sé á mheas mar fhear polaitíochta, sílim gur bunúsaí fós agus gur doimhne atá tionchar seo na Fiannaíochta le feiceáil i bpolaitíocht Uí Chadhain: na hidéil a bhí aige, na tréithe ar thug sé ómós dóibh, na múnlaí agus na modhanna oibre a chleacht sé, tá blas láidir na Fiannaíochta orthu uilig ó thús deireadh. Ní dóigh liom gur áibhéil rómhór é a rá gur sna scéalta Fiannaíochta is fearr is féidir linn na múnlaí agus na hidéil is túisce agus is fuide a mheall Ó Cadhain le dul ag plé le polaitíocht a thabhairt faoi deara. Sé sin, buíon laoch, arbh é a bhí ina gcuid laochais, ard-idéil a bheith acu, agus uaisleacht, crógacht agus diongbháilteacht a bheith ag baint lena n-iompar: glaine ina gcroíthe, neart ina ngéaga agus iad réidh i gcónaí le beart a dhéanamh de réir a mbriathar. Faoi mar a fheicfimid síos tríd an aiste seo, arís agus arís eile, anuas go tí lá a bháis, b'iad san, go bunúsach, na hidéil agus an múnla eagair ba roghain leis an gCadhnach ina chuid bearta polaitíochta: buíon mhíleata, tiomnaithe do chúis nó d'idéal, le dílseacht dhaingean, disciplín míleata, agus, thar rud ar bith eile, iad réidh i gcónaí le beart a dhéanamh de réir a mbriathar.

Poblacht a bhí uatha. Cad é go díreach a chiallaigh seo, seachas siombail ar fhlaitheas bunreachtúil an stáit Éireannaigh? Chiallaigh sé gach rian de cheannas Shasana, idir shiombalach agus eile, a bheith glanta de thalamh na hÉireann. Ach, thairis sin, do chuid de na hÓglaigh cibé ar bith, agus cinnte don Chadhnach, chiallaigh sé an réabhlóid chultúrtha a d'fhógair Mac Piarais, 'Éire saor agus Éire Ghaelach'. Thairis sin, chiallaigh sé an saol a bheith curtha ina cheart, chomh fada is a bhain sé leis an ghnáthphobal, leis an gcosmhuintir de. Bhí a bheag nó a mhór de radacacht shóisialta i gceist le coincheap na poblachta, chomh fada is a bhain sé le ceart agus cóir do na saoránaigh uile; bhí an éagóir agus an leatrom le cloí. Ach níor chuid d'aon teoiric shistéimeach shóisialta, ní áirím teoiric chuimsitheach réabhlóide, tuairimí nó instinní Uí Chadhain ag an am, faoi conas mar ba chóir tabhairt faoin saol a chur ina cheart.

Rud amháin, áfach, a bhí an-soiléir dóibh. Níorbh í an phoblacht a fógraíodh in 1916 an leagan amach ar an talamh ach oiread le stádas agus siombail an stáit in Éirinn i mblianta tosaigh an tSaorstáit. Go praiticiúil, b'iad fadhbanna na talún agus na tuaithe (fostaíocht, slí maireachtála, méid na ngabháltas, an iascaireacht) ba mhó a bhí ag déanamh tinnis don chosmhuintir faoin tuath in Éirinn sna fichidí. Ní raibh dílseacht ar bith ag Ó Cadhain do pháirtí polaitíochta ar bith. Níor lean sé De Valera agus a lucht leanúna nuair a bhriseadar san le Sinn Féin, nuair a bhunaigh siad Fianna Fáil in 1926 ná nuair a ghlac siad a gcuid suíochán sa Dáil an bhliain dár gcionn. Ach níor ghabh sé le Sinn Féin ach an oiread. Ba d'arm na Poblachta, an t-aon dream a bhí ag déanamh gnímh, mar a mhaígh sé, a thug Ó Cadhain a dhílseacht.

Na bearta a bhí le déanamh ag na hÓglaigh logánta i gConamara agus ar an gCarn Mhór faoin 'cheist shóisialta', is é sin, *fair play* a fháil don chosmhuintir, ba mhó ba chosúil iad le bearta na sean rúnchumann talún ná le Boilséibheachas Gaelach de chineál ar bith, agus mar sin a bhí an scéal, chomh maith, in áiteanna eile san iarthar ag an am. Ba go tapaidh a thuig Ó Cadhain agus Óglaigh eile, agus cuid mhaith de lucht Fhianna Fáil, ar ndóigh, nach raibh rialtas Chumann na nGaedheal chun formhór de na moltaí a rinne Coimisiún na Gaeltachta in1926, a bhí bunaithe acu féin, a chur i gcrích. Ach, ba é an modh díreach agus an modh míleata a mhol Ó Cadhain chun ceart a bhaint amach: nuair a bhí an pobal in achrann le tiarna talún (Wallace) sa bhliain 1935, ba é lámhach an tiarna talún a mhol Ó Cadhain mar leigheas ar an scéal.[9]

Ach, maidir le fís nó fealsúnacht shóisialta chríochnúil, cibé leagan amach ginearálta a bhí ag Ó Cadhain anuas go dtí 1936, ba mhó a shíolraigh sé ó thréadlitreacha pápúla faoi dhualgas sóisialta an Chríostaí caitheamh go cothrom lena chomhdhaoine ná ó aon fhoinse eile. Tá dealramh le breithiúnas Aindréis Uí Chathasaigh nach raibh fís shóisialta Uí Chadhain ag an am seo ró-fhada ón leagan amach a bhí ag leithéidí G. K. Chesterton, caomhnach Caitliceach, a rinne rómánsú ar an gcomhthionól 'orgánach' mar idéal sóisialta. Bhí dílárú cumhachta le moladh; bhíodar frithchumannach agus b'iad an Boilséibheachas agus an stát ollsmachtach na naimhde; an dualgas móralta a chothódh an ceart sóisialta, le dlús an phobail uilelaicmigh bunaithe ar 'chomh-mhalartú' dualgas.[10] Ar ndóigh, bhí na tuairimí seo faiseanta i measc Caitliceach a bhí buartha faoin mBoilséibheachas ag an am. Bhí polaitíocht an domhain mhóir suaite ag an am, ag tús na bhfichidí agus arís tar éis 1929. Bhí fadhbanna eacnamaíochta agus sóisialta ann nárbh éasca a fhuascailt, agus bhí moltaí réabhlóideacha ag teacht ón eite dheis agus ón eite chlé mar réiteach ar an gcruachás.[11]

Táid ann a deir go raibh luí ag Ó Cadhain agus ag Óglaigh

áirithe le tuairimí, murab ionann agus eagraíochtaí, faisisteacha, agus gur chuid de *credo* polaitíochta Uí Chadhain iad na tuairimí seo. Cén bunús atá leis seo? Ar an gcéad dul síos, is fíor go raibh frithchumannachas áirithe ag baint le creideamh Uí Chadhain sna tríochaidí, agus go raibh an náisiúnachas an-láidir ann. Ach ní hionann duine a bheith frithchumannach agus náisiúnach agus an duine sin a bheith ina fhaisisteach. Cad faoin ómós a bhí aige, dála go leor faisisteach, don ghníomh? Arís, ní cruthúnas ar an bhfaisisteachas é meas a bheith ag duine ar an 'mbeart'; braitheann sé ar an gcuspóir atá leis an mbeart. Is fíor a rá gur tróp reitrice ag Ó Cadhain ar feadh a shaoil ar fad sa pholaitíocht é an 'frithréasúnachas', tréith a bhain le go leor faisisteach, ar ndóigh, ach tréith a bhain le réabhlóidithe de gach straidhp san Eoraip sa chéad leath den fhichiú haois.

Gné amháin de pholaitíocht Uí Chadhain a bhí faiseanta san Eoraip ach go háirithe sna blianta idir an dá chogadh, agus a raibh tábhacht faoi leith léi i gcomhthéacs eachtra na staire in Éirinn ó 1914 i leith, an drochmheas ar fad bhí aige ar an bparlaiminteachas ionadaíoch nó 'daonlathach' mar fhoinse údaráis. Ar ndóigh, bhí an dearcadh diúltach seo ar an bparlaiminteachas liobrálach, le saorthrádáil mar shoiscéal eacnamaíochta aige, ag go leor radacach den eite chlé agus den eite dheis san Eoraip sna blianta seo.

Fiú is má táimid sásta na comharthaí éagsúla sóirt seo a thabhairt faoi deara i ndearcadh Uí Chadhain, ag deireadh an lae is iarracht den súgán sneachta é an cás a déantar in aghaidh Uí Chadhain maidir lena luí leis an bhfaisteachas, mar a tuigeadh é ag an am. Bhí sé glan in éadan na Léinte Gorma, ní raibh báidh ar bith aige le ceannairc Franco, ní raibh aon luí aige leis an *Fuhrerprinzip*, agus na bearta sóisialta ar thug sé tacaíocht dóibh, ba mhó a bhaineadar le clár oibre agus aisling na heite clé ná le rud ar bith eile.[12]

Pé scéal é, níor ghabh Ó Cadhain le haon cheann de na grúpaí poblachtánacha a thug coiscéim láidir ar clé ag tús na dtríochaidí (leithéidí Saor Éire agus An Chomhdháil Phoblachtach), cé go raibh a chuid cainte féin ar maos le reitric na radacachta sóisialta ag an am. Anuas go dtí 1932, ar ndóigh, b'iad Cumann na nGaedheal an namhaid choiteann ag poblachtánaigh den uile straidhp. Bhí dóchas i gcónaí ag cuid mhaith Óglach as De Valera, agus bhí dóchas láidir ag cuid mhaith de chosmhuintir Chonamara nach raibh sna hÓglaigh as De Valera agus Fianna Fáil. Bhí geallúintí tugtha faoi na 'bliantachaí' a chur ar ceal, agus faoi thalamh a roinnt níos mire agus níos cothraime ná mar a bhí déanta ag Cumann na nGaedheal.

Mar sin, san Eoraip agus sa bhaile bhí an pholaitíocht suaite go maith sna tríochaidí, le géarchéim an chórais eacnamaíochta dhomhanda tar éis 1929, le caithréim Hitler and Mussolini, teip Léig na Náisiún, armáil thréan, agus polarú polaitíochta agus idé-eolaíochta i mórán tíortha a chuaigh chomh fada le cogadh cathardha fuilteach sa Spáinn.

I bhfianaise na corraíle seo ar fad, ba é an seasamh 'traidisiúnta', Finíneach, tríd is tríd, a ghlac Ó Cadhain sa suaitheadh seo. Thug sé méid áirithe tacaíochta do De Valera, tacaíocht ar choinníoll, idir 1931 agus 1933, chun Cumann na nGaedheal a dhíbirt as oifig; throid sé in aghaidh na Léinte Gorma; agus thug tacaíocht láidir, in éineacht lena bhuíon, don fheachtas i gConamara, faoi choimirce Mhuintir na Gaeltachta ó 1934, chun gabháltais talún a fháil i lár tíre do theaghlaigh bhochta as Conamara, rud a bhí geallta, freisin, ag De Valera agus Fianna Fáil. Ar ndóigh, bhí reitric chatha Uí Chadhain níos láidre ná an reitric ag éinne eile: 'mallacht Chromail', 'athphlandú ag Gaeil', an cás le buachaint 'as réiteach nó gan bhuíochas'. Bhí reitric na heite clé aige, chomh maith, faoi leatrom ar an gcosmhuintir, agus ina dhamnú ar chraos lucht gaimbín agus monaplachtaí. Ach níor ghabh sé le haon cheann de na faicsin phoblachtánacha a bhunaigh eagraíochtaí 'sóisialacha' ag tús na dtríochaidí. Thacaigh sé leis an bpolasaí buamála sa Bhreatain a mhol Russell don IRA, agus bhí sé amhrasach faoi na poblachtánaigh úd a d'éirigh róthógtha le crosáidí thar lear, sa Spáinn mar shampla. Bhí an troid le déanamh sa bhaile, dar leis.

Tá sé le tabhairt faoi deara ar a chuid cainte go raibh sé ag éirí níos géire ag cáineadh mheasúlacht cheannairí ghluaiseacht na Gaeilge. Ach bhí a bhunfhealsúnacht féin faoi 'chúis' na hathbheochana, a dhearcadh ar thábhacht na Gaeilge agus ar an gcúis go raibh sé riachtanach go ngaelófaí an tír, ar aon dul leis an leagan a d'fhógair de hÍde agus a chuid compánach ag tús ré an Chonartha; an cultúr a bhí le slánú, ba chóras cuimsitheach luacha é:

> But it is not merely as a medium of expression that Irish is valuable; it provides access to the outlook on life which characterises the people who still speak it, and to the literary heritage of their Gaelic past. For a few years – for a very few – the Irish people have before them the opportunity of deciding whether they are going to revive their language and the culture associated with it, or whether they are going to resign themselves to English, which opens the door to the insidious influences of a materialistic daily press; whether they will attempt to revive a way of life which has some affinity with the Greek, or whether they will go the way of England and America and their own middle class.[13]

Má ba dhúshlánach a chuid cainte, maidir le ceart sóisialta a thabhairt do dhaoine, ba é an ceartas dáileach sóisialta, Críostaí an mórfhráma tagartha a bhí aige i gcónaí i dtús na dtríochaidí. (c.1932). Thar rud ar bith eile, áfach, b'é Gaelú na tíre .i. an réabhlóid chultúrtha, a bhí á fhógairt aige. B'iad na modhanna a d'fheil dá nádúr agus dá thuiscint ar an stair a bhí á n-úsáid aige: buíon bheag tiomnaithe don chúis, ag tabhairt dhúshlán na n-údarás agus na bunaíochta, ar a laghad lena náiriú, agus lena dtreascairt, dá mb'fhéidir é.

Ansan, briseadh Ó Cadhain as a phost i scoil an Chairn Mhóir, agus thug sé a aghaidh arís ar Bhaile Átha Cliath. Rinne sé teagmháil ansin le poblachtánaigh óga na hardchathrach, fir óga de chuid lucht oibre na cathrach (m.sh. Cathal Goulding, Brendan Behan). D'admhaigh sé ina dhiaidh sin nach raibh eolas ar bith aige faoi lucht oibre na hardchathrach ná faoi chultúr na gcathracha i gcoitinne ag an am. Bhí tosaíochtaí agus ceisteanna práinneacha sóisialta nua curtha os a chomhair anois (cuirim i gcás tithíocht, drochshláinte, cos ar bolg a imirt ar oibrithe na cathrach ag fostóirí mhíchneasta). Má ba é Ó Cadhain an múinteoir ar na hÓglaigh óga seo, agus cuid acu a d'earcaigh sé féin isteach san IRA, is fíor a rá gur ag foghlaim uatha a bhí sé féin, chomh maith. Chuir sé eolas ar an gcathair, eolas ginearálta, agus eolas an fhir chomhcheilge. Fós, ba shaighdiúr é: soláthar arm agus armlóin dá bhuíon mhíleata, a chéad chúram. Mar sin féin, faoin bhliain 1938 ba ghéire a thuiscint ar thábhacht na ceiste sóisialta ná riamh roimhe sin.

Bhí Ó Cadhain i ngéibheann sa Churrach idir Meán Fómhair 1939 agus Iúil 1944. Bhí sé in ísle brí faoi chúrsaí na tíre i gcoitinne, sula ndeachaigh sé isteach sa Churrach ar chor ar bith. Sa Churrach rinne sé léitheoireacht fhairsing, a sheasfadh dó ar ball. Le haimsir, bhí deis aige bheith ag smaoineamh ar bhealaí éagsúla 'idirghabhála polaitíochta' ar son na réabhlóide.[14]

Bíodh is gur ghoill an géibheann go mór air, fós níor staon sé ó bheith ag iarraidh a thionscnamh féin – an réabhlóid chultúrtha, 'slánú na Gaeilge/slánú an náisiúin' – a chur chun cinn i measc na bpríosúnach, ar bhealaí praiticiúla, idir ranganna, dhíospóireactaí agus eile. Go deimhin, an íomhá rómánsach a bhí aige den ghné seo den 'choimhlint' agus bhí sé tugtha do na híomhánna 'rómánsúla' seo in aon aithris a rinne sé ar na hiarrachtaí 'dáiríre' a tionscnaíodh chun an Ghaeilge a thabhairt 'ar ais' do chosmhuintir lucht oibre Bhaile Átha Cliath, is féidir gurbh í an t-aon chuimhne í ar bhlianta úd an Churraigh a thug aon taitneamh dó.

Ghoill an t-easaontas agus an clástrafóibe, idir idé-eolaíoch agus fhisiciúil sa champa go mór air, agus chuir lena sheirbhe agus lena ísle brí. Bhí ciall á ceannach go daor aige. Cibé leagan amach ginearálta eacnamaíochta agus sóisialta a bhí á bheachtú aige sa ghéibheann – fiú ar son na hargóna – bhí sé i bhfad ón sóisialachas; arís leagan áirithe den bhun-Chríostaíocht a bhí á fhógairt aige sa Churrach.

Chomh fada is a bhain sé leis an bpolaitíocht, fear ar fhíor-bheagán dóchais é Máirtín Ó Cadhain, ag fágáil an Churraigh dó. Bhí sé tar éis scarúint leis an IRA sa bpríosún i ngeall ar fhadhb shíoraí na scoilte agus an easaontais. Anois, bhí cathú air beag is fiú a dhéanamh den obair ar fad a rinne sé, agus den dóchas a spreag é, ó bhí sé ina stócach: '… facthas do chuid againn go mba shin deire róid, deire ré. Bhí *Romantic Ireland* curtha faoi dheire thiar, lorg na laochra plúchta sa tuairt orála a bhí náisiún buíoch a dhéanamh as ucht iad a shlánú ón gCoga. Le smaoinú dhúinn go fuarchúiseach air an uair sin, ní raibh sa gcomhraic ó 1922 ach sliobarna, *hangover*'.[15]

Ní raibh an spéir dorcha ar fad, áfach. Phós sé sa bhliain1945; bean lách, dhílis a bhí ina taca aige ar feadh scór bliain. Ach ní raibh an saol ag breathnú go maith ar bhealach ar bith don lánúin óg. Bhí an dá mhórcheist úd a chuaigh i ngreim air agus é ag éirí suas á chiapadh i gcónaí .i. ceist na teanga/slánú an náisiúin, agus ceist an cheartais shóisialta. Agus arís, níor fhéad sé gan rómánsú éigin a dhéanamh ar eachtra ar bith a léirigh conas mar a d'fhéadfadh rudaí a bheith. Mar shampla, nuair a bhíodh móin á carnadh i bPáirc an Fhionnuisce aimsir an Chogaidh, chloistí Gaeilge na Gaeltachta 'gan cás ná náire ar na busanna'; 'ba in éindigh a thionscain Móin agus Gaeilge i mBaile Átha Cliath, agus ba in éindigh a stopadar'.[16]

Níor bhog Éire láithreach as an tromshuan ina raibh sí i mblianta an chogaidh. Ach bhí aeráid pholaitíochta nua ann, in Éirinn agus ar fud an domhain mhóir, ó 1946 amach, seachas mar a bhí nuair a chuaigh Ó Cadhain isteach sa Churrach i 1939.

Bhí an Eoraip scriosta, agus scoilte. Bhí na seanimpireachtaí Eorpacha ar a ndé deiridh. B'iad Meiriceá agus Aontacht na Sóibhéide ridirí an domhain nua. Bhí ról an stáit athraithe go mór ag práinn an chogaidh: anois, bhí cineálacha éagsúla sóisialachais á gcur i bhfeidhm i dtíortha éagsúla, ó chríocha Lochlainn go dtí an Ríocht Aontaithe féin. In Éirinn, má bhí daoine buíoch de De Valera as an stát a choinneáil neodrach i rith an chogaidh, bhí mífhoighid ag brúchtadh anois, daoine míshásta faoin gcaighdeán maireachtála, faoi chúrsaí pá, faoi leimhe an tsaoil shóisialta i gcoitinne. Bhí an cogadh tar éis an teorainn a dhaingniú go mór, agus bheadh bearnaí nua ag oscailt idir an dá stát in Éirinn, de réir mar a chuirfí leasaithe sóisialta de chuid stát leasa shóisialaigh na Breataine bhfeidhm sna sé chontae i réimse an oideachais agus sa chóras sláinte.

Maidir leis an gCadhnach, ó thaobh na polaitíochta de, d'fhéadfaí a rá gur tráth uaigneach dó na blianta i ndiaidh an chogaidh, é scartha leis an IRA. Ach ní raibh sé gan sólás ar bhealaí eile, cé go mba dheacair dó féin é seo a chreidiúint in amanna. Bhí aitheantas mar scríbhneoir ag teacht aige le foilsiú *Cré na Cille* agus *An Braon Broghach.* Bhí post seasta aige ó 1947 i leith i dTeach Laighean ar fhoireann an aistriúcháin. Bhí pósadh grámhar aige.

Mar sin féin níor fhéad sé a chúl a thabhairt leis an bpolaitíocht – leis an 'réabhlóid'. Go deimhin, de réir mar a bhí se ag fáil aitheantais mar scríbhneoir Gaeilge – agus, is gá a rá, de réir mar a bhí sé ag cur aithne ar an gcultúr polaitiúil a bhí ceannasach i dTeach Laighean – is ea is mó a bhí cás na Gaeilge ag déanamh imní dó, agus an fhaillí a bhí á déanamh uirthi ag cothú feirge ann. Cuid de na buncheisteanna a bhí á chiapadh ar feadh an chuid eile dá shaol, bhí sé á bhfógairt os ard ag an am seo. Sampla gléineach de na ceisteanna sin an imní faoinarbh fhiú do scríbhneoir a bheith ag scríobh i dteanga a bhí ag imeacht as ar fad.

Ach, in ainneoin gur chineál eile géibhinn dó na blianta úd i dTeach Laighean, bhí ardáin éagsúla aige dá chuid tuairimí – *cri de coeur* scaití, port an éadóchais agus racht feirge gach re seal. Bhí colún san *Irish Times* aige idir 1953 agus 1956. Bhíodh sé ag tabhairt léachtanna do dhreamanna éagsúla. Níor chuir Teach Laighean ina thost é. Ach ní raibh é ar a shocracht ann, ná baol air. Ba mhinic é sna blianta seo ag caint ar éirí as chuile bheart. A leithéid seo uaidh c.1953: 'Tá machnamh déanta agam ar an rud seo go léir. Ní gan fáthanna tromaí a chinn mé éirí as scríbhneoireacht agus as an saothar laethúil. Is tromaide fós an cinneadh é mé bheith gan aon tslí bheatha eile ná aon tsúil léi. Ní thig liom, ámh, an direoiliú, an éagóir, agus an buaireadh intinne a tháinig dom a fhuilingt níos faide. Is léar dom nach dtiocfaidh don tír as obair seo na Gaeilge ach tuilleadh táire, tuilleadh neamhshaoirse, tuilleadh slíomadóireacht'.[17]

B'í ceist na Gaeilge an príomhábhar machnaimh agus cainte aige: faillí, fimínteacht, measúlacht, maorlathas na bunaíochta sa stát agus sa 'ghluaiseacht oifigiúil' i bhfianaise dhíothú pobail sa Ghaeltacht. Chráigh sé é go raibh an dóchas á chailliúint ag daoine ionraice, agus fómhar fairsing fós le baint. Tharraing an plé seo é arís agus arís eile isteach i ndioscúrsa agus in achrann faoi struchtúr na cumhachta i gcoitinne, óir bhí an tiarnas cultúir ag freagairt d'fhorlámhas eacnamaíochta agus sóisialta. Tagann cuid de na smaointe agus na ráitis is suimiúla uaidh, réamhtheachtaireachtaí ar bhearta a dhéanfadh clár polaitíochta dó sna seascaidí, ó na blianta seo, blianta a luaitear go minic mar bhlianta 'seasca' ag Ó Cadhain.

A leithéid seo, cuirim i gcás, ráiteas clasaiceach, dar liom, ar thuiscint Uí Chadhain ar stair na hÉireann:

> Ba mhó de thochas croí ná de thochas cinn í stair na hÉireann i gcónaí. Murach sin is ar thaobh an réitigh, an tseanreachta agus na 'gColonels' a bheimís fós. Dúinne nach bhfuil aon tochas cinn orainn ar aon chlaí, ní hí stair na hÉireann stair: 'Smaoiseachán Phúirín an Bhacaigh./ Nach nglanfadh a shrón ar fhaitíos míshlachta'. Ní hí 'drollery'

> peasant eicínt í ag déanamh siamsa do dhuine de na 'Colonels' ar a gheábh foghlaeireachta maidine. Is í stair na hÉireann stair na n-éacht agus na dtréan: Áth na Foraire, Colm Cille, Cluain Tairbh, An Bhinn Bhoirb, Tone, Emmet, Ó Donabháin Rosa, leaba i mBrixton, Mícheál Ó Cléirigh agus Peadar Ó Gealagáin, leabhra beaga Uí Ghramhna, Oifig an Phoist thrí lasadh, Teach an Chustaim thrí lasadh, na scórtha bearaic – corrtheach Colonel freisin, b'fhéidir – thrí lasadh, anam Éireann thrí lasadh ...[18]

Agus déanfar tagairt eile ar ball beag do chuid eile dá thuairimí sna blianta seo, ar bhunaigh sé bearta polaitíochta na seascaidí orthu ina dhiaidh sin.

Sna blianta seo tar éis 1946 bhí Ó Cadhain ag iarraidh dul i bhfeidhm ar an bpolaitíocht ar bhealaí níos dírí agus níos 'gnáthaí'. An siar is aniar ina chuid bearta polaitíochta sna blianta seo (abair, c.1949-1956), ní díol iontais ar fad é. Ní hamháin go raibh easpa éigin stiúrach ar bhearta polaíochta Uí Chadhain sna blianta seo, ach bhí an tír fré chéile – idir eacnamaíocht agus pholaitíocht – ar bheagán stiúrach freisin.

Tar éis d'Fhianna Fáil a bheith sé bliana déag i gcumhacht gan bhriseadh ó 1932 i leith, bhí ceithre athrú rialtais ann sna blianta idir 1948 agus 1957, agus níor sheas aon cheann acu a théarma iomlán. Is léiriú é an chorraitheacht seo ar éiginnteacht agus ar easpa muiníne an phobail as na rialtais éagsúla. Níor léir straitéis athnuachana – ní áirím straitéis forbartha – don tír i ndiaidh thromshuan an chogaidh. Agus, ar ndóigh, bhí athnuachan agus atógáil le feiceáil i dtíortha éagsúla ar fud na hEorpa scriosta. Go fiú sa Bhreatain agus i dTuaisceart Éireann, bhí clár athnuachana á thionscnamh ag rialtas an Lucht Oibre. Ba léir go raibh gá in Éirinn le smaointeachas nua, le haisling agus le reitric nua inspioráideach. Cá as a dtiocfadh sé? I bpolaitíocht na bpáirtithe, bhí buíon d'iar bhaill an IRA agus Shinn Féin móide roinnt teifeach ó Fhianna Fáil a bheartaigh páirtí nua poblachtánach radacach a bhunú: Clann na Poblachta. Bhí cineál náire ar phoblachtánaigh áirithe a bhí ag súil le bua na Gearmáine nó, le bheith níos cruinne faoi, a dtabharfadh bualadh Shasana sásamh áirithe dóibh, nuair a nochtadh ag deireadh an chogaidh méid an uafáis a bhain le réimeas Hitler. Díol spéise, gur sa bhliain 1949 is gaire a chuaigh Ó Cadhain do ghlan-shéanadh ar gach ar sheas sé dó ó thaobh a chuid bearta réabhlóideacha ó bhlianta a óige.[19]

In Éirinn féin ag deireadh na ndaichidí bhí óige na tíre corr-thónach. Cuid acu, bhailigh siad leo go Sasana ag cuartú oibre i rith an chogaidh: sna caogaidí leanfadh na céadta míle eile iad. Ag cuartú oibre – sea, agus ag cuartú cineál éigin 'saoirse' pearsanta. Bhí éiginnteacht agus easpa ceannaireachta ag baint le hiarrachtaí ag rialtais éagsúla dul i ngleic le fadhbanna eacnamaíochta agus sóisialta na tíre. Bhí blianta an chogaidh tar éis laigí pholasaí féinchothaitheach eacnamaíochta Fhianna Fáil a léiriú go soiléir. Bhí gá le cur chuige nua. Bhí Coimisiún Rialtais ina shuí idir 1948 agus 1953 ag fiosrú ghéarchéim na heisimirce agus an titim sa daonra in Éirinn.[20] Ó thaobh na Gaeilge de, bhí an scéal ag dul in olcas chomh fada is a bhain sé le bánú na Gaeltachta agus creimeadh leanúnach na mbunphobal teanga a bhí fágtha inti ag caithréim an Bhéarla. Tríd an stát ar fad bhí buaicphoinnte sroiste ag líon na scoileanna 'A' i dtús na ndachaidí. Bunaíodh cumainn agus eagrais nua, ag freagairt do phráinn na teanga, cuirim i gcás an Comhchaidreamh, Comhdháil Náisiúnta na Gaeilge, *Inniu*, agus cumainn agus eagraíochtaí nua eile sna dachaidí; Gael Linn i 1953; Muintir na Gaeltachta in 1954. Ar feadh an ama, lean Ó Cadhain lena dhamnú fíochmhar ar fhoirmiúlacht sheasc na ráiteas gríosaithe, easpa éifeachta na mbeart, easpa ionracais na bpolaiteoirí, damnú ar bheagmaitheas na bunaíochta, ar thoirtéis agus ar fhimínteacht.

Cé nárbh fhéidir le an gCadhnach, ar ndóigh, páirtíocht fholl-asach a ghlacadh in aon eagras polaitiúil agus é ina státsheirbh-íseach, tugann na bearta polaitíochta ar thug sé blianta seo léiriú maith ar an siar is aniar i bpolaitíocht na tíre i gcoitinne. Rinne sé iarrachtaí éagsúla tionchar a imirt ar an gcruachás ina raibh pobal na Gaeltachta, agus go háirithe cás na Gaeilge. Bhí dóchas aige ar feadh tamaill as Clann na Poblachta. Bhí seanchomrádaithe leis sa pháirtí, agus, cé níor ghabh sé féin leo, bhí báidh áirithe aige lena raibh á dhéanamh acu. D'fháiltigh sé roimh fhógairt na Poblachta sa bhliain 1949. Bhí dóchas aige as Nollaig de Brún, ach go háirithe, ar feadh tamaill. Ach níor mhair an dóchas, ná an chuirtéis féin, rófhada. Mar a tharla go minic le Ó Cadhain, íde béil agus griosáil pinn a lean an titim amach ar ball. Bhí dóchas aige as Comhdháil Náisiúnta na Gaeilge ar feadh tamaill, go háirithe de bharr chuid den obair a rinne Seán Ó hÉigeartaigh le staitisticí, ach arís níor mhair an cairdeas seo. Bhí dóchas aige as Gael-Linn i dtús ré an eagrais sin agus bhí sé ar na céad chaomhnóirí, ach arís ní fada a mhair an suirí chultúrtha seo, mar a fuair Dónal Ó Móráin amach níos déanaí. Thug sé tacaíocht, ar choinníoll, do Mhuintir na Gaeltachta faoi stiúir Pheadair Uí Cheallaigh i 1954-55, ach níor éirigh leis an gCeallach ná lena ghluaiseacht coinníollacha Uí Chadhain a shásamh. Dar leis an gCadhnach, léirigh eagraíocht Uí Cheallaigh an iomarca ómóis don dream measúil sa Ghaeltacht agus ghlacadar le cás na Gaeltachta mar ghné amháin de ghéarchéim bhánú na tuaithe san iarthar fré chéile: géarchéim ar theastaigh plean forbartha agus fostaíochta lena leigheas. Ar ndóigh, tháinig toradh áirithe ar an stocaireacht uilig seo ag grúpaí éagsúla sna caogaidí, cuirim i gcás bunú Ghaeltarra Éireann agus Roinn na Gaeltachta.

B'ionann cás an náisiúin agus cás na Gaeltachta don Chadhnach; muna dtiocfadh an teanga slán, ní thiocfadh an náisiún slán. Anois, faoi lár na gcaogaidí, bhí ag méadú ar a imní faoi ghéarchéim na Gaeltachta, agus gan aon mhuinín aige as ceannaireacht mheasúil 'Mhuintir na Gaeltachta' i mBaile Átha Cliath, dream a bhí, dar leis, 'gan fréimh ar bith'. Ba thrua leis go raibh an cheannasaíocht ar an bpobal laistigh den nGaeltacht róláidir ina dílseacht do na páirtithe polaitíochta coimeádacha, agus chreid sé go mbeadh gá le dream agus le beart radacach chun an beart neamhspleách, dúshlánach a thionscnamh, nó a chun é a thiomáint.[21]

Ar ndóigh, ag féachaint ar na pósachaí briste seo ar fad idir é agus eagraíochtaí iomadúla Gaeilge, agus ag cuimhneamh gurbh é Ó Cadhain féin a shiúil amach ar gach ceann acu, bheadh fonn ar dhuine míniú ar a 'uaigneas' a lorg i bpearsantacht achrannach Uí Chadhain féin. D'admhaigh sé, agus é ag fógairt in 1955 gur thug sé a chrói agus a anam do na cúiseanna ar chreid sé iontu agus ar shaothraigh sé dóibh, gurbh iad croí agus anam 'cantalóra' iad.[22] Ba mhaith mar a thuig sé a nádúr féin, a déarfadh duine.

Ach bhí rud níos tábhachtaí i gceist, sílim, san easaontas leanúnach idir Ó Cadhain agus brainsí éagsúla de gluaiseacht na Gaeilge lena linn, ná díreach cantal an aonaráin seo. Níor mar a chéile, i ndeireadh báire, an tuiscint ar an bpolaitíocht a bhí ag ceannairí agus lucht tacaíochta na ngluaiseachtaí éagsúla Gaeilge seo, agus tuiscint Uí Chadhain. Tríd is tríd, chreideadarsan sa ghnáthpholaitíocht agus sna ghnáthmhodhanna oibre a bhí ceadaithe i sochaí 'oscailte' dhaonlathach: stocaireacht, canbhasáil, meamraim, díospóireacht, dul i gcion ar an bpobal, comhphlé, comhréiteach, comhghéilleadh nuair ba ghá san; bheith 'istigh' le rialtas na huaire d'fhonn spriocanna praiticiúla a bhaint amach. I gcás Uí Chadhain, fiú nuair a d'aontaigh sé lena gcuspoirí, mar a rinne sé go minic, is annamh a shíl sé na modhanna oibre a bhí acu a bheith feiliúnach ná éifeachtach. Ní raibh dóthain práinne ag baint leo. Níor thuigeadar an phráinn ná an namhaid i gceart; níorbh fhiú nó níorbh fhéidir leo na bearta dána nó gránna a dhéanamh a bhí ag teastáil lena n-aidhmeanna a bhaint amach. Mar sin, tar éis tamaill i bpáirt leo, bhriseadh sé leo, agus thosaíodh ag déanamh a rud féin arís agus, ar ndóigh, ag ionsaí na ndaoine a raibh sé i bpáirt leo tamall roimhe sin.

Eisceacht amháin don phatrún troda seo ag Ó Cadhain, dream

nár cháin sé riamh, na hÓglaigh san IRA a bhí sásta beart a dhéanamh de réir a mbriathar, fiú nuair a chreid sé go raibh dul amú orthu. Ar a laghad bhíodar dáiríre, dar leis, faoin rud ar chreideadar ann. Go dtí an deireadh ar fad, uair ar bith ar labhair sé go poiblí ag comóradh, ag searmanas nó os cionn uaighe, thug sé ómós don té a bhí sásta íobairt a dhéanamh ar son a chuid idéal.

Faoi mar atá ráite, de réir mar a chuaigh na caogaidí ar aghaidh chuaigh an staid gheilleagrach agus shóisialta in olcas in Éirinn. Rabharta na heisimirce ba mhó a d'fhógair teip do pholasaithe an stáit – teip ar aisling na saoirse féin, dar le go leor daoine. Ráta fáis na heacnamaíochta fíoríseal, sin nó ag crapadh ar fad. Bhí tuairim is 410,000 duine a chuaigh ar rabharta eisimirce as Éirinn sna caogaidí. Bhí trácht ag socheolaithe agus ag tráchtairí éagsúla eile ar *The Vanishing Irish*. Bhí muintir na Gaeltachta ag teicheadh as an tír chomh tréan tapaidh céanna le muintir na tuaithe i gcoitinne.[23] Ba dheacair do dhaoine a chreidiúint go bhféadfadh an teip a bheith chomh tubaisteach ná chomh náireach; anois, ar ndóigh, bhí formhór na n-imirceach ag dul go Sasana ag lorg oibre agus sásamh an tsaoil, iad ag maíomh as córas leasa shóisialaigh na Breataine, ag moladh fhlaithiúlacht Sheáin Bhuí. Cén t-iontas náire a bheith ar phoblachtánaigh? Bhí cumainn á mbunú ar gach taobh in Éirinn leis an ngéarchéim a phlé, comhghuaillíochtaí nua á moladh.[24] Ach ba iad bánú na tuaithe agus díothú na muintire i gcoitinne a bhí anois i mbéal an phobail, seachas géarchéim na Gaeltachta mar phobal faoi leith teanga a raibh ról cinniúnach aige i slánú an náisiúin.

Shílfeá nár thrá é do na seanbhratacha ná na roisc réabhlóideacha. Bhí seirbhe san aer. Nuair a thosnaigh fuíoll na nÓglach san IRA ar fheachtas míleata ar an teorainn i 1954, ní raibh aon rath ar an iarracht, ainneoin shocraidí móra Sabhat agus Uí Anluain, de cheal tacaíochta ón bpobal tuaidh agus theas.[25] Ba dheacair san aeráid seo cás na Gaeilge a theilgean ar ais go lár na díospóireachta poiblí faoi chruachás agus faoi thodhchaí na hÉireann agus a muintire.

Sin é an fáth is dócha, chomh maith lena bhraighdeanas féin i dTeach Laighean, go bhfuil idir fhearg agus éadóchas scáfar le tabhairt faoi deara i gcuid ráiteas agus scríbhinní Uí Chadhain sna blianta seo i lár na gcaogaidí. Ach, faoi mar a dúras cheana, is díol spéise cuid den anailís agus cuid de na moltaí a dhéanann sé faoi ghnéithe éagsúla de chás na teanga mar cheist pholaitiúil sna blianta céanna.

Mar shampla, thuig sé cuspóir na hathbheochana anois mar iarracht chun 'an teanga a shábháil mar aonteanga fhormhór an phobail', ach leag sé béim arís agus arís eile ar ghéarchéim na Gaeltachta mar phobal teanga agus ní mar phobal 'bocht' tuaithe eile: 'Tá suim agam i staid geilleagair na Gaeltachta … de bharr na Gaeilge agus dá bharr sin amháin.[26] Arís, sa bhliain 1952, thug sé a bhreithiúnas ar sheans a cailleadh chun pobal nó lonnaíocht uirbeach Ghaeilge a bhunú mar chuid den fhlosc tógála in Éirinn ag deireadh an chogaidh:

> Lig lucht na Gaeilge a leas ar cairde cúig nó sé de bhlianta ó shin. Tá faitíos orm nach mbeidh breith acu choíche air anois. D'ainneoin a bhfuil d'fhoirgníocht nua déanta ar fud na hÉireann níl i mbaile mór amháin, sráid, céide, corrán, ascaill ná scéim tithe dá laghad atá Gaelach ná leathghaelach féin. B'fhurasta cumann foirgníochta nó fóntais … a chur ar bun.[27]

Agus sa bhliain 1954 rianaigh sé straitéis idirghabhála polaitíochta a gcloisfí tuilleadh fúithi ar ball, nuair a mhol sé do Ghaeilgeoirí vótáil mar ghrúpa d'iarrthóirí toghcháin a bhí ag déanamh rud éigin fóinteach ar son na Gaeilge:

> Ba mhaith liom Comhcheangal de dhaoine a mhóideodh nach dtiúrfaidís a gcuid vótaí ná nach n-oibreoidís in aon

> toghchán ach don dream ba mhó a bhí ag déanamh rudaí ar son na Gaeltachta. Níor chall do na daoine sin bheith ar aon intinn faoi rud ar bith eile sa domhan ach an méid sin, fiú i dtaobh aon rud poilitíochta eile.[28]

Ag tús na bliana 1956 chuaigh Ó Cadhain ag obair mar léachtóir i gColáiste na Trionóide. Bhí obair mhór le déanamh aige ar dtús, ag ullmhú léachtaí, agus dul i dtaithí ar an gcóras, ag foghlaim na rópaí san institiúid áirithe sin. Ach ba mhór an faoiseamh dó an t-athrú ó Theach Laighean go dtí an Tríonóid, ar chúiseanna éagsúla. Tháinig feabhas ar a shaol pearsanta agus ar a chompord nuair a bhog sé féin agus a bhean go teach nua i nGáirdíní na Gréine; é fáiscthe ceart anois le croí na buirgéiseachta! Ach bhí saoirse de shaghas éigin bainte amach aige, freisin: d'fhéadfadh sé bheith ina fhear poiblí neamhleithscéalach anois, ar bhealaí nach raibh ar fáil dó i gceart le deich mbliana roimhe sin. Bhí léachtóirí eile i TCD a bhíodh go mór i mbéal an phobail mar gheall ar sheasamh a ghlacaidís ar cheisteanna poiblí: mar shampla Stanford sa Seanad, Sheehy-Skeffington agus daoine eile nárbh iad.

Thógfadh sé tamall ar Ó Cadhain leas ceart a bhaint as an tsaoirse nua seo chun é fhéin agus a chuid tuairimí – a thionscnamh réabhlóideach – a chur i láthair an phobail arís. Go fírinneach, sna blianta tosaigh aige i TCD, bhí sé beagáinín dímheastúil faoi Óglachas an IRA, agus faoi iliomad gné de ghluaiseacht na Gaeilge. Agus, is féidir go raibh sé, cuid éigin, faoi anáil na hinstitiúide nua ina raibh sé ag obair, sa cháineadh géar a rinne sé ar mharbhfháisc na hEaglaise Caitlicí ar an saol ó dheas ó bhun go barr, cé nárbh aon rud nua dó bheith ag tromaíocht ar ghluaiseacht na Gaeilge ná ar chumhacht na hEaglaise Caitlicí sa stát Éireannach.

Chomh fada agus is féidir linn suimiú a dhéanamh ar an staid a bhí sroiste aige faoi dheireadh na gcaogaidí, d'fhéadfaí an méid seo a rá faoi Ó Cadhain: mór scríbhneoir próis sa Ghaeilge ba ea é, agus aitheantas dá réir aige; iar-Óglach de chuid an IRA a raibh stair spéisiúil aige sa ghluaiseacht sin; agóidí láidir ar son chearta mhuintir na Gaeltachta. Fear meánaosta ba ea é freisin, áfach, a raibh post maith ollsoile aige agus cónaí air go deas sócúil i gceantar meánaicmeach i mBaile Átha Cliath, é socraithe síos go maith sa chathair (scór bliain caite aige ann); é ina chantalóir ag go leor eagraíochtaí Gaeilge agus litríochta sa phríomhchathair: 'cadhan aonraic' é ar chuile bhealach. Fear, chomh maith, gan aon ró-chur amach air ag daoine lasmuigh de phobal na Gaeilge; gan mórán ráite aige faoi cheist ar bith eile seachas cruachás na Gaeilge agus na Gaeltachta, agus tláithín-teacht náireach na meanaicme compordaí a bhí i gceannas sa ghluaiseacht teanga agus sa stát fré chéile. Bheadh sé deacair ag an bpobal ag an am, fiú ag pobal na Gaeilge, fios a bheith acu faoi chéard a cheap sé d'eachtraí móra thús agus lár na gcaog-aidí: bás Stalin, óráid Khrushchev ag damnú chóras Stalin, Budapest 1956, Suez 1956, 7rl. Dob' fhéidir a rá ar a shon, is dócha, go raibh sé spíonta ar fad ag an strachailt a bhí le déanamh aige le teacht slán ó Theach Laighean, agus le bheith réidh chun tabhairt faoi dhúshlán an teagaisc arís.

Maidir lena fhealsúnacht shóisialta, bhí sé seasmhach ar son an dream a bhí buailte, a raibh a gcearta ceilte orthu, ar theip an réabhlóid agus an stát orthu. Ghlac sé leis go raibh leagan éigin den sóisialachas ag teacht i dtreis: ón gcumannachas, nach raibh aon róbháidh aige riamh leis i ngeall ar chúrsaí creidimh agus i ngeall ar na himpleachtaí a bhí aige do shaoirse an duine aonair, go dtí an tionscail náisiúnta, nó, arís, cineálacha éagsúla *state welfarism*, ina raibh an stát ina athair agus ina mháthair ag an saoránach, ag soláthar bunchearta nó bunriachtanas áirithe, oideachas, sláinte agus eile, ón gcliabhán go dtí an uaigh. Ach bheadh duine ag súil leis gur saol níos ciúine, agus níos socra, b'fhéidir, a bhí i ndán dó, agus, tar éis nár tháinig aon saothar cruthaitheach amach le blianta, go mbrisfí an tost áirithe sin, freisin, ach é bheith ar a shocracht i mbun teagaisc, léitheoireachta agus machnaimh i TCD. Sin má a shílfeadh duine, b'fhéidir, faoin gCadhnach, faoi lár na gcaogaidí.

Ach, faoi mar is eol dúinn, ní mar sin a bhí in aon chor. Chuaigh sé i mbun pinn arís, ceart go leor, ach ní le saothrú na litríochta cruthathaí amháin a chaithfeadh sé a dhúthracht sna deich mbliana, nó mar sin, a bhí fágtha aige.

An fuinneamh deamhanta a chaith Ó Cadhain le hagóidíocht agus le bearta polaitíochta, agus a shaothar pinn ar fad san áireamh, sna deich mbliana deireanacha dá shaol, is é an míniú atá air, dar liom, cúinsí éagsúla pearsanta agus poiblí a bheith tagtha le chéile le comhthéacs nua ar fad a sholáthar mar dhúshlán dá chreideamh nó don chruinneshamhail a bhí aige de chás agus de stair na hÉireann. Athraithe bunúsacha eacnamaíochta agus soch-chultúrtha in Éirinn féin, ba phráinní a spreag chun gnímh é. Anuas air sin bhí comthéacs domhanda lena raibh ag tarlú anseo sa bhaile.

Sa chomhthéacs domhanda seo, is gá a chur san áireamh an Cogadh Fuar agus é ina lán-neart: na seanimpireachtaí Eorpacha ag meathlú go mear, Meiriceá agus na Sóibhéidigh ina ridirí nua ar an gcóras domhanda; scoilt na hEorpa ag balla Berlin ina shiombail láidir den scoilt mhór idir an córas cumannach agus 'sochaí oscailte' an Iarthair; ceannas na gCumannach ar oirthear na hEorpa; an comórtas fíochmhar sa réimse airm agus armlóin idir na stáit ollchumhachtacha. Arís, bhí dianchomórtas le haghaidh forlámhais i gcúrsaí teicneolaíochta agus fionnachtana spáis (Sputniks na gcaogaidí, Gagarin féin i 1961); díchoilíniú na hAifrice agus oirdheisceart na hÁise (agus bunú stáit nua); beartas réabhlóideach Castro in1959 and Cuba neadaithe mar a bheadh sceartán faoi chraiceann Mheiriceá ó 1960 i leith. Is deacair dúinne inniu, ag féachaint siar thar arda 1989, an saol mar a bhí sé i 1960 agus mar a b'fhacthas é do lucht na haimsire sin, a mheas agus a shamhlú i gceart.[29]

Níos gaire do bhaile, bhí an Comhargadh Eorpach ina ábhar iontais, ní hamháin ar bhonn an éachta eacnamaíochta a bhí déanta ag na sé bhallstáit, ach mar gheall ar an gcaoi ina raibh siad in ann cairdeas, comhoibriú agus comhtharraingt a chur in áit na coimhlinte stairiúla a bhíodh eatarthu. Bhí an fhorbairt eacnamaíochta sa Chomhargadh dulta i bhfeidhm ar an mBreatain, tír nár iarr ballraíocht sa chlub agus é á bhunú. Faoi thús na seascaidí, áfach, bhí an Bhreatain ag ullmhú iarratais ar bhallraíocht sa chlub.

Bhí rialtas na hÉireann freisin ag lorg ballraíochta sa Chomhargadh. Ach an díospóireacht a spreag an díograis Eorpach nua seo, agus an plé poiblí ar impleachtaí iomadúla ár mballraíocht sa Chomhargadh do chúrsaí cultúir in Éirinn, ní raibh ann ach gné amháin den athrú a bhí ag teacht ar théarmaí na díospóireachta faoi thodhchaí na hÉireann ó dheireadh na gcaogaidí ar aghaidh. An séanadh foirmiúil ar *credo* eacnamaíochta Fhianna Fáil ó 1926 i leith – sé sin, an cosantachas – a fógraíodh le dréachtpholasaí T. K. Whitaker (*Economic Development*) agus *An Chéad Chlár um Fhorbairt Eacnamaíochta* in 1958-59, ní raibh ann ach an chuid ba shuntasaí den bhunathrú a tháinig ar chultúr agus ar reitric oifigiúil an stáit sna blianta seo.[30] Bhí deireadh ré tagtha. I bpolaitíocht na bpáirtithe, bhí glúin na réabhlóide ag géilleadh slí don chéad ghlúin eile, fiú má ba shliocht ghlúin na réabhlóide iad cuid mhaith den drong cheannais nua. Bhí De Valera ag imeacht, Mulcahy ag imeacht, Norton ag imeacht. Bhí reitric nua fiú ag fuíollach na seanfhondúirí, Lemass, mar shampla; an tírghrá praiticiúil a bheadh le moladh feasta .i. cruthú fostaíochta seachas íobairt fola. Bhí an bhéim ar an bhforbairt eacnamaíochta, thar aon rud eile.[31]

Chruthaigh téarmaí an pholasaí eacnamaíochta nua an téarmaíocht don chultúr nua fré chéile. B'í an 'oscailteacht' an cuspóir anois i ngach gné den saol in Éirinn: infheistíocht le mealladh isteach ón iasacht, comhlachtaí idirnáisiúnta le mealladh anseo; ár n-easportálaithe an eochair feasta don fhorbairt agus don rath eacnamaíochta.

Ba í an 'oscailteacht' an rosc nua arís i gcúrsái cultúir. Rinneadh maolú ar an gcóras cinsireachta. Agus, ar thairseach na réabhlóide móire i dteicneolaíocht an eolais agus na cumarsáide, tháinig an córas teilifíse náisiúnta, Telefís Éireann, ar an aer sa bhliain 1961. An díospóireacht a bhain lena bunú, bhain an chuid ba spéisiúla di le ceist na féiniúlachta agus an fhlaithis chultúrtha; bhí Gael Linn ag iarraidh go dtabharfaí riaradh na seirbhíse dóibh, rud nár tugadh. Bheadh le feiceáil, cad go díreach a chiallódh dualgas an stáisiúin nua, cúram faoi leith a dhéanamh d'fhorbairt an chultúir náisiúnta.[32]

Go fiú an institiúid ba dhaingne smachta agus ba righne údaráis in Éirinn – an Eaglais Chaitliceach – bhí a bonn á craitheadh. Go speisialta, spreag imeachtaí na Comhairle Vatacáine (1962-65) ceisteanna casta, ar nós 'cérbh iad pobal Dé?' Agus, leis an liotúirge le fógairt feasta i dteanga dhúchais an phobail, an raibh cearta teanga dlite don sciar san de phobal Dé ar Ghaeilgeoirí iad, go háirithe na bunphobail Ghaeilge sa Ghaeltacht. Bhí iniúchadh géar á dhéanamh ar an mbuncheist – 'cé muid'?

Bhí béim ar leith leagtha ar thábhacht an oideachais agus athbhreithniú cuimsitheach le déanamh ar chuspóirí agus ar struchtúir an oideachais, ó bhun go barr. Ba i réimse seo an oideachais agus na teanga ba ghéire a bhí an choimhlint, óir b'ansin ba dhrámatúla a bhí cuid de na hathraithe cultúrtha le tabhairt faoi deara – ó thaobh polasaithe, struchtúir agus cleachtais de, agus freisin ó thaobh na díospóireacta poiblí de. Ní gá ach cuid de na láithreacha díospóireachta agus achrainn a lua anseo thíos:

a) Tháinig méadú ollmhór ar pháirtíocht san oideachas dara leibhéal le scéim Dhonncha Uí Mháille; agus, ó dheireadh na seascaidí, lean an méadú seo isteach sa tríú leibhéal. Agus, ar ndóigh, léirigh figiúirí an daonáirimh in 1961 agus 1966 casadh na taoide ó thaobh dhaonra an Stáit de: bhí sruth na heisimirce ag maolú, agus níos mó den óige ag fanacht sa bhaile. Tír a raibh pobal níos óige inti, má's ea, ab ea Éire na seascaidí agus na seachtóidí.

b) Tharraing dúnadh na gcoláistí ullmhúcháin a fógraíodh sa bhliain1960 caint agus conspóid; an rialtas chomh maith le grúpaí áirithe a bhí ag plé leis an mbunoideachas, á rá go raibh an cineál seo scéime as dáta san Éire nua a bhí ag teacht chun cinn.

c) Bunaíodh institiúidí nua oideachais ag an dara agus ag an tríú leibhéal, le béim ar theicneolaíocht agus ar fhorbairtí eile sna curaclaim (mar shampla na scoileanna cuimsitheacha, na ceardcholáistí réigiúnacha, an dá NIHE). Ach bhí na tagairtí don Ghaeilge ag éirí níos teirce agus níos laige sa díospóireacht agus sa reachtaíocht a bhain leis na forbairtí seo.

d) Lean conspóid polasaí nua Fhine Gael deireadh a chur le 'Gaeilge éigeantach' don Ard-Teistiméireacht, go háirithe nuair a bunaíodh brúghrúpa, The Language Freedom Movement (LFM), a thionscnaigh feachtas poiblíochta ar son na haidhme céanna ó 1966 ar aghaidh.

e) Ar feadh an ama, bhí titim ag teacht ar líon na scoileanna A agus, go coibhneastúil, ba shontasaí fós an titim, de réir mar a bhí líon na ndaltaí dara leibhéal ag dul i méid go tréan. Arís, bhí an fhaisnéis ón nGaeltacht ó 1956 i leith ina hábhar imní faoi staid na teanga ansin.

Mar sin, le scéal fada a dhéanamh gearr, sa díospóireacht phoiblí faoi thábhacht agus faoi thodhchaí an chórais oideachais i bhforbairt na heacnamaíochta agus i múnlú na sochaí i gcoitinne, bhí an Ghaeilge á himeallú – muna raibh sí á hionsaí agus a tábhacht á séanadh go neamhbhalbh – tríd sna seascaidí ar fad.

Neamhspleách ar fad ar an athrú poirt i leith na heacnamaíochta agus na reitrice oifigiúla i gcoitinne, bhí De Valera tar éis coimisiún a bhunú sa bhliain 1958 chun an dul chun cinn in iarracht na hathbheochana teanga go dtí sin a mheas, agus chun bearta nua a mholadh do shlánú na teanga. Ba chuid í seo d'aeráid nua athbhreithnithe agus pleanála ag deireadh na gcaogaidí, ar ndóigh.

Maithe móra ghluaiseacht na Gaeilge iad formhór na mball den Choimisiún seo um Athbheochan na Gaeilge. Tar éis tuarascála eatramhacha a fhoilsiú, foilsíodh mórthuarascáil an choimisiúin ag tús na bliana 1964.[33] Beidh dearcadh Uí Chadhain ar an gcoimisiún agus ar a thuarascáil á scrúdú ar ball beag. Ach sílim gur díol suntais é, nuair a tháinig Páipéar Bán an rialtais amach bliain ina dhiaidh sin mar fhreagra ar an dTuarascáil, a rabhthas tar éis fáiltiú roimpi go hoifigiúil agus go poiblí, go raibh difríocht shuntasach sna ráitis faoi fhealsúnacht bhunaidh nó *raison d'etre* an pholasaí teanga idir an tuarascáil agus ráiteas an rialtais sa Pháipear Bán.

Cé nár iarradh ar an gcoimisiún ráiteas fealsúnach a dhéanamh faoi *raison d'etre* na hAthbheochana, thugadar faoin a leithéid a chur ar fáil. Chomh maith lena fhógairt, ar nós mar a fógraíodh ó bhunú Chonradh na Gaeilge i leith, nár bhuanú go hathbheochan, thug baill an choimisiúin an ráiteas seo mar réamhleagan dá ndearcadh agus dá gcuid moltaí:

> Aithnímíd go bhfuil an dá thuairim ann faoi fheidhm teanga sainiúla do bhunú agus do bhuanú náisiúin. Aontaimíd go mbraitheann mórán ar dhálaí an phobail atá i gceist, ach ag féachaint dár ndálaí speisialta creidimíd go bhfuil sé riachtanach go ndéanfaí an Ghaeilge a athbheochan mar ghnáth-theanga an phobail má taimíd chun ár náisiún a bhuanú. ... Is iad ár dtraidisiúin agus ár gcultúr dúchais na saintréithe a bheireann féiniúlacht dúinn mar phobal. Slánú na haigne dúchais agus a foirbhiú is cuspóir deiridh d'athbheochan na teanga, dáiríre, agus maolú ar

róthionchar na haigne eachtraí ar an náisiún. Gheofaí a rá nach bhfuil in Athbheochan na Gaeilge ach gléas chun an cuspóir sin a bhaint amach, cé gur gléas riachtanach é. Níor mhór na gnéithe iomadúla dár bhféiniúlacht a chothú agus a shaothrú – na foirmeacha sainiúla a chum an aigne dhúchais di féin nuair a bhí sí lánbheo, agus trínar léirigh sí í féin ó aois go haois. Má tá an aigne sin le teacht arís ar a lán-neart beidh gá aici lena dtacaíocht siúd; beidh gá aici, ach go háirithe, le tacaíocht na teanga, ós inti atá a héirim, a gaois agus a grinneas, agus ós í, dáiríre, an aigne dhúchais ag feidhmiú. Sin é, i mbeagán focal, *raison d'etre* na hathbheochana mar a thuigimidne é.[34]

Cibé rud faoi neart nó laigi mholtaí an choimisiúin, bhíodar bunaithe ar an mbonn fealsúnach seo. Ach nuair a tháinig Páipéar an rialtais amach, bhí port eile ann. Marc amháin den fhéiniúlacht Éireannach ba ea an Ghaeilge, de réir an Pháipéir: ach bhí marcanna eile ann, chomh maith. Gné thábhachtach de chultúr sainiúil an teanga, ach bhí gnéithe eile i gceist, chomh maith. Bhí trácht láidir sa Pháipéar Bán ar thábhacht agus ar shaibhreas litríocht an Bhéarla in Éirinn, chomh maith le saibhreas na Gaeilge. Cineál éigin dátheangachais a bhí á fhógairt anois mar chuspóir do pholasaí an stáit i leith na Gaeilge.[35] Tabhair cúlú nó réalachas ar an gcor nua seo, níl amhras ná gurbh athrú bunúsach é i bpolasaí an stáit. Agus, nuair a smaoinítear ar an aeráid ghinearálta chultúrtha inar fógraíodh an cur chuige nua seo is é sin le rá, a raibh tarlaithe agus fógraithe sa straitéis nua forbartha idir 1958 agus 1964, mar atá luaite againn, tugann sé tuiscint níos fearr dúinn ar na cúinsí cultúrtha inar phléasc Ó Cadhain chun troda arís ar cheist na teanga ag tús na seascaidí.

Na cúinsí pearsanta a bhí i gceist lena theacht i láthair arís sa pholaitíocht, táid, cuid acu, luaite cheana agam anseo. Le post maith a thug saoirse áirithe dó, go fiú agus é scrupallach ag ullmhú léachtaí agus ag tabhairt aire dá chúraimí eile, agus saol teaghlaigh ar a chompord aige, bhí Ó Cadhain in ann abhchóideacht a dhéanamh, dá mba shin a mhian, ar shlí nach raibh ar fáil dó ó bhí sé i ngéibheann.

I mbeagán focal, bhí an aeráid pholaitíochta sa tír, san ard-chathair, agus san ionad oibre aige an-fheiliúnach ar fad don chineál polaitíochta a chleacht sé sna seascaidí. Séasúr corraithe, suaite, ba ea na seascaidí i stair an domhain, na hEorpa, agus na hÉireann féin.

Ach an Éire nua a bhí ag teacht ar an bhfód .i. Éire Lemass agus Jack Lynch agus ridirí óga Fhianna Fáil, ní fhéadfadh Ó Cadhain neamhshuim a dhéanamh di. Gach uile ghné den chlaochló cultúrtha i gciall fhairsing an fhocail sin a bhí ag tarló, d'ardaigh sí ceisteanna búnúsacha dó, faoin aisling ar chreid sé inti, an chúis ar chaith sé a chroí agus a anam léi ar feadh a shaoil go dtí sin. Agus, ar ndoigh, d'ardaigh sé ceisteanna faoin a raibh á scríobh aige ('cén teanga?', 'cén fáth?'), agus faoin a raibh á theagasc aige do ghlúin óg deisceabal, sa seomra ranga agus i gclub na Poblachta i gColáiste na Trionóide. Bhí an féin-scrúdú seo ina fhéinchiapadh ag Ó Cadhain, mar go ndeachaigh sé go brí na beatha a bhí caite agus a bhí á caitheamh i gcónaí aige. Arbh in aisce ar fad a bhí a shaol caite aige ar son na Gaeilge? Cén fhreagracht a bhí air as a raibh déanta aige, daoine óga a mhealladh le dul leis sa troid – na hÓglaigh sna tríochaidí, micléinn ó 1956 i leith ? Nó, fiú dá mbeadh air a admháil gur in aisce a bhí an troid, an raibh aon chead nó cheart aige a chúl a thabhairt anois leis an ngeamaireacht ar fad, agus fanacht ina shuí lena chuid leabhar?

Bheartaigh sé troid. B'shin a nádúr. Pé acu a dtógfaimid a óráid dhúshlánach le hais uaigh Shéamuis Uí Mhaoleoin sa bhliain 1959 mar fhógra ar an gcogadh a bhí le teacht, nó dáta eile, ba léir nuair a chuaigh sé i mbun pinn le léirmheas a dhéanamh ar leabhar Tharlaigh Uí Uid, *Ar Thóir mo Shealbha*, go raibh rabharta na feirge tagtha.[36] Tháinig *Do na Firéin* i 1962; ansan an t-aistriúchán ar Saunders Lewis. Bhí buillí go cnámh á mbualadh aige sna conspóidí a lean gach ráiteas díobh. Bhí chuile dhiabhal sa tír ag troid leis, dar leis féin, faoin mbliain 1962.[37] Ach ní raibh sé ach ina thús, más ea. Le bunú Misneach go luath sa bhliain 1963, bhí 'eagraíocht' aige, den chéad uair, d'fhéadfaí a rá, dá dhéantús féin, chun an cineál polaitíochta a chur chun cinn a shíl sé a bheadh éifeachtach agus a bhí ag fónamh ar bhealach éifeachtach do chúis na réabhlóide, agus dise amháin.[38] Is scéal é atá ar eolas ag cách, mar ar dhiúltaigh sé do thuarascáil an choimisiúin úd i 1964, ní mar gheall ar a bunfhealsúnacht, a bhí ag teacht céad faoin gcéad lenar chreid sé féin ariamh, ach mar gheall ar laige agus easpa dealraimh na moltaí, agus mar gheall gur chreid sé nach raibh i mbunú an choimisiúin sa chéad áit, ar nós mar a bhí le go leor coimisiún eile a chuaigh roimhe, ceann 1926 ar an nGaeltacht ach go háirithe, ach seift rialtais mhí-ionraic chun am agus dúthracht daoine a mheilt.

Cuid den bhéaloideas é faoin am seo, mar ar sceith sé rún an Pháipéir Bháin faoi Nollaig na bliana 1964, agus mar ar stróic sé as a chéile é, arís mar gheall ar laige na moltaí, ach níos bunúsaí ná sin, mar gheall ar mhí-ionracas na geamaireachta ar fad ó bhonn. Ba ghéire fós, dá mb'fhéidir sin, an cáineadh a rinne sé ar pháirtithe éagsúla i ngluaiseacht na Gaeilge, faoin bhfáilte, fiú má ba fháilte cháiréiseach í don chuid is mó, a chuireadar roimh an Páipéar Bán ('tabhair seans dó'); gan trácht ar an bhfeachtas síniúcháin ('Let the Language Live') ar son na teanga a chuireadar sa tsiúil go gairid ina dhiaidh sin d'fhonn dea-thoil an mhórphobail i leith na teanga a léiriú.

Ina chuid bearta agóidíochta éagsúla, trí Misneach, agus i bpaimfléid agus óráidí agus beartais phoiblí eile – an feachtas in aghaidh chomóradh oifigiúil an stáit ar Éirí Amach 1916 sa bhliain 1966, an raic a thóg sé ag cruinnithe poiblí an LFM sa bhliain chéanna, agus ar neart ócáidí eile – is féidir linn tuiscint Uí Chadhain ar an bpolaitíocht, mar ionstraim réabhlóide, a rianú go soiléir.[39]

San áit go raibh ceannairí ghluaiseacht na Gaeilge ag iarraidh dul i bhfeidhm ar an rialtas agus ar an státchóras ar na gnáthbhealaí – le cruinnithe, stocaireacht, cairde sa chúirt, focail i gcluais an Taoisigh nó an Aire nó fiú an Teachta Dála – bhí Ó Cadhain ag ceapadh a chuid bearta ar an tuiscint go raibh an rialtas agus an státchóras *per se* naimhdiúil don chineál réabhlóide a chaithfí a chur ar bun, dar leis, chun aisling 1916, slánú na Gaeilge agus 'Éire na staire' a chur i gcrích. Bhí Seán Ó Tuama agus An Comhar Poiblí ag iarraidh ar dhaoine cás na teanga a chur chun cinn laistigh de cibé páirtí polaitíochta ar bhaineadar leis. Le *Irish Above Politics*, agus go háirithe sna téarmaí ballraíochta a leagadh síos do Misneach, bhí Ó Cadhain ag iarraidh buíon bheag dhiongbháilte, buíon a bhféadfaí cur leis, ar ndóigh, a mhisniú, buíon a chuirfeadh dílseacht do chúis na teanga agus do threascairt a naimhde chun cinn ar gach rud eile.

Dul chun cinn incriminteach, ar bhonn pleanáilte (cineál *Fabianism* Gaelach) a bhí á mholadh ag Ó Tuama agus cuid eile de cheannairí ghluaiseacht na Gaeilge; ach an dorn dúshlánach a chuirfeadh iachall ar an namhaid géilleadh nó a ghríosfadh cuid den dream ar an taobhlíne chun seasamh a ghlacadh agus teacht isteach sa choimhlint – b'shin modh Uí Chadhain.

Modhanna oibre Uí Chadhain sna blianta deireannacha seo dá shaol, ní rabhadar ródhifriúil, ó fhréamh, leis an gcoincheap de bhuíon chróga na haislinge a thóg sé leis ón bhFiannaíocht: colún reatha don aois nua, aois na bolscaireachta beo, ba ea Misneach: Oifig an Phoist a chur ina stad; foirmeacha Gaeilge a iarraidh i gcónaí; cearta an phobail ar aibhneacha agus ar locha na hÉireann a éileamh tríd an beart dána poiblí; céalacan; dul amach ag teach an Taoisigh i lár na hoíche i ndiaidh cruinnithe chun an rún a ritheadh ag an gcruinniú faoi iascairí Inis Bearachain a chur faoi deara dó. 'Cur faoi deara' don rialtas, 'cur faoi deara' do chosantóirí na bunaíochta, agus do cheannairí ghluaiseacht na Gaeilge, go raibh dream ann a thabharfadh a ndúshlán: b'shin port Uí Chadhain arís agus arís eile sna blianta agus sna bearta seo. Sampla eile dá chuid agóidíochta a ndearna é san fheachtas chun aitheantas Gaeltachta a fháil do Rath Cairn. Cineál áirithe sceimhlitheoireachta ba ea é seo ar fad, agus Ó Cadhain sásta cibe bearta a bhí feiliúnach don chás, agus a mbeadh éifeacht leo, a thriail. Mar shampla, chuaigh sé ag toghchánaíocht sa ghnáthshlí, ag tabhairt óraídí taobh amuigh de theach an phobail, ag canbhasáil do Pheadar Mac an Iomaire, i nGaillimh Thiar i 1969, ar mhaithe le greim Fhianna Fáil ar an bpobal thiar a scaoileadh; lá eile rinne sé ionsaí fíochmhar pearsanta, i mBéarla gáirsiúil, ar Phádraig Faulkner i nDún Dealgan, d'fhonn measúlacht na hócáide agus, mar a shíl sé, mímhacántacht agus fimínteacht ghluaiseacht oifigiúil na Gaeilge a léiriú ar bhealach a tharraingeodh aird agus caint.

Bhí an téarmaíocht mhíleata do bhuíon na cinniúna fós aige sna seascaidí, an dúil sa chomhcheilg, an bholscaireacht dhrámatúil, é sásta agus go minic níos mó ná sásta dul lasmuigh den dlí, nó de na gnáthchleachtais a bhí inglactha ag formhór de cheannairí agus go deimhin de chimí ghluaiseacht na Gaeilge ag an am.

Ach cad a cheap sé den chúis ar ar a son na bearta polaitíochta seo ar fad? Cad é go díreach a chreid Ó Cadhain a bhí i ndán don teanga – agus do chine Gael – agus cad a cheap sé a bhí mar chuspóir aige sna bearta deamhanta troda seo ag deireadh a shaoil?

Ar ndóigh, níorbh í an Éire chéanna in aon chor í Éire na seascaidí agus an Éire úd inar fhógair Ó Cadhain go gcaithfí an Béarla a ruaigeadh as an dtír ar fad: nach mairfeadh an Ghaeilge le hais an Bhéarla ach oiread is a mhairfeadh an cat agus an luch i mbosca. Cén saghas fráma idé-eolaíoch, mar sin, a bhí ag Ó Cadhain do shlánú na Gaeilge faoi lár na seascaidí? Tá dealramh le léamh Aindréis Uí Chathasaigh ar an scéal, go raibh Ó Cadhain ag cuardach mórfhráma réabhlóidigh ina bhféadfaí slánú nó athréimniú na Gaeilge a shamhlú agus a shuíomh. Ach, idir an dá linn, ba ghá troid, san áit ina raibh práinn le troid agus leis an bhfód a sheasamh.[40]

Faoi mar a tharla, bhí go leor athbheochantóirí eile sna seascaidí ar a ndícheall ag iarraidh fráma tagartha nua a aimsiú le haghaidh slánú na Gaeilge. Níorbh asail iad na daoine seo ar fad. Níobh fhéidir 'bleadar de gharda, bleadar de mhúinteoir, bleadar de shiopadóir' a thabhairt orthu ar fad agus iad a scuabadh ar leataobh. Bhí plé coinsiasach ar bun faoin gcineál dátheangachais a bheadh feiliúnach do chás na hÉireann agus a thabharfadh slán an Ghaeilge, faoi mar a bhí Éire sna seascaidí. Bhí teangeolaithe óga, leithéidí Mháirtín Uí Mhurchú, tosnaithe ar cheist an dátheangachais a phlé go meáite. Bhí roinnt bheag díograiseoirí a raibh saineolas acu ag iarraidh dul i bhfeidhm ar an rialtas chun buntáiste a bhaint as na modhanna nua pleanála teanga – bunaithe ar an eolas is fearr a bhí ar fáil ag an am faoin tsochtheangeolaíocht, agus tionchar láidir ag saothar Joshua Fishman ar an díospóireacht. Bhí an t-iolrachas cultúir mar a thuigfí é i réimse na heolaíochta, go háirithe i réimse na bitheolaíochta, mar fhráma tagartha ag daoine eile, cuirim i gcás an tAthair Máirtín Ó Braonáin, agus iad ag iarraidh cás na hathbheochana teanga a 'mhíniú' don mhórphobal i dtéarmaí nua. Bhí Deasún Fennell, lena 'cuireadh chun na tríú réabhlóide', ag iarraidh cás agus dán na Gaeilge a chur i láthair mar chuid dhílis de mhórthionscnamh daonnachach. Agus d'fhéadfaí neart samplaí eile a lua.[41] D'aithin siad go léir an phráinn sa Ghaeltacht agus ar fud na tíre, agus bhíodar go léir ag iarraidh teacht ar fhráma tagartha agus tuisceana a thabharfadh bunús 'réalaíoch', focal a bhíodh in úsaid go minic do chlár oibre i leith shlánú na Gaeilge a bhainfeadh leis an Stát agus leis an mórphobal. Ach, ar ndóigh, bhíodar seo ar fad ag obair laistigh de rúibricí iompair, argóna agus áitithe an daonlathais liobrálaigh.

Ní foláir polaitíocht Uí Chadhain idir scríbhinní agus agóidíocht phoiblí sna blianta seo a mheas, mar sin, i gcomhthéacs na díospóireachta ginearálta seo faoi chultúr, theanga agus chaomhnú na féiniúlachta Éireannaí a bhí beo bríomhar in Éirinn sna seascaidí. Sa chomhthéacs seo, is fiú, dar liom, aird faoi leith a thabhairt ar an saothar a dhréachtaigh sé sa bhliain 1962-63, *An Ghaeilge Bheo: Destined to Pass*, chun léargas a fháil ar an léamh a rinne sé ar chruachás na Gaeltachta, agus ar a thuiscint ar a ról agus ar a gheasa féin i ndráma tragóideach seo na teanga.[42] Bunfhoinse fhíorthábhachtach é an saothar seo don cháiréis i gcúrsaí taighde, agus don phraiticiúlacht ag moladh scéimeanna agus beartais, a bhain le Ó Cadhain agus é i mbun anailíse agus machnaimh.

Má chuaigh Ó Cadhain thar fóir, scaití, lena cháineadh ar dhaoine áirithe a bhí ag saothrú i ngluaiseacht na Gaeilge ('an dream is beagmaitheasaí' 7rl), ní hin le rá nár aithin sé an obair mhaith a bhí á déanamh ag cuid díobh. Thuig sé, mar shampla, tábhacht na pleanála, a bhí ar cheann de bhunphrionsabail an réabhlóidí, i gcúrsaí teanga agus eile. Ach níor chreid sé go raibh an t-am fágtha ag an nGaeilge don chúrsa malltriallach athnuachana a bhí á mheas ag lucht na polaitíochta coinbhinsiúnta i ngluaiseacht na Gaeilge; go háirithe nuair nach ndéanfadh bunaíocht an stáit bhuirgéisigh rud ar bith chun na haicmí ba mhó a bhí ina mbac ar athbheochan na Gaeilge – sa Ghaeltacht agus lasmuigh di – a chur dá mbonnaibh.

Níor aontaigh sé leis na hincrimintiúlaigh. Ní fhéadfaí an t-am céanna a thabhairt d'athbheochan na teanga is a thóg sé uirthi dul i léig. Ní mar sin a tharla bás agus beatha teanga. D'fhéadfadh an Ghaeilge bás a fháil go sciobtha i ndomhan comhtháite na cumarsáide domhanda le deiseanna teicneolaíochta an fhichiú aois. Muna ndéanfaí beart réabhlóideach láithreach, bhí faitíos air go mbeadh sé ródhéanach ar ball. Is féidir go raibh sé ródhéanach cheana féin. Ach cinnte, chreid Ó Cadhain nach bhféadfaí bheith ag súil leis na bearta réabhlóideacha a bheadh ag teastáil, chun go mbeadh seans ar bith ag an nGaeilge, ó na haicmí a bhí i gceannas an stáit faoi mar a bhí sé sa bhliain 1966.

Arbh é, mar sin, gur i mbarr a chéille a chas sé sa deireadh i dtreo an tsóisialachais sna seascaidí chun árthach tárthála nó barc a slánaithe a fháil don Ghaeltacht agus don Ghaeilge? Bhuel, tá an scéal beagáinín níos casta ná sin. Nuair a d'fhógair sé sna seascaidí déanacha, ar deireadh, gur shóisialach é, agus gurbh í an réabhlóid shóisialach an t-aon mhór-réabhlóid tréna bhféadfaí bheith ag súil le hathréimniú na Gaeilge in Éirinn, ar chreid sé i ndáiríre gur mar sin a bheadh?

Caithfimid a thabhairt chun cuimhne go raibh an-ghealladh faoi chaithréim an tsóisialachais sna seascaidí, agus ní in Éirinn amháin, ná i measc na hóige amháin ach an oiread. Bhí ré na hagóidíochta beo (ar theilifís) tagtha – an cur in aghaidh chogadh Vietnam, gluaiseacht chearta sibhialta na nGormach sna Stáit, slógaí filí agus ceoltóirí, an ghlúin óg sa domhan thiar ag cur in aghaidh bhealaí agus bhéasa a sinsir, agus in aghaidh an chórais chaipitlíoch (neamhphearsanú an oibrí, coimhthiú, 7rl). Ag trátha éagsúla, agus in áiteanna éagsúla, tríd na seascaidí, bhí turnamh an chórais a bhí i réim agus teacht an lae ghil á thuar: Washington, Páras, Prág (réabhlóid bhog an earraigh ag Dubcek). Bhí Schmidt agus Willy Brandt ag teacht i gcomharbacht ar Adenauer agus Erhard, na sóisialaigh ag tabhairt a dhúshláin do de Gaulle sa Fhrainc; fiú i Sasana, tháinig Harold Wilson isteach le rialtas de chuid an Lucht Oibre.

In Éirinn, bhí go leor daoine óga, agus roinnt nach raibh chomh hóg sin, gafa leis an *zeitgeist* nua mar a bhí cheana sna tríochaidí. Bhí cuid díobh seo i ngluaiseacht na Poblachta, a bhí ag cuartú bealaí nua oibre, cur chuige nua, ón uair go raibh teipthe ar an bhfeachtas míleata ar an teorainn idir 1954 agus 1962. Na poblachtánaigh a tháinig faoi anáil an dóchais nua i dtionscnamh na réabhlóide móire faoi bhrat an tsóisialachais, chonnaiceadar go leor comharthaí sóirt ar Éire na seascaidí a thug misneach dóibh. Bhí an tír ag tionscliú, athrú ag teacht ar chomhdhéanamh an lucht saothair agus bhí an fheirmeoireacht ag cúlú. Bhí pobal uirbeach ag teacht chun cinn. Bhí dífhréamú áirithe ag teacht chun cinn, níos mó daoine anois ina bhfostaithe ag comhlachtaí ón iasacht, in áit iad a bheith daingnithe i ngéibheann an phobail 'thraidisiúnta' faoin dtuaith. Bhí méadú tagtha ar an gceardchumannachas; glúin an chogaidh chathardha agus a gcuid dílseachtaí polaitíochta ag imeacht ón stáitse. Bhí *normal politics* – clé vs. deas – réidh le bláthú. Bhí an dearcadh agus an port céanna ag Pairtí an Lucht Oibre ag deireadh na seascaidí. Ansan, leis an ngluaiseacht i dtreo na saorthrádála sna seascaidí (Conradh Angla-Éireannach 1965) agus an tír ag ullmhú don Chomhargadh, bhí an reitric chuí ar fáil: coimhthiú na n-oibrithe, coilíneachas nua an Chomhargaidh, impiriúlachas cultúrtha nua, agus mar sin de.

Níorbh iontas, mar sin, gur bhrostaigh comóradh 1916 fonn eagair agus díograis i measc poblachtánach sóisialach. B'é éirí amach James Connolly anois é Éirí Amach 1916; poblacht Connolly, an phoblacht shóisialach, an phoblacht a chaithfí a chur i réim. Tháinig Ó Cadhain faoi anáil na díospóireachta seo: go deimhin, bhí cuid den teagasc nua seo ag teacht ó roinnt dá chuid deisceabal féin. Bhí sé ar a dhícheall ag iarraidh a chinntiú go mbeadh athréimniú na Gaeilge ina chuid dhílis den réabhlóid mhór a bhí á tuar: go deimhin, ní tharlódh an t-athreimniú úd anois ach mar chuid d'athghabháil sin na hÉireann arbh í caithréim an tsóisialachais í. Ní fiú dul chun leadráin le hath-fhriotail – ach is sampla maith é an forógra a léadh amach i 1966 ag Ard-Oifig an Phoist.[43]

Ní scéal mór é, i ndáiríre, an seasamh a ghlac Ó Cadhain tráth na scoilte i ngluaiseacht na Poblachta i 1969; níl sé chomh tábh-achtach sin i scéal Uí Chadhain ná i bhforbairt a chuid polaitíochta. Rud eile ar fad é, ar ndóigh, tábhacht Uí Chadhain – a ainm, a cháil – do na faicsin éagsúla a bhí ag maíomh dílseachta dá oidhreacht, dá theagasc agus dá shampla i ndiaidh a bháis. Ar éigean a chorp fuar san uaigh, gur thosnaigh an choimhlint le haghaidh a chlóca. Maidir lena sheasamh féin tráth na scoilte, caithfear cuimhneamh go raibh deisceabail dá chuid i measc na sóisialach nua. Bhí an ghráin riamh aige ar sheicteachas an dá stát in Éirinn, grain a mhéadaigh le haimsir;

agus, ar ndóigh, fiú is go raibh meas aige ar chuid de cheannairí na 'nOifigiúlach', ní séanadh ar a chúlra ná ar a dhúchas a bhí i gceist aige: níor shéan sé riamh úsáid an fhoréigin chun 'impiriúlachas' Shasana in Éirinn a chloí. Agus, ar ndóigh, bhí arm rúnda i gcónaí ag na hOifigiúlaigh i ndiaidh na scoilte.

Ar chreid Ó Cadhain go dtarlódh an réabhlóid seo, agus go mbeadh slánú na Gaeilge agus na Gaeltachta mar chuid di? Ní go tarcaisniúil a chuirim an cheist, ná nílim ag rá go raibh aon chur i gcéill ag baint leis an troid fhíochmhar a rinne sé sna blianta deireanacha seo dá shaol. Ach ní mór aird a thabhairt ar a liachtaí uair a dúirt sé, go poiblí agus go príobháideach, i scríbhinn agus in óráidí, go raibh sé ródhéanach don athbheochan; go raibh an Ghaeltacht básaithe agus go raibh sí imithe thar an pointe ina bhféadfaí í a thabhairt slán. Agus dá dteipfeadh ar an nGaeltacht, ní tharlódh aon athbheochan go brách.

Gan amhras, dála Saunders Lewis, ba thróp reitrciúil ag Ó Cadhain, ó am go chéile, bheith ag fógairt uair na cinniúna, ag tabhairt deich mbliana, nó cuig bliana nó seal gairid eile don teanga, is é sin le rá, don Ghaeltacht. Sin, nó go mbeadh an cath caillte ar fad mura dtabharfaí faoi na bearta réabhlóideacha tarrthala go beo. Bhí cleasanna reitriciúla den chineál seo ar a thoil aige ina chuid bolscaireachta.

Ach ní féidir neamhshuim a dhéanamh de phort seasta an éadóchais i leith dhán na Gaeltachta agu na Gaeilge atá le chloisteáil go síoraí i ráitis phoiblí agus i gcomhfhreagras Uí Chadhain, go háirithe sna scríbhinní a thagann ó na deich mbliana dheireanneacha dá shaol. Tagraím anseo do gach saghas scríbhinní uaidh: léachtaí, aistí ar stair na teanga, ar an litríocht, óráidí, paimfléid, agus eile. Ar ndóigh, agus seo paradacsa ar dheacair ag daoine áirithe a scaoileadh, b'iad seo na blianta céanna inar chaith sé a dhúthracht uilig – a chroí agus agus a anam, agus a shláinte i ndeireadh an lae, d'fheadfaí a rá–ag troid agus ag argóint agus ag sceimhlitheoireacht go neamhscrupallach in aghaidh na bunaíochta sa stát agus i ngluaiseacht na Gaeilge.

Cad a chiallaigh an troid seo ar fad, más ea; nó cad ba bhrí leis an gcaint ar fad aige faoin éadóchas?

Arís, sílim gur féidir a chur as an áireamh nach raibh sa chaint ar fad faoi éadóchas agus na tairngreachtaí báis ach cleasanna reitricúla, chun an mám a leagan ar pháirtithe an bhaothdhóchais – *The Band of Hope*, mar a thug sé orthu. Tá míniú ar fáil i dtéarmaí síceolaíochta, bunaithe ar fhocail Uí Chadhain féin, a déarfadh gurbh ionann staid fírinneach éadóchais a bheith sroiste ag duine agus cineál éigin saoirse a bheith bainte amach aige; nó, lena chur ar bhealach eile, go dtugann an t-éadóchas fírinneach fuascailt don duine ón rócháiréis sin a bhaineann le dóchas ar choinníoll. Sé sin, go ngineann an t-éadóchas fírinneach dánaíocht dheamhanta sa duine.

Nílim cáilithe le breith a thabhairt ar fhiúntas an mhínithe seo. Ach sílim nach féidir trácht leanúnach Uí Chadhain ar an éadóchas a fhágáil an focal a rá, freisin, faoin a chuid tagairtí iomadúla don 'mhíréasún', agus a chuid tagairtí tarcaisniúla d'iompar 'réasúnta' nó do dhaoine 'réasúnta'. Ní dóigh liom, i gcás Uí Chadhain, go raibh aon ghaol ceart idir an caitheamh anuas seo aige ar iompar nó ar dhearcadh 'réasúnta' agus an 'frithréasúnachas' a bhí ina shruth de stair na fealsúnachta Eorpaí ón naoú céad déag. Sílim gur níos gaire do bhaile atá míniú le fáil ar an bhfoclóir áirithe seo aige. I bhfoclóir na fuascailte ag Ó Cadhain, b'ionann éadóchas ag an deireadh agus saoirse chun gnímh; b'ionann míréasúnta aige agus misniúil, tugtha d'idéal na haislinge. An 'réasún' (*reasonableness*) a ndéanadh sé díspeagadh gan stad air, séard a chiallaigh sé dó ná an phairilis a ghineann an rócháiréis ag daoine a ghlacann leis an *status quo* i struchtúr na cumhachta, agus sa smaointeachas ceannasach – 'an saol mar atá' – agus atá sasta loighic an réasúin laistigh den fhráma sin a leanúint iad ag iarraidh a gcuid aidhmeanna a bhaint amach. Daoine, atá mé a rá, a bhíonn 'réalaíoch' i gcónaí faoi a bhfuil indéanta faoi na cúinsí ina bhfuil muid. Dhiúltaigh Ó Cadhain don fhráma tagartha seo; ní toisc gur léigh sé Freud nó údair mhóra eile ar an tsíceolaíocht, nó toisc go raibh báidh aige le faisistigh áirithe de chuid na bhfichidí agus na dtríochaidí a raibh dímheas acu ar an 'réasún' ar chúiseanna eile. Dhiúltaigh sé don *reasonableness* toisc gur chreid sé in óráid an Phiarsaigh ag uaigh Uí Dhonnabháin Rossa; chreid sé go bhfírinneodh an stair ceart an bhirt mhíréasúnta, dá mba beart é a d'fhreagair do dhomhainmhianta chroí an phobail, anam na treibhe, an náisiúin. Seo, ar ndóigh, téarmaíocht chonspóideach, coincheapa contúirteacha, ar chuid iad d'oidhreacht chasta 1916. Fáidh faoi sceimhle ab ea Ó Cadhain, dá réir seo, seachas fear polaitíochta.

Tugann sé seo mé i dtreo cheann scríbe na haiste seo. Ní suimiú ná ceangal atá anseo, ach cúpla iarfhocal.

Luaigh mé ag an tosach an dá mhórcheist lenar bhain polaitíocht Uí Chadhain ó thús deireadh: ceist na teanga agus an cheist shóisialta, agus mar a d'oibrigh sé chun an dá cheist a nascadh i gceart i dtionscnamh réabhlóideach. Thráchtamar ar ar chiallaigh an poblachtánachas agus an sóisialachas dó ag amannta éagsúla. Ní gá suimiú eile a dhéanamh ar seo ach sa mhéid seo: níorbh iad na leabhair ar theoiric an tsóisialachais ná ar aon chineál eile teoirice a thug léamh dó ar chóir agus ar éagóir sa chóras sóisialta in Éirinn. A mhalairt a bhí fíor; nuair a léigh sé na leabhair mhóra – Marx, fiú Connolly– b'amhlaidh a d'aithin sé cás a mhuintire ar an dtoirt.

Ach feictear dom gurbh í tuiscint Uí Chadhain ar stair na hÉireann – a 'léamh', más féidir é a chur ar an gcaoi sin, ar stair na tíre seo – agus mar a bhraith sé gur chuir an stair sin geasa pearsanta air féin, gurbh í seo an eochair dá chuid bearta polaitíochta ar fad. B'é bunphobal na Gaeltachta fuíollach an náisiúin a d'fhulaing an concas; agus bunphobal teanga a bhí ann. B'í an teanga séala 'Éire na staire'. Níor léigh Ó Cadhain stair na hÉireann le míniú a fháil ar céard a tharla inár stair ná cén fáth. Shealbhaigh sé 'Éire na staire', sé sin an Éire Ghaelach, ina shamhlaíocht, agus rinne iarracht a dhualgas féin ina leith a oibriú amach agus a chur i gcrích. Tá a ráiteas clasaiceach ar an ábhar seo tugtha cheana againn san aiste seo. Ach, arís agus arís eile, nuair a thráchtann Ó Cadhain ar an stair, is sraith eachtraí nó samhlacha nó íomhánna, nóiméid chinniúnacha, a chuireann sé inár láthair: an Balldearg Ó Dónaill, Connachtaigh '98; Peadar Ó Gealagáin ag saothrú an bháis i dTeach na mBocht, agus mar sin de) – samhlacha ar thragóid 'Éire na staire'. Bhí samhlacha aige freisin ar na hiarrachtaí a rinneadh arís agus arís eile le seasamh in aghaidh shruth na staire tragóidí seo, le seasamh in aghaidh na cinniúna. An chinniúint a scanraigh ar fad é, Éire na staire a bheith ina cúige feasta de ríocht an Bhéarla. B'í athbheochan an náisiúin sna blianta 1890-1921 maidin an lae ghil, ach nár tógadh air i ndiaidh 1922. B'shin fealladh ar an ndóchas, agus ar chine Gael.

Mar gheall ar an gcaoi ina raibh an stair sealbhaithe mar dhráma aige, agus bithiúnaigh, laochra, cailleachaí agus spéirmhná dá réir aige, bhí Ó Cadhain tugtha don fhéindrámatú, agus é ag déanamh a dhualgais féin chun cur in aghaidh na cinniúna. Ní rud neafaiseach ar mhaithe le hamharclannaíocht amháin a bhí ina bhealach drámatúil seo; chuaigh sé go smúsach a thuisceana ar thábhacht an bhirt ar son na haislinge. Chaithfí an fód a sheasamh, áit ar bith, bealach ar bith, fad is a bhí brí nó anam ar bith fanta i bhfuíoll an áir is é sin, ina raibh fágtha de chine Gael tar éis longbhriseadh agus tubaistí eile na staire; chaithfí seasamh in aghaidh shruth na staire in Éirinn ón 16ú haois i leith, arbh é a cheann cúrsa fuíoll chine Gael a scuabadh chun na farraige síos. Finné paiseanta fíochmhar in aghaidh an chinniúnachais i stair na hÉireann ba ea Ó Cadhain. Fad is a bhí seasamh le déanamh, ní fhágfaí Seán Ó Duibhir gan ghéim go deo. Ceist onóra a bhí ann, geis a leag stair a chine, a threibhe, air.

An cheist a chuireas ó chianaibh, mar sin, ar chreid Ó Cadhain go dtárlódh an réabhloid, is féidir nach í an cheist cheart í ar chor ar bith. Chreid sé go raibh sé féin faoi gheasa an troid a dhéanamh fad is a bhí an t-anam ann. Sheas sé don náisiún a bhí ann 'roimh éag do Chríost', agus tá macalla Aodhagáin ina a chuid reitrice go minic.[44] Finné faoi sceimhle ba ea é. Ní raibh aon rogha eile aige; ní fhéadfadh sé a chúl a thabhairt dá chine ná da gheis. Cuma cé chomh duairc is a bhí na comharthaí sóirt, fad is a bhí fód le seasamh, bearna baoil le cosaint, buille le bualadh, ba ghá an rud ceart a dhéanamh. Agus ina dhiaidh sin é a fhágáil faoin stair a nochtadh cé acu ar ghin nó nár ghin an beart 'míréasúnta' an mhaidhm, an réabhlóid mhór.

Mairfidh cáil Uí Chadhain mar mhórscríbhneoir próis. Níor smaointeoir mór ar an bpolaitíocht é. Ní ar son a chuid scríbhinní bolscaireachta, a bhaineann, ó thaobh tagairtí agus tarcaisní de, leis an aimsir atá caite, a bheidh trácht air cé go mbainid le stair na gcoimhlintí idé-eolaíochta in Éirinn i lár an fhichiú haois. Sílim go mbeidh cuimhne air mar phearsa béaloideasa i measc phobal na Gaeilge, fad is atá pobal Gaeilge ann agus fad is atá ceart le héileamh thar cheann an phobail sin.

An bhliain chéanna inar thosaigh sé an séasúr fíochmhar troda a chríochnaigh lena bhás i 1970, fuair pobal na hÉireann léamh ar stair na hÉireann, nó ar 'Éire na staire', mar a thuigfeadh Ó Cadhain é. Léiríodh *Mise Éire* den chéad uair. Idir script, cheol agus íomhá, b'shin 'Éire na staire', cuid mhaith, mar a thuig Máirtín Ó Cadhain í. Agus dráma na réabhlóide ag teacht go bile buaic sa scannán, d'athris Liam Bodhlaer bhéarsaí na fuascailte go mothálach: 'Óró se do bheatha abhaile … anois ar theacht an tsamhraidh'. Fiú má mhair Ó Cadhain faoi scáth dorcha an éadóchais an chuid is mó dá shaol, chomh fada is a bhain le slánú na Gaeltachta agus fíorú cheart aisling na saoirse de, fós níor ghéill sé riamh nach bhféadfadh teacht an tsamhraidh a bheith ina aisling ag Gaeil. Gach buille dár bhuail sé, gach fód dár sheas sé, sa pholaitíocht, d'fhéadfaí a rá gur ag tuar an tsamhraidh úd a bhí sé. B'shin polaitíocht Uí Chadhain, tús agus deireadh.

Nótaí

1. Gearóid Ó Tuathaigh, 'Máirtín Ó Cadhain: Stair agus Polaitíocht' in Eoghan Ó hAnluain (eag.), *Léachtaí Uí Chadhain*, Baile Átha Cliath, 1989, 47-69.
2. Seán Ó Laighin (eag.), *Ó Cadhain i bhFeasta*, Baile Átha Cliath, 1990.
3. Cathal Ó Háinle (eag.), *Criostalú: Aistí ar Shaothar Mháirtín Uí Chadhain*, Baile Átha Cliath, 1998.
4. Máirtín Ó Cadhain, *An Ghaeilge Bheo: Destined to Pass*, in eagar ag Seán Ó Laighin, Baile Átha Cliath, 2002.
5. Chinatsu Hakamada, *Máirtín Ó Cadhain, Misneach and the Irish Language Movements in the 1960s* (Tráchtas M.A., OÉ, Gaillimh, 2004).
6. Aindrias Ó Cathasaigh, *Ag Samhlú Troda: Máirtín Ó Cadhain 1905-1970*, Baile Átha Cliath, 2002.
7. Máirtín Ó Cadhain, *Gluaiseacht na Gaeilge: Gluaiseacht ar Strae* Baile Átha Cliath, gan dáta, ach 1970, 10.
8. Luaite in *Ag Samhlú Troda*, 3.
9. *Ag Samhlú Troda*, 48.
10. Tríd is tríd, tagaim le léamh Uí Chathasaigh ar 'éabhlóid' smaointe Uí Chadhain ar an gceist shóisialta.
11. Cf Richard English, *Radicals and the Republic: Socialist Republicanism in the Irish Free State 1925-1937,* Oxford, 1994.
12. Le haghaidh léargais ar eite na Gaeilge den phoblachtánachas sóisialach ag an am, féach Éamon Ó Ciosáin, *An tÉireannach 1934-1937: Páipéar Sóisialach Gaeltachta*, Baile Átha Cliath, 1993. Ní mór cuimhneamh go raibh an téarmaíocht seo ar fad sleamhain sna tríochaidí; bhí an focal 'sóisialach' i mbrat pháirtí Hitler féin.
13. Luaite in *Ag Samhlú Troda*, 23.
14. Is luachmhar i gcónaí litreacha Uí Chadhain as an ngéibheann chuig Tomás Bairéad, in Máirtín Ó Cadhain, *As an nGéibheann: Litreacha chuig Tomás Bairéad*, Baile Átha Cliath, 1973.
15. Luaite in *Ag Samhlú Troda*, 109.
16. *Ag Samhlú Troda*, 112.
17. *Ag Samhlú Troda*, 144.
18. *Ó Cadhain i bhFeasta*, 141-142. Tá an t-alt as ar tógadh an sliocht seo, 'An Chré Mharbh. The past of a dead civilisation' fíormhaith mar léiriú ar mheon Uí Chadhain i leith an bhéaloidis agus na staire.
19. 'I dtús m'óige rinne an fhuath shinseartha do Shasana gabháil i mo chroí agus ghin sí an challóid spride agus ghnímh a ghineann sí i gcónaí, tá faitíos orm, sa gcuid is neamhleitheasaí d'ógánaigh na hÉireann [...] táthar á rá cheana gurb shin é tragóid na linne seo. Páirt mhór den tragóid sin gurbh ag leanacht "lorg na laochra" a bhíomar, lorgaí a bhí rófhathachúil, róthomhaiste – rofhuaraithe freisin ar theacht dúinne ar an bhfód.' Luaite in *Ag Samhlú Troda*, 134.

20. *Commission on Emigration and Other Population Problems, 1948-1954: Reports*, Dublin, gan dáta, ach 1954.
21. Tá na dréachtaí iriseoireachta agus eile a bhaineann le tús na gcaogaidí pléite go tuisceanach ag Ó Cathasaigh in *Ag Samhlú Troda*, 152-166.
22. *Ag Samhlú Troda*, 161.
23. Féach, mar shampla: Mary E. Daly, *The Slow Failure: Population Decline and Independent Ireland 1920-1973*, Wisconsin, 2006; Dermot Keogh, Finbarr O'Shea, Carmel Quinlan (eds.), *Ireland in the 1950s: The Lost Decade*, Cork, 2004.
24. Bhí roinnt easpag Caitliceach (go háirithe Cornelius Lucey, Easpag Chorcaí) chun cinn sa díospóireacht phoiblí ar ghéarchéim na heisimirce. 'Malaise' is teideal do chaibidil Joe Lee ar an tréimhse 1945-1958 in Éirinn: J. J. Lee, *Ireland 1912-1985: Politics and Society,* Cambridge, 1989.
25. Cf. Richard English, *Armed Struggle: A History of the IRA* London, 2003, agus Robert W. White, *Ruairí Ó Brádaigh: The Life and Politics of an Irish Revolutionary*, Indiana, 2006, 47-109.
26. *Ó Cadhain i bhFeasta*, 110, agus *Ag Samhlú Troda*, 155.
27. *Ó Cadhain i bhFeasta*, 442.
28. *Ag Samhlú Troda*, 158.
29. Cf. Eric Hobsbawm, *Age of Extremes: The Short Twentieth Century 1914-1991*, London, 1994, 225-372; David Reynolds, *One World Divisible: A Global History since 1945*, London, 2000; Tony Judt, *Postwar: A History of Europe since 1945*, London, 2005.
30. Tá aistí spéisiúla san fhéilscríbhinn do Whitaker ag John F. McCarthy (ed.), *Planning Ireland's Future: The Legacy of T. K. Whitaker*, Dublin, 1990.
31. Tá an port caithréimeach faoin athrú meoin agus reitrice ó ré De Valera go ré Lemass le fáil i ngach téacsleabhar staire agus i gcineálacha eile saothair a foilsíodh le tríocha bliain anuas. Féach, chomh maith, John Horgan, *Seán Lemass: The Enigmatic Patriot*, Dublin, 1999.
32. Robert J. Savage Jr., *Irish Television: The Political and Social Origins*, Cork agus Westport, Conn., 1996.
33. *An Coimisiún um Athbheochan na Gaeilge. An Tuarascáil Dheiridh*, Baile Átha Cliath, 1964.
34. *An Coimisiún um Athbheochan na Gaeilge. An Tuarascáil Dheiridh*, xiv-xv.
35. *Athbheochan na Gaeilge. The Resoration of the Irish Language. Arna leagan ag an Rialtas faoi bhráid gach Tí den Oireachtas, Eanáir 1965*, Baile Átha Cliath, 1965.
36. Téacs an léirmheasa agus an chomhfhreagrais a lean é in *Ó Cadhain i bhFeasta*, 279-322. *Apologia* neamhleithscéalach ar a sheasamh mar phoblachtánach míleata é an léirmheas seo ag Ó Cadhain in Iúil 1960: 'Tá

fhios agam céard a thug san IRA mé féin. Ba chall troid le mo mhuintir, boicht na tuaithe, a fhuascailt. ... An Ghaeilge amháin an t-aon gheis a mhothaím orm féin mar Éireannach leis na blianta. Má fheicim Rialtas Éireannach atá ag deimhniú lena chuid faillí – fearacht gach Rialtas Éireannach dhá raibh ann go dtí seo – nach mairfidh an Ghaeilge, ní tréas liomsa tréas ina aghaidh' (ibid., 283).

37. Breandán Ó hEithir, 'Máirtín Ó Cadhain: An Pholaitíocht agus an Ghaeilge', in Ó hAnluain (eag.), *Léachtaí Uí Chadhain*, Baile Átha Cliath 1989, 15. B'é a thug Breandán mar fhreagra ar ráiteas Mháirtín, más fíor, ná: 'Níl ionat ach seanphréachán ag screadaíl ar bhruach na huaighe' (ibid. 15). Ach bí ag caint ar screadaíl!

38. Cf. Hakamada, *Máirtín Ó Cadhain, Misneach ...*, ina bhfuil tús maith déanta ar stair na ngluaiseachtaí seo a ríomh. Is fiú a lua, freisin, scannán, *Splanc Dheireadh na Gaeltachta*, scríofa agus léirithe ag Bob Quinn agus Donncha Ó hÉalaithe, a craoladh ar TG4 sa bhliain 2002.

39. Tá an chuid seo dá chuid beartas pléite níos mine agam im aiste i *Léachtaí Uí Chadhain*, 47-69.

40. *Ag Samhlú Troda*, 228-240.

41. Mar shampla: Martin Brennan, *The Restoration of Irish*, Dublin, 1964; Deasún Ó Fionnaile, 'Cuireadh chun na Tríú Réabhlóide', *Comhar*, 1965, Nollaig, 11-28; tharraing foilsiú leabhar John McNamara, *Bilingualism and Primary Education: A study of Irish Experience*, Edinburgh, 1966, conspóid ghéar; don phleanáil teanga, féach Seán Ó Riain, *Pleanáil Teanga in Éirinn 1919-1985*, Baile Átha Cliath, 1995; clochmhíle i bhforbairt pholasaí an dátheangachais ba ea *Urlabhra agus Pobal* le Máirtín Ó Murchú, a d'fhoilsigh Comhairle na Gaeilge tamall gairid tar éis bhás Uí Chadhain.

42. Iontaobhas Uí Chadhain a shocraigh go bhfoilseofaí an saothar tábhachtach seo a scríobhadh sa bhliain 1963 agus a d'fhoilsigh *Coiscéim* sa bhliain 2002. Is iontach an taisce eolais é ar staid na Gaeltachta ag tús na seascaidí.

43. Tá an téacs le fáil in eagrán speisialta de *Comhar*, 1980, Deireadh Fómhair, 17, a foilsíodh in ómós do Mháirtín Ó Cadhain deich mbliana i ndiaidh a bháis.

44. M.sh. Agus é ag aithris staid na Gaeltachta ó Bhaile Chláir na Gaillimhe isteach go Coill an tSíáin i gContae Mhuigheo, in *An Ghaeilge Bheo – Destined to Pass*, 56, tá an méid seo ag Ó Cadhain: 'Professor Wagner has characterised this area as the only hope of Irish. Let Tommy Rabbitt remember that my people were in Partry "before the death of Christ".'

ATHCHUAIRT AR AN DUIBHEAGÁN: AN EAGNA I SAOTHAR LITEARTHA MHÁIRTÍN UÍ CHADHAIN

MÁIRE NÍ ANNRACHÁIN

'An eagna', a dúirt Job,[1] 'An eagna, cá bhfuil sí le fáil, agus cá bhfuil teacht ar an tuiscint?'[2] Baineann an cheist le cúram bunúsach na daonnachta faoin rud is cóir a dhéanamh sa saol seo agus faoin áit a bhfuil slánú le fáil. Féachann traidisiúin chultúrtha le freagra a oibriú amach ar na ceisteanna seo, agus ní haon eisceacht é traidisiún na Gaeilge. Le simpliú agus b'fhéidir róshimpliú a dhéanamh air seo, bhí dhá chloch mhóra ar phaidrín traidisiúnta na Gaeilge: an laochas agus an Chríostaíocht. Ó am go chéile bhí an trí cloch ann, cloch an ghrá.

Níl aon amhras orm ach gur scríbhneoir é Máirtín Ó Cadhain a bhfuil ionad tuillte aige i measc scríbhneoirí na heagna. Tá sé áitithe ag léirmheastóirí áirithe gurb é an duibheagán domhan samhlaitheach an Chadhnaigh.[3] Ní fheicim féin, áfach, gurb é an duibheagán an t-aon tuiscint amháin a dtugann a shaothar fianaise di. Ina theannta sin, cé go bhfuil cuid mhaith den cheart acu siúd a leag méir ar an bhfadfhulaingt agus ar an ngáire dóite mar phríomhuirlisí ag a chuid carachtar le teacht slán, agus, i gcás an gháire, mar shólás dá léitheoirí, creidim go raibh uirlisí eile aige freisin ar mhaith liom díriú orthu sa bpaipéar seo. Tagraím go speisialta do na himpleachtaí a eascraíonn as a stádas mar 'chainteoir dúchais' de chuid na gcóras sin thuas, an Chríostaíocht agus an laochas, agus fiú amháin an grá. Chuir siad sin uile fráma samhlaitheach ar fáil dó chun an domhan a thuiscint. Ba 'chainteoir dúchais' é de chuid litríocht agus bhéaloideas na Gaeilge, agus cainteoir dúchais chomh maith céanna de chuid na Críostaíochta.

Thit sé mar chúram ar an gCadhnach (nó mar chrann, cá bhfios) gan a bheith traidisiúnta, ainneoin a ndúirt sé faoi féin gur as saol an bhéaloidis a fáisceadh é. Bhí sé nua-aimseartha, bhain sé leis an nua-aoiseachas, agus ní raibh aon rogha aige ach snámh ann agus a fhís mhorálta agus liteartha a oibriú amach ann. Má tá an féin-chomhfhios ar cheann de chomharthaí sóirt an nua-aoiseachais, fágann sé sin nach féidir le scríbhneoirí an lae inniu glacadh gan ceist leis na frámaí tagartha a fuaireadar le hoidhreacht mar chainteoirí dúchais. Dá bhrí sin, sa mhéid is go raibh sé le haon leas a bhaint as na traidisiúin a fuair sé le hoidhreacht, b'éigean dó, dá dheargainneoin féin, iad a athinsint, is cuma cé acu go comhfhiosach nó go neamh-chomhfhiosach, is cuma cé acu chun teacht glan leo nó chun teacht salach orthu.

Tugtar 'athscríobh na miotas' air seo go minic, is cuma cén sort miotas a bhíonn i gceist, laochúil, Críostaí nó eile. Ar an gcuid is lú, baintear casadh as pearsa nó as scéal inaitheanta agus is iomaí crut is féidir a bheith ar an gcasadh sin – é ina leid, nó ina leagan rómánsúil nó íorónta, den bhunrud. Agus go rímhinic, is é an casadh is mó is spéis linn agus is mó a thugann brí don aiste nua.

É sin ráite, níl aon nuáil as cuimse ag baint leis an athinsint *per se*. I gcás na Críostaíochta agus an traidisiúin liteartha shaolta araon, tá an t-athshaothrú ar siúl ar feadh na gcéadta bliain cheana féin. Gan ach dhá shampla a lua, cuimhním ar Cholm Cille, a bhfuil scéalta againn faoi as foinsí éagsúla ón luathlitríocht Laidine suas go dtí béaloideas an lae inniu agus, *mutatis mutandis*, cuimhním ar Fhionn Mac Cumhaill, nach bhfuair bás laistigh de scéal riamh agus nár tháinig deireadh leis mar phearsa a ghineann scéalta riamh. Anuas air sin, is cineál athinsinte ar an laochas atá sa Chríostaíocht. Tá fhios againn go bhfuil athinsint ar scéal an laoich sa Chríostaíocht féin, mar is léir ó na cosúlachtaí idir an bheathaisnéis laochúil agus beatha Chríost. Níl scoláirí ar fad ar aon intinn faoin gcor a chuir an

Chríostaíocht sna córais a bhí ann roimpi, ná faoin mbealach is fearr leis an ngaol eatarthu a thuiscint. Déanann René Girard[4] amach nach leagan eile fós den laochas atá ann, ach leagan a iompaíonn an bunscéal bunoscionn ar fad, go híorónta, sa chaoi gurb is iad malairt ghlan a chéile iad. Déanann Harold Bloom[5] amach, ar an lámh eile, nach raibh sé de bhundhifear idir na sean-Ghiúdaigh agus na sean-Ghréagaigh ach go raibh muinín ag na Giúdaigh as Dia, a bhí ar a son, agus nach raibh aon mhuinín ag na Gréagaigh i rud ar bith ach ina neart féin, ná conradh acu le dia ar bith.

An Chríostaíocht

Má tá sé bailí féachaint ar an gCríostaíocht mar leagan droim ar ais den laochas dúchasach nó réamhchríostaí, tá sé chomh bailí céanna an léamh frithchríostaí a thuiscint mar chuid den dúchas. Tá seo fíor ní amháin go teoiriciúil, ach go stairiúil. Níl aon amhras ach go raibh an-chuid den fhilíocht dhiaga sa Ghaeilge ag dul siar go dtí an tús, agus an-chuid naomhsheanchais agus sceálta eile a mhórann cumhacht na Críostaíochta. Ceist eile is ea é cé chomh doimhin is a fréamhaíodh luachanna radacacha na Críostaíochta. An maiteaneas, meas ar an té a bhí lag, gan spéis a bheith agat i maoin an tsaoil: níl mórán fianaise orthu sin i litríocht na Gaeilge. Dá bhrí sin, má scrúdaímid litríocht chomhaimseartha na Gaeilge agus má thagaimid ar an gconclúid go bhfuil roinnt mhaith di nach dtugann fianaise don chineál luacha a shamhlófaí anois leis an gCríostaíocht, ní hin le rá gur casadh ollmhór i roth na litríochta ná i roth an chultúir é. Smaoinigh ar 'Chaoineadh Airt Uí Laoghaire', gan oiread na fríde den sólás Críostaí ag gabháil leis. Ní fheicim gur éirigh le hEibhlín Dubh (más í a chum) aon chreideamh in aon chor a bhaint amach i bhflúirseacht ná cineáltas na beatha, i múnla Críostaí ná neamhchríostaí, ach oiread le Merriman i 'gCúirt an Mheon-Oíche'.

Is féidir, mar sin, féachaint ar an gCríostaíocht agus an

laochas mar mhalairt ghlan a chéile, nó mar leaganacha (íorónta) dá chéile, agus ar aon nós tá nós na hathinste go smior sa traidisiún. Is léir go bhfuil na catagóirí 'Críostaí' agus 'saolta', agus 'Críostaí' agus 'dúchas', fite fuaite ina chéile, gan teorainn shoiléir eatarthu. Dá bhrí sin, nuair a scríobh Máirtín Ó Cadhain *Cré na Cille* d'fhéadfaí a rá go raibh sé ag leanúint traidisiúin áirithe de chuid litríocht na Gaeilge a d'fhéach ar an mbás mar thubaist gan leigheas. Sa mhéid is go raibh na mairbh ag caint, níorbh aon fhoinse sóláis é sin ach macalla de na scéalta iomadúla ina dtagann duine marbh ar ais mar thaibhse toisc go bhfuil uafás déanta aige nár maitheadh tríd an bhfaoistin agus é beo.

Ní lipéidí atá á lorg agam, ach rian na Críostaíochta. Ní fheicim aon deacracht le rian íorónta, a chasfadh a dtuigimid le Críostaíocht bunoscionn. An áit a bhfeicim an deacracht, nuair atá an rian chomh caolchúiseach sin go mbraithfeá go raibh an iomarca brú á chur agat ar théacsanna. Bíonn an chontúirt is mó ann, sílim, nuair a bhogtar an anailís amach as leaganacha de sheanscéalta atá so-aitheanta, i dtreo leaganacha nach bhfuil iontu ach leideanna, nó níos faide fós, i dtreo coincheapa.

Is é atá i gceist agam le coincheap anseo, rud gar go maith do 'théama', bunchloch nach scéal ná mótif ná pearsa inaitheanta í. Ainneoin an dainséir, pléifidh mé le péire acu, an t-eolas agus an maiteanas.

Bhí ceist an eolais ag croílár scéal na titime sa Bhíobla, agus tá an t-eolas ina bhunchloch i scéalta an Chadhnaigh. Níl aon ghanntanas samplaí. Cuimhnigh ar a mhinicí is a mhínítear an t-olc i dtéarmaí an eolais, go háirithe i dtéarmaí teacht ar an eolas. Tá sé seo chomh forleathan sin gur deacair gan macalla scéal an ghairdín a chloisteáil, agus úll na haithne á ithe. Ó am go chéile bíonn sé seo nach mór follasach, cuirim i gcás sa scéal 'An Seanfhear'.[6] Tagann pearsa an scéil chun tuisceana nua dó féin agus dá fhantasaíocht trí bheith ag caint le seanfhear a deir go bhful galar ina scornach, in úll na brád (*Adam's apple* i mBéarla), ón uair gur caitheadh amach as gairdin álainn in oirthear domhain é. Airíonn se píosa den úll a thug ainnir mhealltach dó greamaithe ina scornach, ach deir na dochtúirí nach bhfuil tada ann. Tuigeann an scéalaí gurb ionann ábhar a fhantasaíochta féin agus eachtra an tseanfhir: 'Ag spaisteoireacht faoi scáth na gcrann uaibhreach i ngáirdín oirthearach, le ainnir ba scéimhiúla ná an ghriansholas. Lámh ina hascaill agam. Na crainnte ag cromadh le meas ...'[7]

Cé nach dtarlaíonn tada sa scéal, tuigeann an scéalaí ag an deireadh go bhfuil galar an tseanfhir air féin. Is ionann an galar agus féinaithne, agus ní aithníonn an saol mar ghalar é chor ar bith, ach mar ghnáthstaid daonna. B'fhéidir, fiú amháin, gurb é an seanfhear é féin, is é sin gur ionann an bheirt acu. An t-aon rud a tharla i gcaitheamh an scéil, gur éist sé le clamhsán agus le scéal an tseanfhir agus tríd sin gur chuir sé aithne air féin mar dhuine smálta, tinn. Tá ionannú déanta idir an tinneas agus an daonnacht, agus is é an t-eolas, nó an tuiscint, a athraíonn gach rud. Is é an tuiscint go bhfuil sé féin i gcomhchiontacht leis an seanfhear an t-uafás a 'tharlaíonn' don chainteoir, agus ag deireadh an scéil tá an tinneas céanna air féin is a bhí ar an seanfhear. Tá macalla eile tríd síos freisin, ar shacraimint an Bhaiste, ach é gan rath: 'nigh amach do chraos le huisce is salann' adeir na dochtúirí uile.

Ní i gcónaí a bhíonn an galar a bhaineann le teacht ar an eolas chomh follasach sin. Tá sé ann i gcúla téarmaí sa scéal 'I mBus Cathrach'.[8] Ní tharlaíonn tada ach go bhfuil taobh amháin de chomhrá gasúir lena mháthair ar an mbus le cloisteáil. Is é donas an scéil go dtagaimid ar an eolas faoin chúrsaí sa mbaile acu agus go dtuigimid faoin deireadh go bhfuil an pósadh briste ón oíche roimhe sin. Tá an t-athair tar éis imeacht. Seo fíorbhlaiseadh d'úll na haithne, agus é ag teacht chugainn ar bhealach chomh suarach, trí muide ag cúléisteacht le taobh amháin de chomhrá a bhí ar siúl idir páiste agus a mháthair.

Sa scéal 'Fios'[9] féin, is é an t-eolas breise atá ag duine amháin de na carachtair a scarann amach óna chomharsana é, agus a scoilteann aontacht an ghrúpa. Eolas é nach bhfuil sé sásta a roinnt, eolas a léiríonn agus a chruthaíonn an deighilt: '"Tá fhios agamsa é. Tá fhios agamsa go maith é" arsa seisean arís de ghlór buacach údarásach: glór an fheasa.'[10] Agus tugtar an léitheoir isteach sa bhfáinne fí, mar a thaispeáin Declan Kiberd,[11] is cúléisteoirí iad na léitheoirí, a fhaigheann a gcuid eolais i ngan fhios.

Scéal é 'Crosaire Iarannróid'[12] faoi bheirt fhear meánaosta a chastar ar a chéile ar traein ag dul siar. Nuair a fheiceann siad bean mhéanaosta ag seasamh ag stáisiún áirithe, ag stáisiún na croise, míníonn duine amháin don duine eile go bhfuil aithne mhaith uirthi. Tagann sí le castáil le chuile thraein i ngeall ar ghealltanas éadrom a thug fear óg eicint di na blianta ó shin nach stopfadh sé an uair sin ach go mbeadh sé roimpi an chéad lá eile. Arís, is é bunús an scéil gur eolas nua é seo don dara fear, eolas a mhíníonn dó gurbh é féin an fear óg sin fadó, agus gur eisean, dá bhrí sin, atá 'ciontach' nó 'freagrach' as saol na mná óige a chur ó mhaith. 'Ní fhaca mé ann ach bean a raibh sifín liath teagtha thrín a cuid gruaige, ag crosaire iarannróid lá aoibhinn samhra, lá den bheagán laethantaí ariamh a bhfaca mé an ceantar seo chois sáile ina bhuaile gheal ghréine.'[13] Go hachomair, cuimhníonn sé ar rud a tharla a raibh baint aige féin leis i bhfad siar agus tagann sé ar an eolas faoi seo trína chuimhne agus trí scéal na mná a chloisteáil san am i láthair. Seo, go deimhin, an duibheagán a luaim sa teideal, an dubhdoircheacht atá á samhlú leis an gCadhnach ó thus a shaothair.

Sílim go bhfuil rian na Críostaíochta le brath sna scéalta caolchúiseacha seo, nach bhfuil iontu ach leid, a bhfuil bunscéal na titime sa ghairdín chomh maolaithe iontu nach bhfuil fágtha ach coincheap an eolais a nochtann, le fíor-chorreisceacht, tubaistí is dochar. Uaireanta, áfach, bíonn an t-eolas débhríoch, agus tugann sé seo muid ag cuid na scéalta is suaithinsí ar fad: 'Ciumhais an Chriathraigh',[14] 'An Strainséara',[15] *Cré na Cille*.[16]

Ceist mhór amháin atá ina bunchloch ag 'Ciumhais an Chriathraigh': cén chaoi a n-inseodh príomhcharachtar an scéil, Muiréad, a scéal don tsagart? Smaoiníonn sí siar ar imeachtaí na hoíche ar casadh fear óg uirthi ag bainis, phóg sé í trí thimpiste. Ba léir gur shuaitheadh iomlán di seo ina saol díograiseach, rófhreagrach, uaigneach ag stracadh leis an talamh. Sa deireadh, deir sí go raibh scéal aici anois, a scéal féin, chomh maith le scéal éinne eile, go bhféadfadh sí rud álainn a dhéanamh dá saol, agus fiú amháin amhrán a dhéanamh as. Go deimhin, tá sí ar bhruach an tslánaithe. Ag an bhfíordheireadh, áfach, tagann sí ar ais ag an tseancheist: cén chaoi a n-inseodh sí seo, peaca seo na bainse a thug an oiread sin sóláis leis, don tsagart. Agus don chéad uair tríd an scéal, tá eolas cinnte aici: 'ní fhéadfadh sí é a inseacht don tsagart'.[17]

Ní rachainnse chomh fada lena rá go bhfuil saoirse dheifinídeach aimsithe anseo aici, ná gur éirigh léi bagáiste na himní i dtaobh an tsagairt a ligean di ar fad, ach ní fheicim ach oiread go dtiteann sí siar ar fad san umar ina raibh sí ag an tús. Braithim débhríoch é: seans go bhfuil sí ar ais ag an tús, ach seans freisin gur tús nua é, gan é a inseacht don tsagart. Sa gcás seo, cé gur bocht bearnach an slánú é, ar a laghad tá an fhéidearthacht ann. Go híorónta, ag an deireadh tagann an t-eolas chuici, ach ag an am céanna tá éiginnteacht ann faoi bhrí an eolais. Is í an éiginnteacht sin faoi bhrí an eolais, agus ní an t-eolas cinnte ann féin, a osclaíonn suas féidearthacht an tslánaithe. (Gné eile de seo ar fad, ar ndóigh, is ea go mbaineann an slánú sin le cúl a thabhairt leis an eaglais, ach ní hé sin is ábhar dom anseo. Am t-eolas mar chunchloch de chuid na Críostaíochta atá idir lámha agam, agus ní foras na heaglaise.)

Tarlaíonn rud cosúil leis seo sa scéal fada 'An Strainséara'. Tá Nóra bhocht cráite tríd an scéal toisc gur rugadh a cúigear clainne marbh agus dá bhrí sin nár baisteadh iad. Tá sé ina ghéarchéim anseo ó tharla go bhfuil a fear, Micil, tar éis mac deirféar léise a thabhairt isteach ar an teallach le go bhfágfaí an talamh i lámha na muintire. Ag deireadh an scéil, tarlaíonn rud eicínt atá, arís, débhríoch, ainneoin go gcreideann Nóra féin, a dtugann an reacaire a smaointe dúinn tríd an stíl shaor indíreach, go bhfuil a bhfeiceann sí ag tarlú i ndáiríre. Feiceann sí an Mhaighdean Mhuire ag slánú a páistí agus ansin airíonn sí go bhfuil sí féin á slánú:

> Thug an pictiúr amach i lár an tí, go ndearcadh é sa dorchadas …
> B'fhíor é …
> Bhí sciatháin na n-aingeal ag foluain … Bhí brat Mhuire ag síneadh …
> Ab bu búna! Ba shin iad iad … Micil Óg … Nóra …
> Gháir na milliúin clog " Mac na hÓighe Slán" …
> "Sé do bheatha, a Mhuire …"[18]

Níl sé iomlán cinnte cén toradh a bhí air. Cé gur móide go bhfuil sí básaithe d'fhéadfadh sí a bheith tite i laige nó imithe as a meabhair. Ar aon nós is cinnte go bhfuil sí bailithe isteach in áit éigin eile. Tarlaíonn an scéal thar cupla lá san earrach – ón Déardaoin go dtí an Domhnach. Tá macalla soiléir de dheireadh seachtaine na Páise, ach an uair seo níl fhios againn an bhfuil aon aiséirí ann, nó i ndán di. Ar a laghad, fágann an éiginnteacht go bhfuil an deireadh oscailte. D'fhéadfadh slánú fiúntach a bheith ann di. Murab ionann agus 'Ciumhais an Chriathraigh', ní lasmuigh den eaglais ar fad a bhaineann suíomh an tslánaithe. Chomh maith leis an macalla de dheireadh na Cásca, is í an Mhaighdean Mhuire tobar pé slánú atá ann.

Glactar leis go coitianta gur leagan dubh dorcha den saol atá in *Cré na Cille* agus gur daoine mioscaiseacha, gangaideacha iad muintir na cille, go háirithe Caitríona Pháidín féin. Glactar leis gur scéal é faoi thubaist i ndiaidh tubaiste, ach léimse na laethanta seo é mar leagan de scéal úll na haithne. Ní hé poll an duibheagáin amach is amach é áfach. Ní tharlaíonn tada tríd síos ach amháin bunscéal na beatha, is é sin, go bhfaigheann daoine bás. Tagann corp nua chun na cille ó am go chéile, ach níl aon tábhacht leo sin ach mar fhoinsí eolais don phríomhcharachtar Caitríona Pháidín. Thar aon rud eile, santaíonn sí an an t-eolas agus dar léi is é an t-eolas a shlánós í.

Le ceist, ag lorg eolais, a osclaíonn sí an leabhar: 'Ní mé an ar áit an phuint nó ar áit na cúig déag atá mé curtha?'[19] Is é sin, an bhfuil sí curtha san uaigh is daoire sa reilig, a chosnaíonn punt, nó sa dara cineál is fearr, a chosnaíonn cúig scilleacha déag. Tá an tríú cineál ann, uaigh na leathghine, agus ní shamhlódh sí go deo go gcuirfeadh a mac Páraic ina leithéid d'áit í. Dá mba í an tubaist amháin a bhí sa leabhar, bheifí ag súil gur measa an scéal ná rud ar bith a shamhlódh Caitríona, agus go bhfaigheadh sí amach tar éis an tsaoil gur in áit shuarach na leathgine a cuireadh í. Go deimhin ní mar sin atá: tá sí in áit na cúig déag. Áit í seo nach bhfuil chomh maith le háit an phuint, ar ndóigh, ach ní hé an donas ar fad é. Agus níl ansin ach a thús. Bhí drochbhail ar Pháraic agus a chlann ar feadh scathaimh tar éis bhás Chaitríona, agus cheap sí gurbh í féin crann taca an teaghlaigh agus go raibh siad ag titim chun donais dá huireasa. Ach d'iompaigh rudaí chun bisigh. Tá seo milis agus searbh in éindí. Milis ann féin go bhfuil rath orthu, ach searbh sa mhéid is go dtuigeann muid gur i ngeall ar iad a bheith saor ó Chaitríona a tháinig an biseach.

Tá Caitríona gangaideach, cinnte, ach tá sí truamhéileach freisin. Tá croí mór aici i leith a mic agus a chlainne siúd. Má tá faltanas aici i gcaitheamh na mblianta lena deirfiúr Neil, a phós an té a raibh sí féin i ngrá leis, ar a laghad mhaith sí chuile shórt do bhean Pháraic nuair a rinne sise an beart in aghaidh Neil. Go hachomair, níl sí dubh ar fad fiú má tá sí dubh cuid mhaith.

Ag teacht ar ais ag ceist an eolais, feicim anois gur túisce a thagann *Cré na Cille* leis na scéalta atá débhríoch seachas leo siúd a fhéachann ar an eolas mar aicearra go hifreann. Faigheann sí amach nach bhfuil sí san áit is daoire, ach níl sí san áit is saoire. Faigheann sí amach nach raibh altóir mhaith airgid aici ag a sochraid, ach faigheann sí amach freisin gur fhág deirfiúr eile, Baba, ar a laghad cuid dá hairgead ag Páraic. An drochscéal faoi Mháirín óg, iníon Pháraic, a bheith caite amach as an gcoláiste, bréagnaítear é.

Agus más fíor-dhrochthréith í a cuid aineolais fúithi féin, í a bheith go hiomlán gan féinaithne agus féin-chomhfhiosachta, agus más é is measa faoi ná go nochtann sí a cuid drochthréithe eile ar fad gan iad a cheilt, fós, déanann an easpa féinaithne truamhéileach í freisin. Tá a cuid seifteanna chomh suarach agus éadóchasch sin. Tuigeann muid (arís, eolas) gurb é an grá cráite a mhill a saol, agus dá bhrí sin bíonn na léitheoirí chomh dona le chuile dhuine eile, ag ritheacht chun breithiúnais. Tagann muide, na léitheoirí, ar an eolas i gcaitheamh an scéil go raibh muid ag peacú, toisc go raibh muid ag caitheamh chlocha an bhreithiúnais le Caitríona. Agus foghlaimímid rud eile a d'fhéadfadh comhbhá a mhúscailt ionainn. Ba í an bhrisleach mhór i saol Chaitríona nach bhfuair sí Jeaic na Scolóige. Sin é a mhíníonn a saol, a mhíníonn móran chuile short a rinne sí. Grá cráite ar ollscála, grá cráite a mhill saol na mná, sin é scéal maorga Chaitríona. Go pointe áirithe, dar liom, cealaíonn sé sin an t-olc i gcroí Chaitríona, agus músclaíonn sé comhbhá áirithe ionainn. Tá an t-eolas, mar sin, áit éigin idir an mhaith agus an t-olc.

Cad faoin eolas deiridh? An rún mór amháin a bhí fanta ina croí nuair a bhí diomua uirthi i dtaobh an uile rúin eile. Thar aon rud eile, bhí sí ag iarraidh crois de ghlaschloich an oileáin. Bhí go leor daoine eile á bhfáil. Bhí sí síoraí ag iarraidh a fháil amach a raibh aon chaint ar a ceann sise, an raibh sí réitithe nó ar a laghad ordaithe, agus ag an deireadh … níl sé soiléir. Nuair a chloiseann sí (agus muide) go bhfuil Neil ag ordú crois den ghlaschloich di féin, ní chuireann Caitríona aon cheist eile, ach déanann sí ráiteas cinnteachta: deir sí le Jeaic: 'Ní do ghlaschloich an Oileáin do chrois-sa ná mo chrois-sa.'[20]

Conas é seo a léamh mar phíosa eolais? Cinnteacht gan bonn nó iomas luachmhar? Diomua, ag glacadh leis nach mbeidh an chrois aici a shantaigh sí? Lúcháir go bhfuil sí féin agus Jeaic aontaithe le chéile, sa riocht céanna, sa deireadh? Gur chuma faoin eolas, má tá a grá aici?

Níl sé soiléir. Ní fios cén stádas atá aige mar eolas, ach níos tábhachtaí, níl fhios againn brí mhothálach na bhfocal go cinnte, óir tá siad débhríoch. Ní tubaist ná trófaí é ach rud eicint idir eatarthu. Toisc go bhfuil an t-eolas ann, ach nach bhfuil fhios againn cén chaoi lena léamh, fágtar muid, go híorónta, ar easpa eolais eile. Go híorónta, ní léir ar fad an tragóid nó coiméide é *Cré na Cille*. Más coiméide é ní i ngeall ar an ngreann é ach ar an ionchorprú. Bunchloch na coiméide é go n-aontaítear daoine le chéile, malairt na tragóide, ina ndéantar duine a dhíbirt ar bhealach amháin nó a chéile as an bpobal. Bíodh is go bhfuil sé frith-instinneach againn gan an Cadhnach a léamh mar scríbhneoir thar a bheith dorcha, is féidir fós a áiteamh go bhfuil ionchorprú san iomaí ciall ar siúl sa leabhar. Ní amháin go gcuirtear na corpáin sa talamh, ach tá mar a bheadh an bheirt leannán (Caitríona agus Jeaic) a bhí scartha le fada, aontaithe le chéile arís. Cé go bhfuil an teacht le chéile sách searbh, mar sin féin tá lúcháir áirithe ar Chaitríona as a bheith in aice le Jeaic sa deireadh thiar, agus tá bunús maith traidisiúnta sa mbéaloideas a thacaíonn leis sin .i. na scéalta iomadúla faoi na leannáin a coinníodh ó chéile iad i gcaitheamh a saoil ach ar cuireadh in éineacht lena chéile ar deireadh iad.

Is dearcadh é seo atá an-fhada ón leagan den Chríostaíocht a bhí suas nuair a scríobh an Cadhnach *Cré na Cille*. Bhí an eaglais i mbarr a réime tar éis chaithréim na naoú haoise déag, agus ní raibh aon rian arbh fhiú trácht air den mbuama a bhí curtha ag tús an chéid ag Freud faoi nóisean na cinnteachta mar eiseamláir na fírinne. Is é sin le rá, dob é an t-eolas cinnte so-thomhaiste soiléir údarásach an fhírinne, agus ba í an fhírinne sin a thabharfadh i dtreo na saoirse tú. Má bhí eolas ag an eaglais, eolas an tslánaithe, sin malairt chrann na haithne in Genesis, ar nós gurbh é Críost ath-Adhamh agus an Mhaighdean Mhuire ath-Éabha, tugtha, sa dá chás, chun maithis.

Ní hin atá á rá ag an gCadhnach. Ina dhomhan siúd, is é an t-eolas an titim, nó sin, ar an gcuid is fearr, pé slánú suarach atá le bheith ann is san éiginnteacht atá sé le fáil. Más san eolas atá an fabht, is san aineolas, nó san éiginnteacht atá pé dóchas ann atá le fáil. Feictear dom go bhfuil fo-sraith ina chuid scéalta a thugann le fios, ainneoin nach mbeidh gach rud i gceart ar fad, ar éigean a bheidh sé ina thubaist ghlan i gcónaí ach an oiread. Tá criticeas le brath ar an leabhar nach féidir liom a phlé anseo, agus a bhí, seans mhaith, neamh-chomhfhiosach ag an gCadhnach féin. Criticeas é ar an smaointeoireacht nua-aimseartha iar-Soillsithe, go mbeidh slánú le fáil san eolas cinnte.

Tá sé in am bogadh ar aghaidh chuig ceist an mhaiteanais. Luaigh mé cheana gur mhaith Caitríona Pháidín a cuid laigí do bhean a mic. Maiteanas a bhí ann, ceart go leor, ach leagan fíoríorónta. Chomh luath is a chuala sí gur bhuail bean a mic bob ar Neil, mhaith sí go leor dá raibh déanta aici. An maiteanas agus an t-olc in éineacht. Ní deirim nár mhaiteanas é; ar a laghad ba shíocháin de chineál éigin é, nó leathmhaiteanas. Ba mhó de mhaiteanas é sin na an maiteanas a bhí in go leor scéalta eile, áfach. Tá muid ag caint anseo ar mhaiteanas praiticiúil réadúil, an croí crua nach n-éireoidh go deo as an bhfaltanas. 'Ceiliúradh an fhaltanais' a thug Eoghan Ó hAnluain fadó ar an scéal 'Fios'.[21] Smaoinigh freisin ar an mbean Méiní, sa scéal 'Muintir na Croise':

> De chéimeanna spadánta a d'fhill Méiní chun an tí, ach ar a shon sin bhí a hintinn cho beo le spéor thoirní. Mara raibh grá ann b'fhéidir go raibh an díoltas ina mhothú cho daonna, cho shásúil, cho cumasach leis. Ba shin rud a thosaigh ag cur giodam aerach ina tromspaid de cholainn, rud eicint nach raibh Neilí in ann a bhaint di, ná eisean, ná mná

> an phobail. Ba mhothú é a d'fhéadfadh sí a oilíuint agus de réir mar a bhí dhá fheiceáil di, a d'fhéadfadh sí a bheith aici anseo ina seomra féin.[22]

Tá an rud céanna i gceist sa scéal 'An tSraith ar Lár':

> Ba faltanas fós fearacht ariamh é scéal crua deacrach a shaoil le duine agus le dúil. Ba léar loinnir dhíbhirceach i súile a gceapfaí cúpla uair an chloig ó shoin go raibh a splanc ídithe.[23]

Má tá eagna le fáil anseo is cosúil go mbaineann sé le do namhaid a chloí.

Téann an Cadhnach i ngleic freisin le maiteanas de chineál níos meitifisiciúla. Tagraím anseo don chineál maiteanais atá ag brath ar údarás barántúil a bheith ann chun an t-olc a mhaitheamh. Sainléiriú ar dhuibheagán scéalta Uí Chadhain é a leithéid d'údarás a bheith ar iarraidh. Is é 'An Eochair'[24] an sampla is soiléire. Seo an duine daonna, an té atá ag maireachtáil i ndomhan naimhdeach neamhthrócaireach. Is cinnte go ndéanfaidh sé faillí, mar sin é an nádúr daonna. Ní faillí mhorálta í go fiú, ach teip de bharr timpiste. Ar an drochuair, briseann an státseirbhíseach J. eochair an dorais san oifig fad is atá sé féin i mbun na hoifige agus a cheannasaí as baile. Níl an t-údarás ag duine ar bith beo, polaiteoirí san áireamh, an doras a bhriseadh ina dhiaidh sin lena shaoradh, agus faigheann sé bás le tart i gcaitheamh an deireadh seachtaine. Aoir ar an státseirbhís atá ann, ar ndóigh, agus ar an bpairilis a deirtear a bhaineann léi. Chomh maith leis sin, insint mheafarach ar scéal na titime ó ghrásta atá ann, insint a bhaineann casadh íorónta as an mbunscéal. Tarlaíonn an tubaist agus faigheann an duine bás ní de bharr peaca (is é sin, ní de bharr an oilc mhorálta) ach de bharr an nádúir dhaonna, agus níl aon fhoinse údaráis ann chun 'maiteanas' ná leigheas a thabhairt. Agus tá an t-iomlán áiféiseach: go bhfaigheadh duine bás toisc nach raibh sé d'údarás ag éinne an doras a leagan lean scaoileadh saor óna oifig, chomh háiféiseach céanna leis an domhan a leagfadh síos rialacha morálta gan foinse maiteanais. Seo an saol ina dhuibheagán, duibheagán an nádúir dhaonna.

An Laochas

Is beag nach leagan íorónta den laochas atá sa Chríostaíocht. Mar is eol dúinn, tá beathaisnéis Chríost bunaithe ar bheathaisnéis an laoich – an dá athair, na macghníomhartha, an tástáil, an bua agus sa deireadh an bás glórmhar – ach iad casta iomlán bunoscionn. Tá an athinsint ar ghníomhartha gaile Chú Chulainn, an riastradh san áireamh, léirmhínithe ag Gearóid Denvir i gcás an scéil 'Gorta'.[25] Bhfuil carachtair eile ann a bhfuil blas an laoich orthu, más searbh féin an blas?

Tá fhios gurbh é an moladh bun agus barr an laochais. Moladh a dhéanamh ar an duine láidir aonair, ar a ghradam, ar a chumas míleata agus a ghaisce, ar a shaibhreas agus a fhéile, ar a ghaolta agus a dhathúlacht, a thionchar ar an domhan cruthaithe trí chomhbhá an dúlra. Bhíodh an t-iomlán bunaithe ar fhann-chothromaíocht idir an duine agus dúlra, agus sa deireadh thiar tá sé bunaithe ar an tuiscint go bhfuil an duine i réim go dlisteanach. Tuigtear gur chun leasa an duine an córas seo, ar a laghad sa bhfadtéarma ach go minic sa ngearrthéarma freisin. Cloífidh an laoch do namhaid duit agus tabharfaidh sé aire go fial duit freisin.

Le teip chóras na ríthe agus an laochra agus le forás an daonlathais, tá sé spéisiúil a dhéanamh amach cén athinsint, nó cén casadh, is féidir a bhaint as clocha an laochais, ar clocha coirnéil iad san oiread sin den litríocht Ghaelach. Beag an baol go mbeadh aon sampla againn de laoch ar an sean-nós i scéal de chuid an Chadhnaigh.

Cleachtaítear trí fhéidearthacht go fortleathan. A haon, gaisce a aithint san áit nach nach n-aithnítí é – baill den chosmhuintir, abair, gan aon ghradam ach a chuireann gníomh i gcrích a éilíonn misneach. Sin é atá i gceist Somhairle MacGill-Eain, cuirim i gcás, agus é ag ag trácht ar shaighdiúir anaithnid singil sa dán 'Curaidhean' ('Gaiscígh')[26] nó arís an scéal 'Gorta' leis an gCadhnach; a dó, é a thabhairt amach as lámha an duine aon-air agus é a shamhlú le pobal, ar nós mar a rinne Eoghan Ó Tuairisc ina chaoineadh ar phobal Hiroshima;[27] a trí, an dearcadh réaduchtaithe, é a chasadh go híorónta isteach ina mhalairt de cháilíocht: an mheatacht, abair, nó an foréigean gan bhrí. Is é an tríú rogha seo, dar liom, an rogha is coitianta ag an gCadhnach. Tá débhrí ag baint le 'Gorta' féin. Tá cás an té atá ag an dé deiridh ag iarradh an fata lofa deireanach a chrochadh aníos ón talamh, tá a chás chomh héigeanntach sin gur deacair dom gan dhá ais-smaoineamh a bheith agam. Tá sé mínithe ag Denvir go bhfuil macalla soiléir Chú Chulainn ar an scéal, leis na tagairtí don riastradh, don bhadhbh 7rl, agus is cinnte go ndéarfaidh an-chuid léitheoirí gur iontach an gaisce atá anseo ag pearsa an scéil, agus é le feiceáil ní i gcogadh mór caithréimeach, ach ag duine den chosmhuintir i ndeireadh na feide. Ach tá an dara ais-smaoineamh ann freisin, agus é níos íorónta, a thugann orainn a bheith in amhras faoi laochas an lae inniu. Ab shin a bhfuil ann? An bhfuil deireadh ré na laoch ann? An bhfuil an domhan tite chomh mór sin ó ré na laoch nach bhfuil aon chothromaíocht ann a thuilleadh idir duine agus dúlra? An é nach bhfuil ann ach domhan scanrúil, neamhchothaitheach, nach bhfágann spás ach don ghníomh is suaraí, agus é sin féin gan a bheith á chur i gcrích ar mhaithe leis an nglóir ach ar mhaithe le teacht slán ar éigean, gníomh ar son an té a dhéanann é agus ní ar son éinne eile, an fata lofa deireanach a chrapadh suas?

Tá mar a bheadh freagra íorónta eile ar an gceist 'cad is laochas ann?' sa scéal 'Fuíoll'.[28] Cuirtear an fear báire i gcomparáid le Cú Chulainn arís, ach an uair seo léirítear é mar imreoir brúidiúil garbh, a chaithfeas teitheadh sa deireadh i ngeall ar an dochar atá déanta aige ar a chomhimreoirí agus a léirítear a chuid gaisce ar fad mar leithscéal chun drochíde a thabhairt do dhaoine eile.

A mhalairt de phearsa atá chugainn in J., príomhcharachtar 'An Eochair'. An duine daonna, saor ó laincis Dé, agus céard tá ann? Meatachán. Go deimhin ní hé seo sárfhear Nietzsche. Bás anabaí truamhéileach, ní bás glórmhar an ghaisígh a bhíonn aige i ndomhan gan trócaire nach bhfuil sé in ann aige chor ar bith. Is mó go mór an fuinneamh agus an flosc a bhíonn ar a bhean, atá ar imeall na sochaí mar bhean tí, agus níl aon mheas aici féin ar J. bocht.

Mar a chéile, ar bhealach, N., príomhphearsa an scéil fhada 'Fuíoll Fuine'.[29] An lá a bhásaigh a bhean, imíonn sé ar seachrán. Téann sé ag fálróid ar nós Ulysses, ainneoin go bhfuil corp a mhná agus a beirt deirfiúr ag fanacht leis sa mbaile. Faoin deireadh, casann sé le mairnéalach agus tá bealach nua aimsithe aige lena dhualgas a sheachaint. Ní laoch gaisciúil é, ach loiciméara, agus ní bhainfidh sé amach a bhaile go deo.

Ar an iomlán ní bhíonn tréithe gaisciúla ag pearsana an Chadhnaigh ar chor ar bith, ainneoin chomh híorónta is atá sé go bhfuil a shaothar breac le reitric na Fiannaíochta, mar a mhíníonn luann Gearóid Ó Tuathaigh in alt eile sa leabhar seo.

An Grá

Mheabhraigh mé i dtosach an ailt seo gur meán slánaithe ann féin é an grá rómánsúil (uaireanta) i litríocht an Iarthair. Ach oiread leis an gCríostaíocht agus an laochas, ar an iomlán is leagan cráite duibheagánach den ghrá a chruthaítear i scéalta Uí Chadhain. Tá leaganacha de chuid mhaith seánraí traidisiúnta grá ina shaothar, cuid acu íorónta go leor. Is deacair dom gan 'Beirt Eile'[30] a léamh mar insint nua-aimseartha ar an *Chanson du malmarié / de la malmariée*, amhrán an fhir nó na mná nach bhfuil sásta sa phósadh. Más i mbéal an fhir a bhíonn a leithéid d'amhrán, is iondúil gurb í an bhean chéile nach ndéanfaidh obair cheart a bhíonn á clamhsán aige; fear nach bhfuil sásamh collaí le fáil uaidh ábhar gearáin na mná, nó sin, drochíde á tabhairt aige di. Tá péire de na hábhair ghearáin ag Micil sa scéal seo: ní dhéanann a bhean obair 'cheart' mná, agus ní raibh aon chaidreamh collaí acu ó phós siad, rud a d'fhág é gan sac gan mac gan muirín. Roimhe sin, bhí athinsint ar an seanfhocal 'Gan Murchadh gan Mánas' sa scéal den ainm céanna in *Idir Shúgradh is Dáiríre*,[31] ach ní fheicim go bhfuil aon chasadh nua, íorónta ná eile, bainte aige as an seanscéal aige ann.

Is cinnte, áfach, go bhfuil blas íorónta de sheánra na haislinge ar an scéal 'Aisling agus Aisling eile'. Teipeann ar an dá chineál aislinge, an aisling pholaitiúil agus an aisling ghrá, sa scéal seo. Nochtar aisling pholaitiúil nua na Gaeilge (an Ghaeilge ag slánú na tíre agus na staire) mar dhaille agus mar chruas croí. Nuair a thagann an scoláire ag foghlaim Gaeilge ó bhean Ghaeltachta níl sé in ann í a fheiceáil i gceart ar chor ar bith mar dhuine inti féin. Is cinnte nach spéirbhean dósan é. Agus más leagan íorónta í siúd d'Éirinn, bean atá ag fulaingt faoi bhraighdeanas brúidiúil, is cinnte nach aon leannán ná Mac Ceannaí di an scoláire, ach a mhalairt.

I bhformhór na scéalta, ní bhíonn aon rath ar an ngrá. I gcás 'An Taoille Tuile',[32] ní tuile atá ann i gcúrsaí grá, ach trá gan tuile. Is é an íoróin é (leagan íorónta de chomhbhá na dúlra, nach mór) gurb í tuile litriúil na farraige is mó a nochtann trá an ghrá, óir cuireann sé brú ar an mbean óg an fheamainn a bhailiú faoi bhrú in éineacht lena fear céile, agus iad ag obair i gcomhar leis na comharsana atá in ann ag an obair i bhfad níos fearr ná ise. Faoi dheireadh an scéil tuigeann sí go bhfuil dímheas ag a fear uirthi, agus go bhfuil an grá agus an tacaíocht ídithe faoi ualach an náire. Ní léir aon mhaiteanas ann; ábhar díomá an grá. Scéal cruthanta é faoin duibheagán. In 'Ciumhais an Chriathraigh', níorbh é an grá, ach an féinmheas agus a cruthaitheacht féin a shábháil Muiréad, mar a míníodh thuas, má bhí aon tsábháil ann. Feicimid an grá iompaithe ina fhaltanas in 'Muintir na Croise' agus 'An tSraith ar Lár'; díomá agus bréagdhóchas toradh an ghrá in 'Crosaire Iarannróid'; an grá iompaithe searbh ag Caitríona Pháidín in *Cré na Cille*, agus a saol, a pearsantacht agus compord a muintire curtha ó mhaith i ngeall air.

Conclúid

Ach fós féin, ní hé an duibheagán amháin, ná an teip ghlan, fuíoll na n-iarrachtaí uile i dtreo aon cheann de na trí chóras luachanna: an Chríostaíocht, an laochas agus an grá. Cuid de na scéalta is áille agus is lonracha i saothar an Chadhnaigh, is faoi Chríost iad, agus gan aon bhlas íorónta orthu: 'Rinneadh',[33] scéal ionchollú Chríost agus 'Rath',[34] scéal an bhuachalla óig a insíonn scéal an fhíona ag bainis Chána.

Agus céard tá an léitheoir le baint, sa deireadh thiar, as *Cré na Cille*? Tá leigheas beag éigin i gcuid ar a laghad den eolas nua a fhaigheann Caitríona Pháidín: cloiseann sí go bhfuil a mac is clann a clainne ag déanamh go maith, fiú más de bharr í féin a bheith imithe as a mbealach é agus go bhfuil ar a laghad cuid d'uachta Bhaba faighte acu; thar aon rud eile, tá Jeaic curtha in éineacht léi in áit na cúig déag, agus más in áit a phuint a chuirfear Neil, fágfaidh sé sin gur gaire í féin ná Neil dó go deo, fiú mura bhfuil sé sásta aon amhrán a chasadh di; gach seans nach bhfaighidh sí crois de ghlaschloich an oileáin, ach mar sin féin aontaíonn an easpa sin féin í le Jeaic: 'ní de ghlaschloich an oileáin mo chrois-se ná do chrois-se' a ráiteas deireanach leis, agus ráiteas deireanach an leabhair trí chéile. Tá síol an mhaiteanais ann mar a pléadh thuas, bíodh is gur síol beag searbh é, agus í sásta a cuid 'laigí' a mhaitheamh do bhean a mic nuair a ionsaíonn sí siúd Neil. Agus tá mír bheag bhídeach íorónta den ghrá féin, agus í chomh dílis sin istigh ina croí dá céadsearc, Jeaic, agus dá clann. I réimse eile ar fad, réimse is tábhachtaí dar liom ná an caidreamh idir na carachtair éagsúla, tugann an téacs cuireadh do na léitheoirí (nó mar sin a bhraitheann an léitheoir seo é ach go háirithe) a gangaid agus a síorfhaltanas a mhaitheamh do Chaitríona Pháidín féin, nó ar a laghad dul sa treo sin, trí ligean dóibh í a thuiscint mar dhuine a gortaíodh sa ghrá agus ar claochlaíodh lasair an ghrá inti ina lasair fhuatha. I mbeagán focal, is tríd an eolas a thugtar dúinn a thagaimid ar an tuiscint a ligeann dúinn olc a saoil a mhaitheamh di. Go deimhin, ní fheicim aon chúis nach n-áir-eofaí Caitríona Pháidín ar bhanlaochra móra tragóideacha an ghrá i litríocht an domhain.

Lasmuigh ar fad de *Cré na Cille*, tá duine amháin de Mhicileachaí an Chadhnaigh a fhaigheann beatha nua ag an nóiméad deiridh tríd an ngrá in 'An Beo is an Marbh'.[35] Fear óg – Micil Ionnarba (a chiallaíonn 'deoraíocht') – ábhar an scéil. Tagann sé isteach i dteach tórraimh gan aon mhuinín as féin ná as a chúlra. Bhí sé in éad leo siúd a raibh an chaint cheart fhaiseanta, na nósanna agus na scéalta cearta acu: na 'buafhocail', na 'geisfhocail'. Faoi dheireadh an scéil, áfach, tá splanc dóchais agus grá ann de bharr a theagmhála le bean óg:

> Bhí Micil Ionnarba ar thob imeacht. Rinne a shúil seachrán go dtí an leaba [áit a raibh an corp]. Ba léire anois sa smeara solais lae an dochtdhúna a bhí ar shúil a dhuine muintire … Scior a amharc anonn ar Mheaig. Ba chonna fre chéile a súil fhairsing sise …[36]

Níor chóir an iomarca a léamh isteach anseo. Níl ann ach go bhfuil correisceacht ann sa saothar, corrscéal a ligeann don ghrá pearsa scéil a shábháil ón duibheagán. Ar éigean, sa deireadh thiar, má tá aon scéal ag an gCadhnach faoin ngrá paiseanta, ach amháin, b'fhéidir, Caitríona Pháidín féin, agus is síorfhulaingt a fuair sise as, ní slánú. Seans go bhféadfaí 'Ciumhais an Chriathraigh' a chur san áireamh freisin, agus sa chás sin, is gaire é d'amhrán cráite an chailín óig, an *chanson de jeune fille*, ná aon rud eile. Ní hé an grá féin a shlánós Muiréad, ach a cumas féin ealaín a dhéanamh dá pian.

Agus sin an áit, dar liom, a bhfuil an mhíorúilt. Is cuma ar fad conas a tharlaíonn sé – tríd an gCríostaíocht, tríd an laochas nó tríd an ghrá – ach uaireanta, corruair, bíonn seans ag an mbeatha. Tá ciorcal na beatha go follasach in 'An Beo agus an Críon'.[37] Beireann bean páiste san eileatram agus aithníonn an reacaire an eagna nuair a chuireann sé síos ar scread an pháiste mar seo: 'Screaidín óg a bhí cho haosta leis an gcine daoine: scread ba thúisce ná scread an bháis agus nach mbeadh aon bhás ann marach í.'[38]

Tá an bheatha féin, is cosúil, lag ach do-chloíte i scéalta an Chadhnaigh, ainneoin a dhorcha is atá an saol a dhearann sé den chuid is mó. Níl aon laoch ann a chloífeas do namhaid; níl Dia ná comhluadar a mhaithfeas do laigí duit ar aon bhealach cuimsitheach. Ach brúchtann síol na beatha amach ó am go chéile tríd an ngrá, trí laochas an spioraid, nó trí leidí dóchasacha a thagann leis an gCríostaíocht. Corruair, go háirithe sna scéalta faoi Chríost agus é ina ag teacht ar an saol nó ina pháiste, bíonn sé lonrach, lasta. In áiteanna eile aithnítear gur ann don bheatha chomh maith leis an mbás. Ní hé an duibheagán an t-aon rud amháin atá ann. Seo é, dar liom, fíoreagna an Chadhnaigh ar an gcuid is lú: go bhfuil an mhaith is an t-olc do-scartha ó chéile, ar nós mar a thuigeann an-chuid d'ealaíontóirí an domhain. Níl rósanna á mbailiú, ach feictear dom, dá dhearg-ainneoin féin, nárbh é an duibheagán bun agus barr a scéil.

Noda

Saothair de chuid Mháirtín Uí Chadhain a luaitear san alt:

BB:	*An Braon Broghach*, Baile Atha Cliath [1948] 1968
CC:	*Cois Caoláire*, Baile Átha Cliath 1953
CNC:	*Cré na Cille*, Baile Átha Cliath [1949] 1970
ISD:	*Idir Shúgradh is Dáiríre*, Baile Átha Cliath [1939] 1975
SL:	*An tSraith ar Lár,* Baile Átha Cliath 1967
ST:	*An tSraith dhá Tógáil*, Baile Átha Cliath 1970
STG:	*An tSraith Tógtha*, Baile Átha Cliath 1977

1. Leabhar Job 28:12
2. Leanaim an t-iniúchadh ar an eagna a rinne Harold Bloom ina leabhar *Where Shall Wisdom Be Found?* New York, 2004
3. Féach, cuirim i gcás, Breandán Ó Doibhlin, 'An tSraith ar Lár' *Inniu*, 1967, 1 Nollaig: 'Má tá an lionndubh ar chúl an leabhair is é an gáire is mó a bheas ar bhéal an léitheora', nó R. O'H. 'Do na Gaeilgeoirí' *Irish Independent*, 1953, 14 Samhain: ' [tá] an taobh dorcha duairc den saol á léiriú — fiú sna scéalta grin, tá iarracht den *macabre* ag baint leo.' Nó arís Flann Mac an tSaoir, 'Mairtín Ó Chadhin' *Comhar* 1953, Bealtaine*:* 'Ma tá an bás, an meath, an díoscaoileadh go huileláithreach i saothar Mháirtín Uí Chadhain is de bhrí go bhfuil siad uileláithreach i saol tuaithe na tíre seo é'. Dúirt Éogan Ó hAnluain in 'Léargas Doilíosach: Gnéithe Áirithe de Ghearrscéalaíocht Mháirtín Uí Chadhain', *Comhar* 1971, D.Fómh., gur 'thochail [Ó Cadhain] faoi chraiceann an tsaoil le teacht ar fhórsaí an dochair agus na díobhála … Bhí luí ar leith ag a shamhlaíocht le réanna dorcha duaibhseacha na beatha …'
4. Féach, mar shampla, *The Scapegoat*, Baltimore 1986 [1982 as Fraincis, *Le bouc émissaire*]
5. Féach *Where Shall Wisdom Be Found?*
6. CC 64-72
7. CC 71
8. ST 118-143
9. CC 26-35
10. CC 35
11. 'Meon na Ciontachta', in *Irisleabhar Mhá Nuad* 1972.
12. SL 32-40
13. SL 40
14. CC 36-63
15. CC 136-208
16. CNC
17. CC 63
18. CC 206-207
19. CNC 1
20. CNC 364
21. Ó hAnluain, E. 'Léargas Doilíosach …'
22. STG 57
23. SL 48
24. SL 203-260
25. Denvir, G. *Cadhan Aonair: Scríbhinní Liteartha Mháirtín Uí Chadhain*. Baile Atha Cliath 1987
26. 'Fear beag truagh le gruaidhean pluiceach / … aodann guireanach gun tlachd ann – / còmhdach an spiorad bu tréine' as *O Choille gu Bearradh/ From Wood to Ridge* London, 208

27. Féach 'Aifreann na Marbh' in *Lux Aeterna*, Baile Átha Cliath 1964, 26-46
28. ST 101-117
29. ST 144-260
30. SL 97- 110
31. ISD 153-164
32. BB 35-50
33. ST 11-15
34. ST 48-64
35. SL 125-142
36. SL 142
37. SL 111-124
38. SL 124

NA hÚDAIR

GEARÓID DENVIR: Baile Átha Cliathach é a bhfuil cónaí air i gCnoc na hAille, Indreabhán, le fada. Chaith sé tréimhsí ag teagasc in Ollscoil Hamburg agus i gColáiste na hOllscoile, Baile Átha Cliath. Tá sé ina Ollamh le Nua-Ghaeilge agus ina Cheann ar Scoil na Gaeilge in Ollscoil na hÉireann, Gaillimh, áit a bhfuil sé ag teagasc ó 1977. Tá riar mhaith leabhar scríofa aige ar ghnéithe éagsúla de litríocht agus de chultúr na Gaeilge, ina measc *Aistí Phádraic Uí Chonaire* (1978), *Cadhan Aonair: Saothar Liteartha Mháirtín Uí Chadhain* (1987), *Litríocht agus Pobal* (1997), *Rogha an Chéid* (2000). Tá riar mhaith alt foilsithe freisin aige i nGaeilge, i mBéarla agus i bhFraincis, in irisí éagsúla in Éirinn agus thar lear.

MÁIRE NÍ ANNRACHÁIN: As Baile Átha Cliath di. Ina léachtóir sinsearach le Nua-Ghaeilge in Ollscoil na hÉireann Má Nuad. Spéis faoi leith aici i gcúrsaí critice agus sa cheangal cultúrtha agus teangúil idir Éire agus Albain. Leabhair agus aistí foilsithe aici ar na hábhair sin, ina measc *Aisling agus Tóir: an Slánú i bhFilíocht Shomhairle MhicGill-Eain* (1992), *Téacs agus Comhthéacs: Gnéithe de Chritic na Gaeilge* (comheag. le Bríona Nic Dhiarmada, 1998), agus *Cruth na Tíre* (comheag. le Wilson McLeod 2004). Tá sí ina cathaoirleach ar Ghlór na nGael faoi láthair.

FEARGAL Ó BÉARRA: As Both Chuanna, in aice an Spidéil, é Feargal Ó Béarra. Tá tréimhsí caite aige i mbun taighde agus teagaisc in Ollscoil Freiburg im Breisgau (1992-4), in Ollscoil Wuppertal (1995-6), agus sa Rheinische-Wilhelms-Universität Bonn, áit a raibh sé ina Léachtóir le Ceiltis ó 2000-2003. Tá spéis aige i mórán chuile ghné den Ghaeilge ach spéis ar leith aige in oidhreacht lámhscríbhneoireachta na Meán-Ghaeilge, agus sna hathruithe a chuir lucht breactha na lámhscríbhinní ar an nGaeilge. Ar a chuid foilseachán, tá 'Táin Bó Cuailnge: Recension III', *Emania* XV, 47-65, 1997; *Glórtha Ár Sinsear: Béaloideas Oirdheisceart na Gaillimhe* (i gcomhar le Pádraig Ó Baoill), Coiscéim 2005; agus *An Old-Irish Primer* (i gcomhar le Tim Wigges), Stichting Uitgeverij de Keltische Draak 2006. Tá eagrán den téacs Meán-Ghaeilge *Síaburcharpat Con Culainn* (ábhar an PhD aige) á réiteach aige don chló i láthair na huaire.

TADHG Ó DÚSHLÁINE: Corcaíoch, file agus fear taighde. Mórán foilsithe aige ar litríocht na Gaeilge. Ina léachtóir le Gaeilge i Má Nuad ó 1978 i leith.

CATHAL Ó HÁINLE: Ollamh agus Comhalta Gradaim de chuid Choláiste na Tríonóide, Baile Átha Cliath, is ea é, tar éis dó a bheith ina Léachtóir (1977-90) agus ina Ollamh le Gaeilge (1990-2004) ansiúd. Bhí sé roimhe sin ina Ollamh le Nua-Ghaeilge agus ina Chláraitheoir i gColáiste Phádraig, Maigh Nuad. Tá mórán léachtaí poiblí tugtha aige in Éirinn agus thar lear, agus mórán aistí foilsithe aige ar ghnéithe de litríocht is de theanga na Gaeilge Clasaicí is Nua-Ghaeilge an fichiú céad; is é údar *Éigse Lár na hÉireann* (1975) agus *Promhadh Pinn* (1978) é; agus is é eagarthóir *An Leicseanáir* (1970), *Gearrscéalta an Phiarsaigh* (1979, 1999), *Criostalú: Aistí ar Shaothar Mháirtín Uí Chadhain* (1998) agus *Barbed Wire* (le Máirtín Ó Cadhain, 2002) agus comheagarthóir *Unity in Diversity* (2004) é.

GEARÓID Ó TUATHAIGH: Ollamh le Stair in Ollscoil na hÉireann Gaillimh. Tá spéis aige i nuastair na hÉireann agus na Breataine. I measc a chuid foilseachán tá *Ireland before the Famine, 1798–1848* (1972); *The Age of de Valera* (1982), le Joe Lee; agus (le húdair eile) *Irish Studies: A General Introduction* (1988). Bhí sé ina chomheagarthóir ar *Pobal na Gaeltachta: a Scéal agus a Dhán* (2000). Bhí sé ina chathaoirleach ar Údarás na Gaeltachta 1996-1999.

JAN ERIK REKDAL: Ollamh le teanga agus litríocht na Gaeilge (Sean- is Nua-) in Ollscoil Oslo.

RÍONACH UÍ ÓGÁIN: Léachtóir sinsearach le Béaloideas Éireann, An Coláiste Ollscoile, Baile Átha Cliath. Tá cuid mhór alt foilsithe aici faoin amhránaíocht agus faoin gceol traidisiúnta agus mórán léachtaí tugtha aici faoin ábhar. D'fhoilsigh sí dlúthdhioscaí agus leabhráin, ina measc, 'Beauty Deas an Oileáin: Music and Song of the Blasket Islands' (Ceirníní Cladaigh) agus 'Sorcha: Amhráin Shorcha Ní Ghuairim' (Comhairle Bhéaloideas Éireann / Gael Linn). Bhunaigh sí an leabhar *An Rí gan Choróin: Dónall Ó Conaill sa mBéaloideas* (An Clóchomhar) ar a hábhar tráchtais don dochtúireacht. Sa mbliain 2002 bhronn An Chomhairle um Thaighde sna Dána agus sna hEolaíochtaí Sóisialta scoláireacht shinsearach taighde de chuid Rialtas na hÉireann uirthi don obair thaighde ar 'Dhialann Shéamuis Mhic Aonghusa' a foilsíodh Márta 2007.